MÉMOIRES DE GUERRE

collection
dirigée
par
François Malye

Tranchées

Carlo Salsa

Tranchées

Confidences d'un soldat d'infanterie

Traduction de l'italien,
préface, chronologie et notes
par
Stéphanie Laporte

Paris
Les Belles Lettres
2015

Titre original :
Trincee. Confidenze di un fante
Ugo Mursia Editore, Milano, 1982.

© *2015, pour la présente édition*
Société d'édition Les Belles Lettres
95 bd Raspail 75006 Paris.
www.lesbelleslettres.com

ISBN : 978-2-251-31014-5

Préface

Le soldat inconnu auquel Salsa dédie son livre est sans doute le moins connu de ceux qu'honore chaque nation en souvenir de ses morts de 14-18. Pour la mémoire européenne, les noms de la Grande Guerre sont Verdun et la Somme, l'Alsace et la Lorraine, Pétain et Clemenceau. Qui connaît l'Isonzo et le Monte Nero, Trente et Trieste, Cadorna et Diaz ? Sans doute parce que les Italiens ont fait 14 en 1915, sur un inaccessible front de haute montagne, contre un Empire austro-hongrois qui n'existait plus aux derniers jours de la guerre, et que le nom de bien des lieux emblématiques du conflit a changé (l'Isonzo, aujourd'hui en grande partie slovène, se nomme Soča, et le Monte Nero, mont Krn), leur participation au conflit est souvent perçue comme marginale, réduite à la déroute retentissante de Caporetto et aux caprices de la délégation italienne à la conférence de Versailles.

Or, cinq millions d'Italiens, pour la plupart paysans, furent appelés à combattre dans les tranchées, sur un front de plusieurs centaines de kilomètres, pendant trois années et demie et, pour l'Italie, comme pour les autres pays engagés dans le conflit, la Grande Guerre fut d'abord une immense boucherie. L'horreur de la guerre sur le front austro-italien ressemble à l'horreur de la guerre sur les autres fronts : les tranchées, la boue, l'attente, l'assaut, le déluge de feu et d'acier, le massacre, les cadavres entassés, la mutilation des corps, celle de l'intelligence, la folie.

Pourtant ce front ne ressemble à aucun autre : c'est un front d'altitude, qui s'étend au nord du pays d'ouest en est, du Trentin jusqu'à l'Adriatique, et sa constitution témoigne des hésitations diplomatiques qui ont précédé l'entrée en guerre de l'Italie. Dans de nombreux secteurs, les Autrichiens se sont installés avant les Italiens, s'emparant des meilleures positions, occupant les grottes et abris naturels : ils sont en haut, les Italiens en bas. Une autre singularité de la Grande Guerre en Italie est le degré de défiance du commandement envers ses troupes. Le traitement réservé aux soldats de l'infanterie, au front, à l'arrière, dans les camps de prisonniers, n'a d'équivalent dans aucune autre armée et donne à la guerre côté italien un jour très singulier.

C'est pourquoi le livre de guerre de Carlo Salsa, publié pour la première fois en Italie en 1924, est à la fois étrangement familier et résolument neuf. Ce que fut la guerre de tranchées en Italie, Carlo Salsa le décrit avec une exceptionnelle lucidité d'observateur, un constant souci d'exactitude historique et un indéfectible respect pour la vaillance et la souffrance des soldats. Avec toute sa passion de jeune écrivain aussi. Il a déjà publié avant la guerre quelques poèmes dans diverses revues. Au moment de l'intervention en mai 1915, il a 23 ans et achève sa période d'instruction à Milan, avec le grade de sous-lieutenant. Il est envoyé sur le front en novembre, en tant qu'officier de complément, pour renflouer le 68ᵉ régiment d'infanterie, massacré lors des trois premières batailles de l'Isonzo (le fleuve des onze batailles du même nom, qui scandent la difficile et lente conquête des positions de la rive orientale). Salsa subit donc son baptême du feu dans le désormais nommé « enfer du Karst », sur le San Michele. Puis il combattra dans le secteur du Monte Nero, sur le Santa Maria et le Mrzli, plus au nord sur l'Isonzo. Il est de retour au sud sur le Karst, en juin 1917, près de l'Hermada, où il est fait prisonnier.

Tranchées raconte 17 mois sur le front (de novembre 1915 à avril 1917) et 16 mois de captivité (juin 1917 à novembre 1918), avec un intermède de quelques semaines à Milan et un bref retour en première ligne. La géographie du front est précise, la chronologie est en revanche implicite : le narrateur peut ainsi décrire la guerre du point de vue du soldat, comme une formidable et irréfrénable mécanique de destruction aveugle. Le récit vécu des affrontements de novembre 1915 sur le San Michele (historiquement quatrième bataille de l'Isonzo), lui permet de raconter les batailles qui ont précédé, et par conséquent tout le Karst de 1915, qui fut, de l'avis de nombreux combattants, la phase la plus dure de la Grande Guerre[1]. Faire la guerre signifiait répéter, l'un après l'autre, des assauts contre des barbelés infranchissables en piétinant les cadavres sous le feu ininterrompu et dévastateur de mitrailleuses imprenables, pour gagner quelques mètres d'un désert de pierres repris dès le lendemain par l'ennemi, avec des bataillons de plus en plus exsangues et des combattants épuisés, des tranchées trop proches des lignes ennemies, souvent inachevées, voire par endroits totalement absentes, des difficultés de ravitaillement, la soif en été, le gel en automne, des temps de repos dans des conditions déplorables juste à l'arrière de la première ligne. L'épisode raconté par Salsa, au cours duquel ce sont les Autrichiens qui refusent de mener un combat contre un ennemi qu'ils ne peuvent que massacrer, n'est pas un témoignage isolé.

Carlo Salsa raconte la guerre qu'il a vécue en première ligne, non pas pour raconter « sa » guerre, mais celle de ses compagnons, officiers de complément « machines à tuer » et soldats « chair à canon », avec qui il partagea la peur et la soif, la boue et les poux, le cri des blessés et l'odeur des cadavres. Attentif à replacer le discours sur la guerre dans la bouche de ceux qui la font, il reproduit par les mots des soldats, l'expression de leur souffrance, mais aussi de leur intelligence directe du conflit. Les échos des autres fronts et les chants communs à tous les fantassins[2], élargissent les tranchées où combattit Salsa à toutes les tranchées du front austro-italien.

Il s'agit pour Salsa d'honorer la mémoire de ses compagnons d'armes en leur redonnant une place dans l'histoire italienne, en leur laissant la parole pour qu'ils racontent eux-mêmes leur histoire, leur vérité contre celle des états-majors uniquement soucieux de médailles et celle des journaux de l'arrière qui chantent le sang versé pour la patrie. Contre l'histoire officielle, contre la propagande, Salsa dit la boucherie insensée où se défont les idéaux

1. Ce fut aussi, pendant toute la durée du conflit, le front le plus actif, tandis que celui des Alpes dans le Trentin, le Cadore, en Carnia, où se déroulèrent aussi de terribles affrontements, était contraint par le relief de haute montagne à une guerre défensive et restait immobilisé par les neiges une partie de l'année.
2. Carlo Salsa a réuni une anthologie de chants de tranchée parue au milieu des années 1930.

interventionnistes des jeunes officiers, et avec eux les justifications d'une guerre qui serait le prolongement du Risorgimento, achèvement de l'Unité, gage d'une plus grande justice entre les peuples. La tranchée, c'est la guerre sale que veut ignorer l'arrière. Caporetto n'a pas été provoqué par de vils déserteurs : c'est la conséquence d'une tactique offensive assassine et de l'usure physique et psychique des soldats, à qui les commandements ont tout refusé, à commencer par la reconnaissance de leur vaillance. On trouve chez Salsa, comme chez le Malaparte de *Viva Caporetto !* (également publié dans la collection « Mémoires de guerre »), cet engagement forcené du soldat lettré, ce besoin de témoigner pour les soldats analphabètes, pour ceux que le jeune Malaparte appelait les « déchets du Karst », le « peuple des tranchées ».

On s'étonnera que le nom de Carlo Salsa soit aussi peu connu, en Italie comme à l'étranger. Certes les récits qui ont dénoncé les massacres à grande échelle de 14-18, les erreurs tactiques des commandements, l'épuisement des hommes, les épisodes de fraternisation, les fusillés pour l'exemple, tout ce qui pouvait entraver ou affaiblir la justification du sacrifice de dix millions d'hommes, ont souvent connu des parcours éditoriaux compliqués dans tous les pays ayant participé au conflit. Ce n'est qu'après le fascisme et la Seconde Guerre mondiale, que l'Italie découvrira et redécouvrira une parole de poilu affranchie des fanfares patriotiques[1].

Certainement le souci constant de Carlo Salsa de rendre compte de la mêlée des vivants et des morts sur les no man's land du Karst et des autres fronts où il a combattu, a retardé la fortune du livre. L'intérêt des historiens pour le corps des combattants et l'abîme psychique où les plongeait la cohabitation permanente avec les cadavres est relativement récent. L'auteur cherche à donner à voir ces cadavres sans sépulture que la mémoire veut oublier : il les décrit avec minutie, il les photographie aussi... à une époque où la

1. C'est en 1970 que sort le célèbre film de Francesco Rosi, *Uomini contro*, adapté du récit autobiographique d'Emilio Lussu, *Un anno sull'altipiano* (paru en 1938 en France, en 1945 en Italie). (La traduction française du livre de guerre d'Emilio Lussu reprend le titre du film : *Les Hommes contre*, traduction d'Emmanuelle Genevoix et de Josette Monfort, Paris, Denoël, 2005).

représentation de la mort est celle de la « belle mort », la mort au champ d'honneur, pour la patrie, dans une position digne, avec un corps entier, intact, où seule la baïonnette est souillée de sang. Salsa a voulu faire comprendre que le soldat italien partage l'expérience de la tranchée avec le soldat bosniaque ou hongrois, et qu'une frontière infranchissable le sépare de ses compatriotes de l'arrière. Cela sans doute aussi a contribué à alimenter les freins, conscients et inconscients, qui ont gêné la diffusion de son témoignage.

Mais la raison d'une fortune aussi discrète de *Trincee* est encore celle-ci : Salsa ne raconte pas seulement la guerre, il choisit de raconter aussi, dans le prolongement direct de l'expérience de la tranchée, ses mois d'enfermement dans le camp de prisonniers de Therensienstadt[1]. Cette intuition historique unique a paradoxalement plongé son livre dans les oubliettes de l'histoire. Le sort des 100 000 prisonniers de guerre italiens dans les camps d'Allemagne et d'Autriche-Hongrie, que le gouvernement italien a laissé mourir de faim, fut un tabou de l'histoire de la *Grande Guerra* pendant tout le XXe siècle[2]. Les historiens contemporains parlent, à propos de ce massacre caché (près d'1 tué sur 6 de la guerre en Italie), d'« effacement mémoriel[3] ». Or Salsa dénonce dès 1924 une « volonté de destruction systématique » de la part du gouvernement italien, convaincu, en même temps qu'un état-major excessivement méfiant vis-à-vis de ses troupes depuis le début de la guerre, qu'un prisonnier ne pouvait être qu'un traître et un déserteur. La débâcle

1. Comme de nombreux camps de prisonniers de la Première Guerre mondiale, le nom de Theresienstadt est aujourd'hui lié à la mémoire de la Seconde Guerre mondiale, où il fut utilisé comme camp de concentration par les nazis. Un autre lieu inscrit *Tranchées* dans la chronologie d'une « guerre civile européenne 1914-1945 » pour reprendre l'expression de Enzo Traverso : la ville de garnison Sdraussina sur le bas-Isonzo, fut, sous son nouveau nom de Poggio Terza Armata, un camp de concentration fasciste pour populations slovènes de 1942 à 1943, puis passa aux mains des nazis de 1943 à 1945 et servit de camp de transit des déportés juifs italiens vers les camps d'extermination.

2. Il fallut attendre l'enquête de l'historienne Giovanna Proccacci pour que le sort de ces prisonniers et la responsabilité du gouvernement soient connus (*Soldati e prigionieri italiani nella Grande Guerra*, Rome, Editori Riuniti, 1993).

3. Mario Isnenghi et Giorgio Rochat, *La Grande Guerra, 1914-1918*, Bologne, Il Mulino, 2008, p. 346-353.

de Caporetto qui fit 280 000 prisonniers, aussitôt accusés de lâcheté et de vilenie par Cadorna, renforça ce parti-pris de laisser mourir les prisonniers : ils devaient servir d'exemples pour dissuader d'autres « désertions ». Le gouvernement freina donc toute initiative de la Croix-Rouge, interdit les collectes de fonds en faveur des prisonniers, compliqua les démarches des familles, détruisit des stocks de colis à la frontière, et refusa l'offre de l'Autriche d'acheminer des trains de vivres librement (la même offre avait été acceptée par la France).

Carlo Salsa raconte la prison comme il a raconté la tranchée, avec le même scrupule de justesse historique, un souci permanent de compréhension et de contextualisation, une sollicitude fraternelle pour ses soldats, un attachement indéfectible à sa responsabilité de témoin et de rapporteur. Ses pages sur l'organisation carcérale du camp d'officiers où il se trouve et le témoignage qu'il rapporte sur la misère et la faim bien plus terribles dans les camps réservés aux soldats – les « camps de la troupe » – sont un document rare[1]. Carlo Salsa a très bien compris que la façon dont le gouvernement italien gérait ses prisonniers était dans la continuité du traitement infligé aux fantassins sur les lieux de bataille, qu'elle prolongeait la conduite même de la guerre de la part des commandements et qu'elle représentait la plus grande injustice vis-à-vis des survivants du Karst. Le but de son témoignage est de montrer, dit-il dans son introduction, « ce qu'ont donné les fantassins en plus de leur propre mort » ; on comprend alors pourquoi l'auteur travaille à mettre en scène, avec obstination, la question corollaire qui cherche à mesurer « ce qu'on leur a pris en plus de leur propre mort ».

Lorsque Carlo Salsa meurt en 1962, le journal *La Stampa* consacre un entrefilet à l'écrivain. Le journaliste souligne que Salsa fut un des fondateurs du célèbre prix littéraire Viareggio en 1929

---

1. Le *Journal de guerre et de captivité* de Carlo Emilio Gadda, paru en Italie 50 ans après la guerre et en France en 1993 chez Christian Bourgois dans la traduction de Monique Baccelli, a obtenu quelque notoriété grâce au nom de son auteur. Gadda fait sienne l'interprétation cadornienne d'un Caporetto dû à la lâcheté des soldats italiens et son mépris du soldat est un leitmotiv de son témoignage, en même temps que la description de la souffrance physique bien réelle causée par la faim.

et le titre de *Trincee* est évoqué au milieu de pièces comiques pour le théâtre et de romans sentimentaux aujourd'hui oubliés. L'article préfère évoquer la création par Salsa en 1950 d'une ligue de défense des chiens abandonnés, plutôt que sa participation à l'écriture du scénario de *La Grande Guerra* de Monicelli[1]. Rien n'est dit du héros de 1915 et on finit par se demander si l'auteur de cette nécrologie se serait intéressé à Salsa s'il n'était pas mort d'un infarctus un soir de mars 1962, au pied du stade San Siro, en sortant d'un match du Milan contre la Fiorentina.

Rares sont les témoins directs de cette guerre, qui ont combattu aussi longtemps en première ligne et qui ont su la raconter avec le souci constant de rendre leur témoignage intelligible non seulement pour leurs contemporains, mais pour les générations à venir. Voici donc, pour la première fois traduite en France, dans la collection « Mémoires de guerre », une pièce majeure de la littérature européenne de 14-18.

Stéphanie Laporte[2]

1. Mario Monicelli, *La Grande Guerra*, avec Alberto Sordi et Vittorio Gassman, 1959.

2. Dernier ouvrage traduit : Dino Buzzati, *Chroniques de la guerre sur mer*, Paris, Les Belles Lettres, « Mémoires de guerre », 2014.

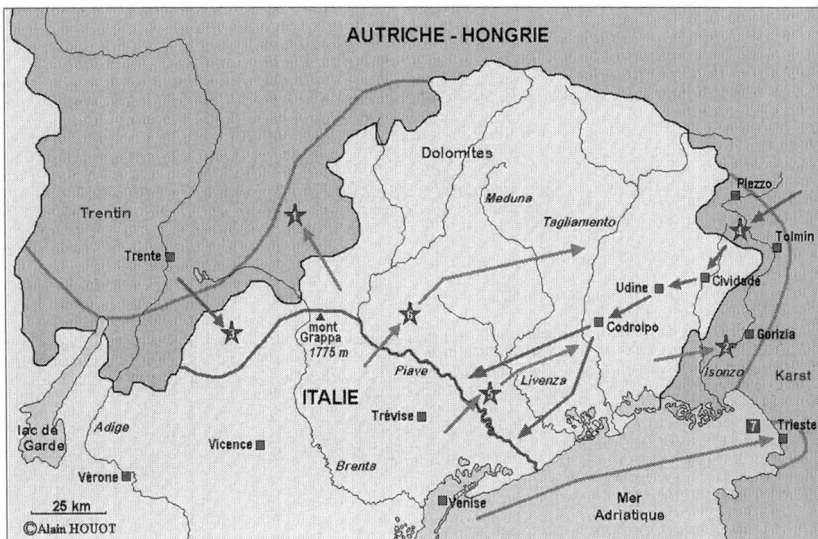

AUTRICHE - HONGRIE

Dolomites

Trentin

Meduna

Tagliamento

Plezzo

Trente

Tolmin

Udine

Cividale

mont
Grappa
1775 m

Codroipo

Gorizia

Piave

ITALIE

Livenza

Isonzo

Karst

Adige

lac de
Garde

Trévise

Vicence

Brenta

Trieste

Vérone

Venise

Mer
Adriatique

25 km

©Alain HOUOT

LE FRONT ITALIEN
mai 1915 - novembre 1918

———— Les frontières en 1914

LES FRONTS
———— avance extrême
des puissances centrales

———— avance extrême des Alliés

LES PRINCIPAUX ÉVÉNEMENTS

☆ Juin 1915 :
offensive italienne du Trentin

☆ Juin 1915 - septembre 1917 :
les onze batailles de l'Isonzo

☆ Mai 1917 :
offensive autrichienne du Trentin

☆ Octobre 1917 :
retraite italienne après la bataille de Caporetto

☆ Juin 1918 :
victoire italienne lors de la bataille de la Piave

☆ Octobre 1918 :
offensive italienne et victoire de Vittorio Veneto

🔳 Novembre 1918 :
les Italiens s'emparent de Trieste

Chronologie

3 août 1914 : L'Autriche-Hongrie et l'Allemagne viennent de s'engager dans le conflit. L'Italie, considérant les signes d'usure du traité de Triple Alliance, son intérêt à maintenir de bonnes relations avec la France et l'état déplorable de son armée, qui ne s'est pas encore reconstituée après la récente guerre de Libye, déclare sa neutralité.

Août 1914-avril 1915 : Climat interventionniste enflammé. Alors que la population italienne est globalement hostile à la guerre, intellectuels et hommes politiques de tous bords appellent à l'intervention dans le conflit (contre l'Autriche-Hongrie) : pour la grandeur du pays, pour « achever » le Risorgimento, pour récupérer Trente et Trieste, pour vaincre l'autoritarisme, pour que le peuple prenne part à la vie de la nation, ou simplement pour ne pas être écartés de la grande histoire. Les courants pacifistes sont très minoritaires. Benito Mussolini convainc une partie des socialistes de la nécessité de l'intervention. Pendant ce temps, le gouvernement mène des pourparlers secrets avec les deux camps belligérants pour savoir quelle alliance sera la plus favorable à ses revendications territoriales et ambitions expansionnistes.

22 mars 1915 : Convaincu que le premier ministre Antonio Salandra est en train de négocier la neutralité de l'Italie avec l'Autriche-Hongrie, et voulant lui laisser le champ libre, le chef de la majorité Giovanni Giolitti accorde la fermeture exceptionnelle du Parlement (jusqu'au 12 mai).

26 avril 1915 : Salandra et son ministre des Affaires étrangères Sydney Sonnino signent secrètement le « Pacte de Londres »,

par lequel l'Italie s'engage à entrer en guerre avant un mois contre l'Autriche-Hongrie en échange des territoires revendiqués (Trente et Trieste, l'Istrie, plusieurs îles dalmates, une part dans le futur partage de l'Empire ottoman, la consolidation de ses colonies africaines).

23 mai 1915 : L'Italie déclare la guerre à l'Autriche-Hongrie. Seuls deux corps d'armée sur dix-sept sont vraiment efficients. L'état-major n'a aucun plan véritable, étant donné qu'il avait travaillé sur l'hypothèse d'une guerre aux côtés de l'Autriche-Hongrie.

24 mai 1915 : Première des nombreuses circulaires du chef d'état-major Luigi Cadorna justifiant l'exercice d'une répression inflexible vis-à-vis des troupes (carabiniers dans le dos des soldats lors des assauts, exécution sommaire, décimation).

Mai-juin 1915 : Les Autrichiens profitent de la lente mobilisation des troupes italiennes pour continuer à occuper des positions stratégiques (le Monte Nero ou la dorsale Sleme-Mrzli, par exemple), pour creuser galeries et tranchées et installer de solides défenses de barbelés.

23 juin-4 novembre 1915 : Première, deuxième et troisième batailles de l'Isonzo. Le fleuve a été traversé par endroits, mais les positions les plus déterminantes restent aux mains des Autrichiens. Les pertes s'élèvent à près de 50 000 morts. La guerre de tranchées s'est installée.

10 novembre-2 décembre 1915 : Quatrième bataille de l'Isonzo. Le 68e régiment d'infanterie, auquel appartient le jeune sous-lieutenant Carlo Salsa (alors âgé de 23 ans), est envoyé combattre dans le désormais nommé « enfer du Karst », au pied du San Michele. L'objectif est de consolider les positions italiennes de Bosco Cappuccio, prises aux Autrichiens au cours des mois précédents. À l'issue de cette bataille, quelques centaines de mètres ont été gagnées, mais le San Michele n'est pas conquis.

Décembre 1915 : Envoyé au repos en seconde ligne pour se réorganiser, le 68e régiment d'infanterie continue de se battre pendant deux mois dans le même secteur.

Fin 1915 : Les épidémies de typhus et de choléra ont fait plusieurs milliers de morts depuis le début de la guerre.

Février 1916 : Le 68ᵉ part pour Tolmin et le secteur du haut Isonzo. Ils occupent les tranchées de Monte Santa Maria.

9-15 mars 1916 : Au cours de la cinquième bataille de l'Isonzo, une contre-offensive ennemie surprend le 68ᵉ à Santa Maria ; celle-ci est repoussée au prix d'énormes pertes. Les Autrichiens commencent à affiner de nouvelles méthodes de combat, en particulier une technique d'infiltration qui leur permet de surprendre leur adversaire.

15 mai 1916 : L'immense offensive orchestrée par le maréchal Conrad sous le nom de *Strafexpedition* est repoussée par les divisions italiennes, mais les Autrichiens améliorent leurs positions et les troupes italiennes sont décimées (113 000 tués). Fort impact sur tout le pays.

Mai-juin 1916 : Le régiment de Carlo Salsa est envoyé sur le mont Mrzli pour soutenir un bataillon alpin. La conquête du Mrzli échoue et l'action est abandonnée. Le 68ᵉ reste sur place pour défendre le secteur.

29 juin 1916 : Premières attaques au gaz contre les troupes italiennes sur le San Michele.

6 août 1916 : La sixième bataille de l'Isonzo marque une avancée significative : Gorizia, le Vallone, les sommets du San Michele, la conque de Doberdò et Oppacchiasella (Selo) sont aux mains des Italiens.

28 août 1916 : L'Italie déclare la guerre à l'Allemagne.

Septembre 1916-mai 1917 : Les septième, huitième, neuvième et dixième batailles de l'Isonzo ont permis de gagner quelques kilomètres de terrain sur le Karst. Les pertes sont estimées à 120 000 tués côté italien.

Avril 1917 : Salsa est envoyé à Milan pour l'instruction des nouvelles recrues.

3-6 juin 1917 : Volontaire pour le front, Salsa repart combattre sur le Karst, dans le secteur de l'Hermada. Il est capturé avec 10 000 autres soldats et officiers lors de la bataille de Flondar qui marque une défaite cinglante des Italiens face à une contre-offensive autrichienne.

1er août 1917 : Le pape Benoît XV appelle à mettre un terme à l'« inutile massacre ».

19 août 1917 : La onzième bataille de l'Isonzo est un nouveau bain de sang sans réel vainqueur.

24 octobre 1917 : Débâcle de Caporetto. Près de 300 000 soldats sont capturés, environ 400 000 abandonnent le front.

8 novembre 1917 : Le général Armando Diaz remplace Cadorna à la tête de l'état-major. L'armée est réorganisée ; les conditions de vie des soldats au front sont améliorées.

15 juin 1918 : Grande offensive austro-hongroise sur le Grappa, le Piave, le haut-plateau d'Asiago, repoussée par les Italiens.

24 octobre 1918 : Offensive italienne sur le Grappa et sur le Piave. Les soldats de l'armée austro-hongroise résistent avec force, puis cèdent quand leur parvient la nouvelle de la désagrégation de l'Empire d'Autriche-Hongrie. Ne trouvant plus aucune résistance, les Italiens entrent victorieux dans Vittorio Veneto.

3 novembre 1918 : Ils occupent Trente et Trieste.

4 novembre 1918 : Déclaration de la signature de l'armistice, à Villa Giusti, près de Padoue.

Janvier 1919 : L'état-major renonce à enquêter sur une éventuelle « désertion » des prisonniers de guerre et ouvre les camps où a été incarcérée une partie des prisonniers à leur retour en Italie. 100 000 prisonniers (sur 500 000) manquaient alors à l'appel. Le chiffre est évoqué lors d'une commission d'enquête en 1920, puis oublié, de même que les responsabilités du gouvernement italien qui a bloqué l'approvisionnement en vivres vers les camps de soldats en Allemagne et en Autriche.

24 avril 1919 : Orlando, chef du gouvernement, et Sonnino quittent la conférence de la paix à Versailles face au refus de ses alliés et du président Wilson de satisfaire les clauses du Pacte de Londres. L'expression « victoire mutilée », forgée par le poète Gabriele D'Annunzio, est relayée par les courants nationalistes et une vaste partie de l'opinion. En septembre, D'Annunzio occupe la ville de Fiume, que les Alliés refusent à l'Italie.

12 novembre 1920 : Le traité de Rapallo met fin à l'impasse des pourparlers de paix en instituant un provisoire « état libre de Fiume ».

Ignoto militi [1]

Introduction

J'ai longtemps imaginé, dans les tranchées du Karst, un grand pèlerinage d'absents. Le temps d'un bref armistice, ils auraient remonté la route qui mène aux lignes adverses. Je pensais qu'ensuite, de nombreuses choses, ainsi placées sous le jour de la réalité, s'ajusteraient.

Cette vision ne fut proposée à aucune commission ministérielle, et elle resta en moi avec son poids de mélancolie, impossible et muette.

Aujourd'hui, je pense moi aussi que l'on a suffisamment écrit et débattu sur la guerre. C'est certain. Les premiers à façonner de grands discours, depuis quelque bonne table de l'arrière-front, furent les journalistes : mégaphones de la rumeur, sentinelles armées d'une longue-vue. Et puis on a entendu trop de récits de la bouche de combattants évacués des premières lignes aux premiers coups de feu, ou qui n'avaient connu que des secteurs alpins où la guerre se présentait sous ses plus beaux atours (et il importait peu que de tels récits fussent déformés par un énoncé trop rudimentaire, altérés par la vanité ou bien affadis par une mémoire lacunaire).

Nous avons atteint par conséquent un point de saturation : le sujet de la guerre a été archivé comme un vieux dossier trop manipulé, et à vouloir en reparler, on court le risque d'effrayer les belles dames éprises de littérature à la mode et de donner des nausées à tous ceux qui, il faut bien le dire, ne sont jamais allés à la guerre, mais qui ont très bien su, en contrepartie, épandre leur souffrance sur les pages d'épais journaux intimes et sur une infinité d'illustrations chevaleresques, où nos héroïques soldats – bien peu héroïques, en vérité, les pauvres bougres – apparaissaient parfaitement alignés derrière leurs meurtrières, dans des tranchées équipées de tout le confort moderne et décorées de cadavres ennemis.

Les survivants du Karst – du Karst de 1915 – ne sont sans doute plus que quelques-uns.

Et ces quelques-uns ont sans doute préféré laisser bavarder tous ces combattants qui n'avaient jamais vu ni compris la guerre, leur guerre, bien plus misérable, et plus tragique.

J'ai écrit ce livre sur les va-nu-pieds de l'infanterie il y a quelque temps. J'en proposai le manuscrit à un éditeur qui était mon ami, et qui pour s'épargner le désagrément d'un refus, ne me répondit pas.

Je ressors aujourd'hui de son tiroir ce manuscrit jauni, né au moment où le cœur était brûlant de souvenirs, au moment où nous dûmes sortir de cette longue souffrance comme si nous étions coupables, en silence. Il fallait éviter que nos mots ne fussent pris pour une plainte et il ne fallait pas non plus que notre fierté et notre volonté de respect pour cette souffrance fussent confondues avec la revendication inopportune de quelque droit.

Mais je ne veux pas aujourd'hui y changer le moindre mot. On pourra trouver dans ces pages certains excès, certaines exubérances, parfois même des injustices, mais ce seront des injustices dignes de respect, parce qu'elles sont nées de la passion et de la douleur.

On me demande si je ne crains pas de passer pour un défaitiste.

Entre nous, soldats de la tranchée, le malentendu sera très vite levé.

Ceux qui m'accuseront de défaitisme seront les officiers embusqués et ceux – mieux avisés – qui ont su draper dans de beaux uniformes guerriers leur attachement viscéral à la douceur de vivre : ceux-là mêmes qui ont su extorquer, grâce à quelques bouts de galons rouges et des recommandations plein leur étui à pistolet, un droit à la parole. Une fois que les fanfares ont cessé de jouer des airs de marche militaire et que l'horizon s'est dégagé, ces mêmes officiers sont rentrés de ces secteurs du front largement situés au-delà du rayon de tout écho possible, éprouvés par les longues heures de service effectuées dans un poste de commandement tranquille et par la charge de nombreuses jeunes filles tristes et énamourées. Ils arboraient, bien entendu, la collection complète des décorations qui récompensent indistinctement batailles et temps de repos.

Ils ont jeté leurs pantoufles et chaussé les cothurnes d'Achille pour aller donner l'assaut, en toute première ligne enfin, lors des harangues publiques, pénétrés de patriotisme gratuit.

Ces corbeaux vaniteux qui croassent au-dessus des cadavres m'accuseront probablement de défaitisme.

Mais je ne me soucierai pas d'eux.

À tous ceux qui n'ont pas souffert, à tous ceux qui – habilement – ont adoré la patrie sans quitter leur maison ou en restant sur les lignes arrières, je ne reconnais pas le droit de jeter la première ni la dernière pierre.

On me demandera la raison de reparler de la guerre aujourd'hui.

Je répondrai que si au moment du combat, il est du devoir de chacun de se taire pour ne pas risquer d'affaiblir la force spirituelle nécessaire à un peuple en guerre, il me semble on ne peut plus juste aujourd'hui de rappeler aux oublieux et aux ignorants ce que nos morts ont donné, en plus de leur propre vie.

Il est utile par ailleurs que la guerre soit connue de tous. Nous avons vu qu'une guerre ne se fait pas pour des raisons idéalistes. Les idéalismes servent surtout à gagner des alliances et à pousser les soldats en avant.

Nous avons voulu entrer en guerre pour sauver la France agressée, pour la civilisation latine et anglo-saxonne, pour la liberté, pour la justice dans le monde, et une fois l'ouragan passé, nous avons été flanqués à la porte à coups de pieds, afin que les puissants se répartissent plus aisément le butin. Une fois les profits savamment distribués, on congédie les idéalistes et on les écarte – avec le même petit coup d'épaule dont on se débarrasse des témoins gênants – des nouvelles alliances. Et c'est aux « macaronis[1] » qu'on demande ensuite le paiement du solde.

Après avoir surtout lutté contre le militarisme, contre la guerre, pour la liberté des peuples, voici que l'on sème la haine dans les sillons d'une terre encore gorgée de sang, voici que n'importe

---

1. En français dans le texte.

quel ambassadeur de la victoire peut détacher le panache de son casque à pointe, et en orner sa cape républicaine ! Et à ceux qui rappellent les promesses ressassées pendant quatre années par les gramophones officiels, on répond en ricanant qu'elles n'étaient que chimères pour les imbéciles.

Eh bien, si la guerre doit être un combat d'intérêts, que l'on sache ce qu'elle est.

Et s'il faut calculer le passif, que l'on veuille bien faire preuve d'esprit comptable et laisser de côté la rhétorique.

Nous devons dire ce qu'est réellement la guerre, et non pas jouer ces airs de mandoline bons pour les romans ni ressasser les fables de l'histoire : voici donc une contribution à la vérité.

Je n'ai pas de préjugés politiques. Le seul désir qui m'a guidé fut celui de me conformer à la sincérité des faits et à la mienne.

Ce livre – qui voudrait pouvoir accompagner quelques lecteurs le long des premières lignes d'infanterie – devrait donc se frayer sereinement un chemin parmi les railleries qui accueillent, d'ordinaire, les derniers arrivés.

C. S.[1]

---

1. Préface à la première édition de 1924 publiée par Sonzogno (Milan).

Prélude

J'ai donné un coup de pied dans une gamelle et j'ai malmené un gars plein de morgue qui se donnait de grands airs.

Ce soldat est l'ordonnance de l'adjudant-chef du Dépôt, une autorité importante, si bien que les commandements ont pris grand soin de le préserver de tout autre service, dont il tirerait sûrement davantage de gloire, mais dont l'issue est bien trop incertaine.

Hier soir l'adjudant-chef s'est retrouvé sans ordonnance : ce matin, en arrivant à la caserne, il a parlé un long moment avec lui. Puis il est monté au commandement ; il est passé devant moi en faisant chanter la fanfare martiale de ses éperons et il m'a transpercé de son regard terrible.

J'ai été invité à monter chez le colonel.

« Hier, vous avez donné un coup de pied dans la gamelle d'un soldat.

– Oui, mon colonel.

– C'est un abus d'autorité. Je vous mets aux arrêts.

– Je crains bien de ne pouvoir honorer cette sanction, puisque je dois partir ce soir même pour le front. »

Le colonel a placé son ventre sous son bureau, il a allumé une cigarette, et m'a répondu sans me regarder, gêné et contrarié.

« Cela importe peu. Vous savez bien que cette punition est surtout d'ordre moral. »

J'ai fait le salut réglementaire. Le colonel m'a répondu en baissant la tête comme s'il avait voulu éternuer, le regard distraitement posé sur quelques papiers qui se trouvaient devant lui.

Je dois partir dans une heure. Novembre 1915. D'obscures et confuses informations à propos de massacres nous parviennent du

Karst, où je dois me rendre avec huit jours d'arrêt de rigueur pour viatique.

Sur les routes, on chante :

> *Adieu, ma belle, adieu !*
> *La jeunesse chantait en marchant...*

Je croise quelques amis qui m'invitent à les suivre : ils vont au commandement pour prendre congé et rendre au colonel les hommages qui lui sont dus.

Je leur réponds :

« Allez-y sans moi. »

Palmanova

On nous a conduits jusqu'ici comme un troupeau inconscient, marchant inéluctablement vers une unique issue.

La petite ville semblait déserte, hostile, sous l'indifférence infinie d'un ciel monotone. Ce sont d'interminables files de camions rugissants qui passent à vive allure, toutes bâches baissées, aussi funèbres que des corbillards : ils courent tous vers un but identique, tous sur la même route, creusée comme une veine exsangue sur la plaine jaunie.

Sur la place, ici et là, quelques ombres s'esquivent, comme si elles cherchaient à fuir.

Nous nous répartissons par petits groupes dans les auberges.

Nous choisissons à dessein une table où dîne un officier à la tête bandée : il mâche lentement, en silence. Nous nous présentons. Il s'interrompt dans un brusque sursaut, marmonne son nom la bouche pleine, et nous serre distraitement la main. Puis il se rassoit, replonge sa tête enveloppée de pansements dans son assiette, et recommence à mastiquer lentement, presque péniblement.

L'espace d'un instant, j'ai fouillé avec curiosité au fond de ce regard qui a croisé le mien : j'y ai perçu, tout au fond, une petite lueur de fièvre.

Nous parlons, nous rions bruyamment. Il est toujours là, taciturne, renfrogné ; on dirait qu'il cherche à humer le parfum de son assiette, comme s'il se méfiait de sa nourriture et de nous.

Je l'observe. Entre ses pansements, son visage est celui de certaines statues écaillées et abîmées sous la neige qui les recouvre : des rides de souffrance sont accrochées aux coins de la bouche et des yeux. Il semble courbé sous le poids d'une inquiétude énorme :

de temps en temps, il jette sur nous un coup d'œil en biais, sans rire de nos rires, sans exprimer le moindre sentiment, sans comprendre. Des plaques de boue sont encore collées à ses manches, à sa veste : on dirait que de la boue aussi emplit chaque crevasse de sa peau, aussi flétrie que des feuilles pourrissantes.

Nos paroles inutiles, nos rires imbéciles, peu à peu diminuent ; puis tout le monde se tait sans savoir pourquoi.

Giubo, pour relancer la conversation, me pose une question sans intérêt ; je réponds par un monosyllabe qui peut signifier n'importe quoi. Onorato, assis en face de moi, me lance un regard interrogateur. Le garçon arrive et nous demande (comme si c'était un ordre) ce que nous voulons manger. Comme nous continuons à examiner le menu d'un air très indécis, il a un geste d'impatience et repart en maugréant.

Tout à coup, Giubo s'adresse à l'inconnu.

« Tu reviens du front ? »

L'homme dirige vers nous son regard de noyé, hésite un instant, puis répond :

« Oui.

– Nous sommes en attente d'affectation.

– Ah !

– Quoi de neuf ? »

En guise de réponse, l'homme fait un geste vague : il a l'air de ne pas savoir quoi répondre. Puis il semble se décider pour une solution intermédiaire.

« Rien de bon.

– Que veux-tu dire ?

– Eh ! Un sacré bourbier.

– On le sait bien.

– Vous ne savez rien. »

Au même moment, un éclair traverse son regard, comme une lame oblique.

« On imagine.

– On ne peut pas imaginer. Il faut voir. On ne peut pas en parler : il faut voir. »

Il s'agite, parle par à-coups, fait de longues pauses, comme s'il devait se frayer un passage sur un terrain encombré d'objets.

« Tout le monde croit pouvoir imaginer. Hier, j'étais à Udine et j'ai eu l'impression d'avoir ouvert les yeux après être resté des années dans le noir. J'ai marché toute la journée dans la ville, comme un enfant qui voit les choses pour la première fois. Partout, des boutiques ouvertes, des cafés, des gens qui fument, qui parlent, qui rient béatement. C'était tellement naturel, et cela me semblait impossible. J'avais l'impression qu'il ne m'était plus possible de voir des choses aussi simples. Tout était comme avant ; c'était extraordinaire. Et les femmes ! Ah, les femmes, comme c'était pénible ! Là-bas, on doit changer de cerveau !

– Tu dois y retourner, au front ? demande Giubo.

– Eh oui. Dans quelques jours. Ma blessure est à peine refermée, mais on me fera repartir dans quelques jours. Si j'avais pu sortir de la zone de combat, j'aurais certainement eu quelques mois de repos. Mais je n'ai ni connaissances ni recommandations. Et quand on est ici, on ne plaisante pas. De toute façon, maintenant ou plus tard !

– Est-ce que l'offensive continue ?

– Oui, depuis un mois. Cela fait un mois qu'on est là à se frapper la tête contre les mêmes tranchées, tous les jours : autant vouloir percer un mur à mains nues. Alors on meurt. On meurt trop. Soit par balle, soit à cause du choléra... On n'arrête pas de mourir. »

Il se tait, et ne semble plus disposé à parler ; sa figure exprime un découragement infini.

« Si on pouvait au moins rester ensemble ! » dit alors Onorato, en s'adressant à nous.

L'homme a un geste de désapprobation.

« Il vaut mieux ne connaître personne. Oh ! nous aussi, nous étions tous amis... »

Un souvenir semble le faire replonger dans son passé. Nous nous taisons nous aussi. Ce silence solitaire nous glace les sangs. Tous ont probablement vu naître alors, comme moi, derrière la silhouette courbée, des illuminations terribles ; tous ont probablement été submergés, comme moi, par cette force immense et solennelle qui s'empare de nous lorsque nous franchissons les portes des temples.

Nous errons tout l'après-midi dans la petite ville fortifiée, entièrement déserte. Dans les boutiques seules, on trouve une forte

animation, un intense commerce. Nous entrons à notre tour dans
une mercerie. Le propriétaire ne cesse d'agiter son ventre énorme
derrière le comptoir ; le visage rougi par l'effort et luisant de sueur,
il s'affaire à chercher des boîtes et à y déposer des vêtements. Il
garde sur ses lèvres immobiles un sourire aimable et, dans ses yeux,
une tension avide.

Il déplie un tricot de laine sous mes yeux comme pour m'éblouir.
Je jette sur le comptoir l'argent qu'il me demande. Je sors.

« Bonne chance ! » crie-t-il joyeusement derrière moi, tandis
qu'il range avec soin son butin.

Nous nous rendons sur les glacis du fort. Du ciel descendent
les hachures des premières ombres, comme une très fine poussière
nocturne ; la lumière est sur la plaine lointaine comme la brume
au-dessus du fleuve.

« Là, c'est le Karst ! » nous indique Giubo d'une voix étrange.

Là-bas, au fond, on distingue une barrière basse, égale, presque
imperceptible. Nous la regardons longtemps en silence, avec
quelque chose d'indicible dans les yeux.

Nous nous remettons en route en admirant l'énorme et inutile
rempart ; quelques chevaux de frise, abandonnés dans un fossé,
éclatent d'un rire sans retenue.

Nous rejoignons la route qui, au sortir de la porte monumen-
tale, se perd on ne sait où après quelques méandres paresseux. On
entend au détour du virage un bruit de roues ; quelques carabiniers
se tiennent droit, dans une position de salut. Des chariots viennent
vers nous, péniblement.

« Ce sont tous des officiers », nous informe un soldat de garde.

Nous ne comprenons pas bien. Quand ils passent devant nous,
nous nous apercevons que les voitures transportent des cercueils
posés les uns sur les autres, recouverts du drapeau.

Au commandement d'étape, nous rencontrons un officier de
cavalerie tiré à quatre épingles et fier comme un dindon, vêtu d'un
impeccable uniforme de combat. Il est très occupé : il fouille parmi
ses papiers, les feuillette, transmet des ordres dans toutes les directions, appelle, interpelle, de la voix sèche et bourrue d'un homme
d'armes qui connaît son affaire.

Il a demandé à être envoyé en zone de combat, à un commandement d'étape où, on le sait, l'exceptionnel labeur n'est pas compensé par toutes sortes de prébendes ; il semble conscient et fier de son acte, et il se donne un air d'austérité adéquat.

Je me présente, je lui formule notre désir de ne pas être séparés, si possible, lors de la prochaine affectation dans les régiments.

« Ce n'est pas mon affaire. Vous partirez pour Chiopris dès demain matin. L'affectation se fera là-bas », m'assure-t-il avec davantage d'empressement que de politesse.

Après avoir précisé à chacun les modalités du départ, il prend congé d'un geste bref de la main, froidement, et se plonge à nouveau dans ses très urgents courriers.

Cassata, qui aime prendre, en aparté, des airs de philosophe, commente :

« Autrefois, quand les hommes partaient à la guerre, c'était un spectacle d'exception ; ils étaient considérés comme des héros. Aujourd'hui, le spectacle d'exception est devenu une scène familière et par conséquent vulgaire. Et les héros ne sont plus que de simples éléments du programme : du matériel humain. Pourtant on part à la guerre aujourd'hui comme autrefois, on meurt plus qu'autrefois, avec moins d'apparat et bien plus d'humilité. »

La méditation échoue dans un silence ingrat.

Enfin Onorato prononce une parole définitive :

« J'ai faim. »

Quelqu'un ratifie la proposition et manifeste sa pleine solidarité d'opinion : un débat s'enflamme quant au choix de l'auberge et au programme de la soirée. Seul Gallo continue d'observer un silence obstiné, assurant l'arrière-garde à lui tout seul. Giubo l'interpelle avec une question malicieuse à laquelle il ne répond pas. Il dit, sans lever la tête, rivé à une idée fixe :

« Ce soir, j'ai une lettre à écrire.

– Encore !

– La malheureuse... »

Toutes les fois que Gallo ouvre la bouche, on peut facilement parier sur l'objet de ses confidences ; nous nous retenons de faire des commentaires de peur qu'il ne choisisse une plus grande réserve : nous le laissons partir en toute liberté, jusqu'à ce qu'il vole au-dessus du golfe de Naples. Sa voix délicate acquiert peu à peu le tremblement des grandes inspirations : dans ses rêveries, ce sont des nuées de barques pleines de couples amoureux et d'airs de mandoline au clair de lune.

Une fois l'atmosphère enflammée, un signe de Giubo interrompt le songe pour entonner une chanson napolitaine, que tous chantent avec des accents différents mais avec une conviction infinie.

Un cri d'alarme interrompt les choristes, soudain en proie à une excitation extrême.

« Une femme ! »

Une ombre indistincte traverse la rue, en toute hâte. Cassata et Onorato, après s'être préalablement entendus, partent sur ses traces, tels deux chiens de chasse.

Brocchetti, préférant les corps aux ombres, et anticipant sur les complications qui découleraient d'un retard sur l'heure du déjeuner, extrait de sa poche des biscuits qu'il s'est toujours soucié d'apporter avec lui depuis qu'on lui avait fait certaines révélations sur de probables jeûnes de guerre.

Les deux compères reviennent peu après. Nous comprenons à leur allure penaude que les choses ne se sont pas passées comme ils le voulaient.

« Déjà fini ? » insinue Giubo.

« Les méridionaux savent conclure rapidement avec les femmes », affirme Gallo, convaincu.

Aucun des deux ne semble enclin à faire des confidences. Onorato daigne expliquer :

« Elle n'était pas à mon goût.

– Pour sûr ! maugrée Cassata dans un élan de sincérité. C'était un aumônier d'hôpital ! »

Comme la dispute sur le choix de l'auberge ne promet aucun accord de principe et que la faim nous tenaille, nous entrons au hasard dans une taverne et nous faisons taire les plus acharnés des récalcitrants en les obligeant à s'asseoir à une table dressée pour le déjeuner.

La bonne humeur reprend le dessus et nos bruyantes plaisanteries pétillent comme du vieux vin. La journée n'a pas laissé de traces sur notre jeunesse, qui se régénère avec la facilité d'un jet d'eau réfléchissant les teintes changeantes du ciel.

Nous n'avons aucune idée précise de ce qui nous attend ; nous avons vécu jusqu'ici la vie banale de tout le monde, faite de moments d'enthousiasme et de lassitude, de fables et d'illusions, partagée entre désirs naissants et rébellions aussitôt réprimées par le grand coup de poing sur la table de l'autorité paternelle.

Notre âme est encore encombrée de romantisme et de littérature, de souvenirs des temps heureux, racontés par nos grands-parents ou glanés dans les livres poussiéreux du grenier : héroïques escarmouches, hymnes, drapeaux, fanfares, retours bras en écharpe et médaille au cœur, mouchoirs qui s'agitent, et jolies jeunes filles penchées au-dessus de balcons dégoulinants de géraniums.

À présent, notre nature est ivre de liberté, prête à affronter pleine de fougue et de curiosité l'aventure incertaine qui se présente à nous. Les récits entendus aujourd'hui ne sont dans notre souvenir que des mots, qui fuient comme un peu de brouillard dispersé au premier coup de vent.

On sort tard de la taverne enfumée, en proie à une fatigue soudaine et déjà assaillis par le sommeil. Nous nous rendons au commandement d'étape, où l'on a préparé pour nous des lits de camp dans une grande pièce.

Chacun s'étend sur sa couche, en silence. On dirait bien que la bruyante allégresse de tout à l'heure a laissé place à un sommeil infantile.

Mais un importun, là-bas, au fond de la pièce, fredonne quelques notes d'une vieille chanson lombarde, et une autre voix, qui prend la chanson au vol, lui vient en renfort. Puis ce sont, là-bas, au fond de la pièce, trois, quatre voix ténues, qui font résonner le chant de nos contrées lointaines, de notre monde d'enfant.

Tous écoutent en silence: tous, peut-être, feignant de dormir, regardent intensément, sous leurs paupières à moitié closes, une maison lointaine qui agite comme un long mouchoir ses volutes de fumée.

Chiopris

Nous ignorons la raison pour laquelle on nous a cantonnés dans ce village funèbre.

Nous nous attendions à recevoir ici, dès notre arrivée, notre affectation définitive ; mais on nous a consignés dans une grange vide, en nous avertissant que nous y resterions une semaine.

Nous avons perdu notre gaieté. L'inertie nous fait réfléchir et répand sur toute chose un climat d'ennui et d'abattement. Le ciel hivernal déverse une pluie en filets continus et fait rouler sur la plaine des pelotes de brouillard épais.

Les maisons sont toutes fermées, désertes. On a l'impression qu'une horde de barbares a chassé les habitants et a tout mis à sac. Seul un bouge à moitié enterré reste ouvert, au fond duquel brûle une lampe à huile qui éclaire à peine, comme dans un sanctuaire. Derrière le comptoir, une mégère édentée distribue boissons et imprécations aux soldats : c'est une Slovène méfiante et rapace. On dirait qu'elle verse sa haine silencieuse, tel un venin, dans les verres ébréchés.

Par ici ne passent que des combattants. Ce sont d'interminables processions de soldats qui reviennent du front par les routes boueuses, vêtus de plusieurs couches de haillons, exténués, comme des caravanes de bohémiens. Ils marchent tous en silence, traînant leur pas lourd dans la boue, pliés en deux sous une pluie accablante et un sac trop chargé ; une extrême fatigue marque leur visage. Ils passent sans lever le regard, comme des bœufs épuisés par le joug. Seule la vue de la taverne entrouverte semble les ranimer ; ils se pressent à l'entrée, s'agglutinent, se poussent, en lançant des cris rauques : les officiers accourent, les repoussent avec force à l'arrière de la colonne qui s'égrène le long de la route sans fin.

J'ai essayé d'interroger l'un de ces rescapés, brièvement. Il m'a regardé sans me saluer, il a murmuré un nom qui avait l'air d'une injure et s'est remis en marche avec un geste de dédain.

Je cherche à saisir, sur ces visages anonymes, des traces, des témoignages ; mais la guerre a imprimé sur chacun d'eux une égale marque de souffrance qui dissimule les signes individuels.

La seule expression éloquente est ce silence qui habite chacun d'eux.

Nous nous sommes installés de notre mieux dans cette grange délabrée, dont les ouvertures laissent pénétrer le froid et la pluie et où nous nous disputons égoïstement l'espace étroit et la paille humide. Nous passons des heures interminables de cette façon, entassés les uns sur les autres, somnolant, parlant de tout et de rien, penchés pour écrire sur nos cantines d'officiers couvertes de morceaux de cire fondue.

Un capitaine que nous avons rencontré ici, qui attend comme nous, a aménagé une salle à manger dans une pièce au plafond bas et sombre comme une étable, réchauffé par un feu qui n'est allumé qu'aux heures des repas à cause du manque de bois. Ce feu constitue l'unique survivance d'un quelconque confort : après le déjeuner, nous nous asseyons tous ici, avec une joie puérile, en nous disputant les dernières flammes.

Le capitaine est une bonne pâte d'homme qui nous rassemble autour de lui avec des manières paternelles. Il a un regard tendre, un peu ahuri, un visage parsemé de tâches de rousseur qui ont l'air de gouttes de rouille tombées de ses cheveux et de ses moustaches rousses, un accent doux et triste qui achoppe parfois sur les consonnes difficiles.

Pour lui aussi la guerre est une sinistre inconnue ; il a recueilli ici et là quelques renseignements de première main, directement arrivés du front. Il a l'air de savoir quelque chose, parce qu'il nous cache quelque chose. Il nous parle de ses enfants, il évoque les dangers de la guerre comme s'ils ne menaçaient qu'eux ; on dirait qu'il va pleurer et que ses yeux se dilatent à force de dissimuler ses larmes ou bien peut-être de vouloir regarder trop loin.

Puis, s'avisant que ce moment de tendresse est peu approprié aux circonstances, il se lève et annonce d'une voix inutilement sévère :

« Messieurs, la table est levée. »

Il jette son mégot de cigare dans le feu et s'en va, tout seul, en lançant des imprécations contre cette cochonnerie de tabac qui lui brûle les yeux.

Cet homme, contraint d'exposer sous nos yeux, une vie misérable qui n'est pas la sienne, nous fait de la peine.

Je n'imagine pas à ce moment-là que, bien plus tard, Giubo cherchera à me rappeler ce personnage oublié, qui émergera peu à peu, indistinct, dans la brume des souvenirs :

« Ce capitaine...

– Eh bien ?

– Il est mort il y a quinze jours, sur le Podgora.

– Ah ! »

Un instant d'hésitation. Et puis on parlera d'autre chose.

Nous avons entendu cette nuit, pour la première fois distinctement, le grondement de la guerre.

Nous avons suivi la route boueuse, meurtrie par le passage des roues, qui se perd dans le lointain. Nous avons marché en silence, l'oreille aux aguets. Nous sommes allés de l'autre côté de la colline solitaire où, nous a-t-on dit, se rendaient habituellement des généraux pour suivre les événements au travers des représentations synthétiques qu'en donnent les jumelles.

Il faisait déjà sombre. Nous avions l'impression qu'en nous enfonçant dans cette obscurité, nous allions disparaître complètement, qu'elle nous absorberait pour ne plus nous laisser revenir. Soudain, Giubo s'est arrêté ; il s'est penché un peu et a pointé son doigt :

« Le canon ! »

Nous sommes restés à l'écoute. Nous entendîmes retentir à nouveau un grondement qui pénétra le silence comme l'écho d'une cloche.

« La guerre ! » murmura Onorato sans voix, comme s'il nous avait gratifié d'une inestimable confidence, en dilatant ses yeux blancs et ronds comme des œufs durs. Nous sommes restés muets, feignant d'attendre une nouvelle détonation.

« Une mitrailleuse ! » annonça alors Onorato, tout à coup.

« Mais non !

– Je te dis que si. »

Non. C'était seulement une moto qui semblait loin et qui déboucha comme l'éclair au sortir du virage, en nous fixant de son regard inquiet d'acétylène.

Nous avons vigoureusement tiré Onorato en arrière : sous le coup de sa découverte, il était décidé à se faire renverser.

« On rentre ? » interrogea Cassata après une longue pause.

Personne ne répondit. Le Karst sombre et menaçant émettait de loin en loin des grognements ; c'étaient les premiers mots de sa tragédie titanesque.

Après huit jours d'une inertie qui menaçait de nous dessécher le cerveau, l'ordre est venu de partir. Notre petite bande a été favorisée par le sort et nous avons été assignés au même régiment. Le capitaine n'est pas avec nous ; j'ai surpris sur son visage la tristesse muette que lui causait cette séparation. Notre allégresse bavarde était sans doute pour lui un réconfort. Il commençait peut-être à nous considérer comme une nouvelle famille, plus difficile à gouverner, certes, mais plus respectueuse de ses ordres.

Nous ne savons pas encore où se trouve notre régiment. Nous le demandons, un peu anxieux, au mécanicien de l'automobile qui doit nous conduire à Gradisca. Il nous répond d'un ton brusque : « San Michele », et il surveille sur nos visages, dirait-on, l'effet de cette information, d'un air tranquille et satisfait, son ventre bien calé derrière le volant.

Bien que ce nom ait été proféré sur le ton d'épouvante dont on prononce le nom des ogres dans les fables, nous continuons d'affecter une expression d'impassibilité très digne.

Nous nous regroupons autour du capitaine venu nous saluer.

« Au revoir, capitaine !

– Sait-on jamais !

– Bonne chance !

– Bonne chance à tous ! »

Il sourit péniblement, avec son visage un peu timide, un peu ahuri, et ses yeux tendres, paternels. Il nous salue un long moment, de loin.

Je l'aperçois, au détour d'un virage, qui repart tête basse, seul. Il ne sourit plus.

Et je l'imagine en train de poursuivre sa route comme ça, seul, vers on ne sait où, avec ses quatre petits dans le cœur.

Sagrado

Nous arrivons devant le commandement. Nous jetons un coup d'œil sur la rue déserte et sur les maisons aux portes enfoncées, énormes cadavres de pierre alignés en ordre militaire. Ce silence extraordinaire nous surprend, si près des premières lignes.

Nous montons. Je pousse doucement une porte, je regarde. J'entrevois un lieutenant-colonel qui fait de grands gestes dans tous les sens. Il crie :

« Ça suffit ! Il faut arrêter ça ! Cela fait un mois que l'on conduit toute notre jeunesse au massacre contre ces quatre satanés sommets, inutilement, jour après jour ! Ah ! Au nom du ciel, il faut arrêter ça ! »

Il s'interrompt quand il surprend ma présence curieuse ; il ordonne un « Entrez ! » qui ressemble à une gifle. Nous entrons. Derrière un secrétaire, un major se tient à l'abri de ces violences verbales. Le lieutenant-colonel fait les cent pas à travers la pièce, les mains rivées dans le dos et les yeux baissés.

Nous exposons notre cas au major, qui lève de temps en temps sur nous un regard inexpressif, comme s'il pensait à tout autre chose. Quand il comprend, à notre silence perplexe, que nous attendons une réponse, il se décide à nous dire :

« Allez à Sdraussina[1], au commandement de brigade. Le régiment est en ligne. »

Nous prenons congé en silence, d'un simple claquement de talons : nous sortons en silence. Le lieutenant-colonel nous observe avec un indéfinissable regard d'amertume.

---

1. Quartier général de la IIIe armée, sur la rive orientale de l'Isonzo, au pied du San Michele, la ville fut rebaptisée Poggio Terza Armata en 1923.

Sur la route, une, deux, trois détonations toutes proches, impérieuses, arrogantes, nous font sursauter : nous avons l'impression d'être fouettés par une rafale de vent.

Un silence de cimetière, écrasant, tombe du brouillard du ciel entre chaque maison et recouvre ce tressaillement soudain.

« C'est maintenant que le bal commence ! » dit Giubo dans un demi-sourire, sautillant sur ses maigres tibias comme pour libérer la tension qui l'électrise.

Ces mouvements de danse se communiquent à nous tous ; nous nous mettons à trottiner sans savoir pourquoi, comme ces troupeaux destinés à l'abattoir qui traversent de nuit les villes désertes, stimulés par la foule nombreuse, la nouveauté des lieux et l'illusion de rester maîtres de leur destin.

Nous arrivons à une petite porte creusée dans la pierre. Deux carabiniers postés derrière les piliers nous arrêtent.

« Passez un à un au pas de course.

– Sommes-nous à découvert ?

– Non, parce qu'il y a du brouillard sur le San Michele. Mais on ne sait jamais. Et puis les balles commencent à pleuvoir. Vous entendez ? »

Des sifflements ténus strient l'air en le traversant de part en part.

« Ça, ce sont des balles ? » interroge Onorato avec des yeux tellement écarquillés qu'ils semblent prêts à tomber par terre. Je le tire par la veste pour lui signifier que des officiers n'ont pas à poser ce genre de question ; la pudeur de l'ignorance doit préserver le prestige de notre rang, qui a la rigoureuse obligation de tout savoir face aux troupes. Onorato ravale une autre bêtise qui était sur le point de lui échapper.

Les carabiniers nous donnent les premiers conseils, maladroitement, comme on recommanderait à des personnes respectables de ne pas faire de bêtises.

« On y va ? » dis-je alors, pour couper court et éviter le pire.

Je saute les premières marches, je m'engage en courant sur la passerelle tendue par-dessus l'Isonzo : je regarde vers le haut, cherchant à voir ces insectes invisibles qui ont l'air d'aller où bon leur semble, en sifflant. J'entends des détonations faibles, étouffées, lointaines, comme une toux durcie par le brouillard. Trois ou quatre coups de feu surgissent comme de petites langues vénéneuses entre les touffes d'herbe de la rive, et c'est une couleur, un souffle, un cri, dans l'immobilité grise.

Sdraussina

Une fois sur l'autre rive, nous nous dirigeons vers un groupe de maisons blanchâtres, presque ensevelies sous une végétation blafarde ; elles paraissent agenouillées, comme au pied d'un sanctuaire.

Le long de la route, nous apercevons un général qui pointe ses jumelles vers les hauteurs, sans doute veut-il percer le brouillard épais qui enveloppe le sommet du San Michele ; il observe ce qui se passe, immobile, pendant un long moment, avec obstination, et il ne se rend pas compte de notre passage.

Les maisons sont en partie écroulées, éventrées : ce sont des squelettes grotesques qui exposent leurs ossements dans un geste d'invocation au ciel. La pluie laboure le paysage et le gorge de froid et d'obscurité.

Des soldats commencent à passer, on dirait qu'ils poursuivent un pèlerinage sans fin, vers un but qu'ils doivent atteindre coûte que coûte.

Le commandement est installé dans un manoir charmant derrière ses coquettes petites fenêtres rondes, malgré la large entaille qui en fait le tour, colmatée de sacs de terre aussi blancs que des tampons de ouate.

Un officier de cavalerie – aide de camp – qui n'a perdu dans le chaos de la guerre ni son élégance ni son monocle, nous introduit dans une salle assez sombre ; il enregistre nos noms et nous prie d'attendre ; il revient peu après, s'arrête sur le seuil de la porte qu'il tient ouverte, et ordonne le garde-à-vous. Le général qui commande la compagnie nous serre la main, en posant à chacun de nous quelques questions de circonstance qui ont l'air de l'embarrasser. Puis il s'adresse à tous, en quelques mots :

« Messieurs, vous venez occuper les places laissées vides par d'autres officiers, morts en héros. Essayez d'être dignes de vos prédécesseurs. »

Le petit discours a dans son ton une signification confuse qui nous touche et nous échappe en même temps : on dirait un message de condoléances tout à la fois posthume et anticipé.

Le général quitte la pièce ; l'aide de camp nous informe alors que le bataillon auquel nous avons été affectés redescendra des premières lignes demain et que nous pouvons l'attendre ici. Et il nous donne la permission de profiter de cette somptueuse salle pour nous reposer durant la nuit.

Dès que nous sommes seuls, chacun s'empresse de réserver les fauteuils disponibles : les retardataires se disputent les chaises et la table. Gallo, qui arrive le dernier après avoir mentalement transmis un ultime adieu à sa fiancée, erre mélancolique, en quête de quelque confort exceptionnel.

« Nom de Dieu ! » lance Brocchetti, du fond de son fauteuil, après un certain temps de méditation.

– Un clou ? interroge Cassata, les yeux fermés.

– Le général a oublié quelque chose.

– Ses vœux de longue vie ? Ceux-là, c'est pour demain.

– Le déjeuner, parbleu ! Qu'est-ce qu'on mange ici ? On mange quoi ?

– Moi je n'ai pas faim.

– C'est ton affaire.

– C'est bien ce que je pense.

– Moi aussi, j'ai faim.

– Ça aussi, c'est ton affaire.

– Arrête, je te dis que j'ai faim.

– Ça ne sert à rien. Tu me l'as déjà dit.

– Et qu'est-ce qu'on mange ?

– À la guerre, c'est comme ça : on ne mange pas.

– Qu'est-ce qu'on fait alors ?

– Moi, je fais le guerrier. »

Mais Brocchetti ne veut pas se taire.

« Je propose de mettre cet enquiquineur dehors ! dit Onorato.

– Demande au soldat de garde. Il doit bien y avoir quelque chose », suggère Gallo qui n'a pas encore réussi à trouver un coin où dormir.

Brocchetti obtempère : il se lève et sort, un peu méfiant. Il revient au bout d'un long moment, absorbé dans la contemplation d'une miche de pain rassis.

« On veut nous faire mourir de faim, grogne-t-il, insatisfait du résultat de ses investigations.

– Une miche vaut bien un fauteuil », conclut Cassata, en faisant allusion à Gallo qui, entre temps, s'est installé tout à son aise.

La dispute qui se déchaîne alors risque de durer longtemps.

Brocchetti proteste avec cet air à moitié endormi qu'il a toujours, et Gallo se contente de répéter, imperturbable :

« Moi, quand je dors, je n'écoute personne.

– Vous en avez encore pour longtemps ! », explose Cassata d'une voix autoritaire.

On entend des chuts, des exclamations, des protestations.

Brocchetti, heureusement, finit par renoncer, il se couche à même le sol et commence à émietter sa miche durcie.

J'observe mes compagnons qui, dans l'immobilité du sommeil, laissent deviner leurs traits les plus naturels. Leur image m'attire, s'obstine, tout en creusant un sillon au milieu de mes pensées.

Je les observe : Giubo, maigre comme un clou et tendu comme une corde de violon, avec sa figure pâle et chiffonnée sous d'énormes sourcils.

Cassata, solide, épaules carrées, éclatant de santé, visage fendu par des lèvres aussi grosses que des vessies gonflées de sang ; Brocchetti, monumental et enfantin, semblable à ces marionnettes de papier mâché qui circulent dans les villages les jours de carnaval ; Gallo, qui dort d'un air inspiré, la bouche ouverte, comme s'il était sur le point d'entonner un madrigal à sa lointaine fiancée ; Onorato, rasé comme un conscrit et joufflu comme un nouveau-né, carnation rosbif, râleur et bouillonnant comme une casserole d'eau qui chante depuis une heure sur le poêle.

Quelles étranges divagations ! Essayons de dormir plutôt, sans oublier de lancer à chacun les formules rituelles pour éloigner le mauvais sort.

Pendant toute la nuit, ce furent, à intervalles plus ou moins courts, des martèlements de pas, des imprécations de conducteurs, des bruits de voix, le clapot de la boue remuée, qui remontaient à la conscience au travers du sommeil, puis sombraient à nouveau.

Je sors seul, dévoré par la curiosité, dès que la lumière transperce les volets.

Dehors, quelques lambeaux de brume, des gouttes de rosée qui instillent dans l'âme leur mélancolie : tout est triste, imprégné de grisaille et de froid.

Je descends sur la route pleine de soldats : une interminable procession défile lentement ; elle descend vers les villages depuis les montagnes voisines, telle une coulée de boue des bords d'une énorme blessure. Ils passent en silence, décollant avec difficulté leurs pieds de la terre fangeuse : cortège de misère, de fatigue, de souffrance.

Presque tous ont d'énormes pieds gonflés par le gel, enveloppés dans des toiles de sacs de tranchée ou serrés par des liens dans leurs chaussures éventrées ; et ils se déhanchent de façon grotesque, comme des palmipèdes, sur ces paquets sales de boue durcie.

On voit des visages d'adolescents creusés par l'angoisse et la fièvre : de larges épaules voûtées, comme la carène d'un navire trop chargé, sous des capotes qui semblent vides, comme jetées par-dessus les bois morts d'un épouvantail champêtre.Les uniformes ont disparu sous la boue incrustée et les visages se sont effacés, tous indistinctement recouverts d'un même ocre jaune.

Je m'arrête pour observer ce défilé de statues de glaise, vaine parodie d'humanité, rebut que la guerre rejette à ses marges, comme ces détritus qu'une mer déchaînée amoncelle sur ses rivages.

Des hommes de corvée fendent, à grand renfort de hurlements et de jurons, l'interminable cortège qui s'égrène lentement sur la route, englué dans la boue. Un homme à la figure de brigand les précède, en frappant tous ceux qui, mal assurés sur leurs pieds gonflés, tardent à s'écarter.

Un garçon vêtu en autrichien des pieds à la tête passe devant moi, tissu bleu ciel, écusson impérial accroché au calot. Je lui adresse une question évasive, n'étant pas bien sûr de ses origines.

Il me regarde de ses yeux d'enfant étincelants au milieu de son visage décrépit.

« Lieutenant, il faut bien s'arranger. Tout le monde fait pareil. Quand on n'a plus que des loques sur le dos, on prend les affaires des Autrichiens. »

Je me dis que ces uniformes doivent être prélevés sur les prisonniers.

« Et ils sont d'accord ?

– Forcément ! »

Le soldat enfile deux doigts dans une large entaille ouverte sur la veste à hauteur du ventre ; il me fait comprendre d'un geste que ces uniformes sont pris aux cadavres ennemis.

« Où allez-vous ?

– Au poste de secours. »

J'aperçois dans le cortège, qui va clopin-clopant dans une forêt de bâtons et de fusils calés sous les aisselles et traînés dans la boue, des soldats avec la tête enveloppée de pansements sales, soutenus par des infirmiers : ils ont le regard fixe des fous. Peut-être est-ce l'angoisse de la blessure inconnue, ou bien la vision immobile d'une violence mortelle.

Un petit homme avec une tête carrée qui sort d'une énorme écharpe de gaze arrive devant moi en titubant comme un ivrogne ; il marmonne sans s'arrêter :

« De l'eau... De l'eau... De l'eau... »

Un garçon imberbe, sans casquette, suit les autres à l'écart, sans parler. Un compagnon le soutient et s'efforce de lui exposer des arguments qu'il semble écouter sans entendre :

« Qu'est-ce qu'il a ? » demandé-je à son accompagnateur.

Il me montre : l'autre baisse la tête avec le mouvement d'un pantin désarticulé. Je vois fiché au milieu de son crâne, comme un clou, un projectile.

« Ça s'est passé tout à l'heure, à côté de la maison du garde-barrière sur la ligne de chemin de fer. Une balle perdue : elle est venue se ficher juste là. »

Le blessé lève deux yeux interrogateurs qui cherchent dans mes yeux un avis. Il ne sait pas, il ne comprend pas, il a seulement senti un grand choc sur la nuque et il n'a pas le courage de demander.

Moi non plus, je ne suis pas en mesure de juger le degré de gravité de sa blessure : je ne comprends pas comment un homme, avec une balle dans le crâne, peut paraître comme cela, normal ; j'ai l'impression pourtant que la vie, chez ce malheureux, est miraculeusement retenue par ce bouchon d'acier.

J'efface, en m'efforçant de sourire, toute trace de réflexion sur mon visage. Son compagnon aussi essaie de mentir.

« Trois mois de permission, je te dis, trois mois ! Veinard, c'est fini pour toi la guerre ! Tu peux l'oublier ! »

Et il emporte avec lui ce veinard, impassible, qui ne veut pas comprendre qu'il en a fini avec la guerre.

Le poste de secours est installé dans une cabane en retrait. Le médecin lieutenant-colonel y a fait badigeonner d'immenses croix rouges de tous les côtés, afin que l'ennemi épargne ses protégés.

Le flot des blessés et des malades vient échouer contre l'étroite porte. Tous attendent, dans un silence résigné, sans bouger, sous le crachin qui bat de plus en plus fort. Ils passent lentement un à un, comme de l'eau filtrée entre les deux portes d'une écluse, devant des médecins pressés aux manières brusques et expéditives.

Le médecin lieutenant-colonel est la bête noire de tous. Je le rencontre sous le porche, tandis qu'il jette un coup d'œil rapide aux blessés les plus graves, arrivés jusqu'ici sur une civière et entassés tant bien que mal, en attendant que la nuit leur porte secours.

Une taille minuscule, un visage ridé, deux yeux froids et méchants et une bouche tordue cachée entre des moustaches et un menton carré, il étale avec arrogance ces manières de caserne autoritaires au milieu de toute cette souffrance humaine. Il ausculte chacun de façon sommaire et devient furieux aussitôt qu'un blessé se plaint de sa rudesse.

« Rien à faire ! », dit-il sans baisser la voix à son assistant, après avoir observé un blessé qui paraissait implorer l'aumône d'une consolation illusoire.

Puis il s'en prend à son imbécile d'assistant parce qu'il n'a pas évacué un pauvre malheureux qui vient de mourir en silence et qui gêne le passage.

Dans la cour, une ambulance attend. J'aperçois par les fenêtres les civières superposées, où s'entassent de vieux haillons.

Un paquet de chiffons remue sur une civière, paresseusement ; une tête se soulève, un visage se tend.

« Blessé ?

– Pieds gelés.

– Tu vas à l'hôpital ?

– Oui.

– Comment tu te sens ? »

C'est un adolescent qui parle comme un vieux, triste comme un vieux.

« On doit me couper les pieds, mon lieutenant, les deux pieds. Le colonel a dit ce matin que je devais être amputé, et sans attendre. Vous savez, ici ils font ça très bien, mais il faut attendre. Mon lieutenant m'avait déjà envoyé deux fois, avec les pieds gros comme ça, on aurait dit deux miches de pain. Et le médecin m'a renvoyé au front en me faisant accompagner par deux carabiniers : il disait qu'il aurait dû envoyer tout le régiment à l'hôpital, et que de toute façon, dans les tranchées, on peut très bien rester assis. On voit bien qu'il n'a jamais essayé. »

Je connais très bien la facilité avec laquelle certains malotrus, qui pâlissent à la seule pensée que leurs croix rouges ne soient pas assez visibles, discutent des dangers et des souffrances des pauvres idiots qui sont dans les tranchées.

En passant devant la maison du garde-barrière dans lequel s'est installé le commandement d'un bataillon mis au repos, j'entrevois un attroupement assez serré. Je remonte le talus, curieux.

L'étroite esplanade est remplie de soldats qui écoutent attentivement. Le major, juché sur le socle d'un tronc coupé, s'exprime par bribes de phrases, d'une voix pleine de colère, en lançant des coups de poing dans le vide. Il ressemble à un fourrier d'opérette, avec de belles moustaches recourbées aux coins de la bouche, comme deux ressorts à spirale.

J'écoute, je comprends de quoi il s'agit. Ces malheureux, alors qu'ils montaient pendant la nuit en première ligne pour assurer la corvée de ravitaillement, ont été décimés par des coups de feu ininterrompus, foudroyés par des rafales d'obus, et ils se sont sauvés en jetant leur chargement, dévalant la montagne jusqu'en bas, pêle-mêle, comme les pierres d'un éboulis.

À présent, le major s'énerve et il ordonne que les hommes de corvée remontent en première ligne tout de suite, en plein jour, par la pente à découvert.

J'observe la multitude des visages éperdus de terreur, ces grappes d'yeux blancs levés vers la lumière fangeuse qui dégouline du ciel du nord sur le paysage diluvien.

Le major, après avoir hurlé ses ordres, descend de son socle et rentre dans la cabane en bois.

Le groupe de soldats se disloque et redescend lentement le talus, dans un silence effrayant.

Un soldat me montre des sacs de terre qui forment une sorte de ligne crénelée ; quatre tuyaux d'acier en sortent, qui contemplent le ciel comme des yeux de pachydermes hébétés.

Il me dit :

« La batterie Amalfi. Des marins : des gars courageux ! Toujours là pour nous donner un coup de main. À la moindre menace, "tac tac tac tac", ils arrivent. On dirait qu'ils voient tout, comme nous, de là où ils sont. Le problème, c'est qu'ils n'ont que quatre canons et qu'il en faudrait cent. Mais ces matelots, c'est vraiment des gars courageux[1] ! »

Les canons dressent vers le ciel leur long cou autoritaire, comme s'ils voulaient respirer le vent, alertes : tout autour, une barricade de sacs les protège.

Quelques matelots s'affairent autour des pièces, un chiffon à la main ; d'autres, assis sur des tabourets bas, placent leurs gamelles remplies d'une bouillie brunâtre au-dessus de la flamme vacillante des réchauds.

Un garde-côte au large sourire, bien portant, gonflé comme une tomate mûre, me fait des confidences.

---

1. La batterie Amalfi était un détachement exclusivement composé de marins, très admiré des fantassins, notamment pour la précision de ses tirs d'artillerie.

« Du moment qu'ils nous fournissent les munitions, nous on s'occupe du reste ! Champs d'action, objectifs, déplacements.

» Nous devons surveiller tout seuls cette tourmente et il faut ouvrir l'œil, sinon ça tourne mal.

» S'il fallait qu'on attende les ordres ! Tu veux savoir ? Hier, un général est venu faire une inspection.

» Nous surveillons l'endroit le plus important du Karst : crois-tu qu'il nous ait demandé des nouvelles sur les objectifs de la batterie ? Pas du tout ! Il m'a collé une réprimande parce qu'un canonnier avait laissé quelques mètres de terrain hors de portée et il m'a ordonné que de semblables indécences ne se reproduisent pas. »

Il rit de bon cœur avec sa face burinée par les vents, fredonnant le refrain d'une chanson de matelots qui pourrait lui coûter dix jours d'arrêt.

Les abris du quatrième bataillon ont été aménagés dans le passage souterrain du chemin de fer à côté d'un torrent de boue.

Nous restons un moment au milieu de ces soldats qui pataugent comme des crapauds dans la terre gluante ou se terrent dans des trous sales emplis de paille mouillée et de déchets de toutes sortes. Cela fait penser à un campement de bohémiens. Quelques-uns parlent en petit groupe, à voix basse, des épisodes récents ; on sent une attention étrange et puérile. D'autres s'épouillent, immobiles. D'autres encore sont étendus sur le dos, silencieux, le regard lointain. Des fusils et des gibernes meublent chacune de ces tanières immondes. Toute cette humanité crasseuse et entassée exhale un air fétide qui se mêle à la pénombre.

On nous informe que nous sommes rattachés à la cantine du quatrième bataillon, en attendant que le nôtre revienne de première ligne cette nuit.

Brocchetti propose que nous regagnions tous la maison du garde-barrière qui se trouve un peu plus loin sur la voie parce que, dit-il, il pourrait bien y avoir des ordres pour nous, et quelques assiettes de spaghettis pour lui.

Nous nous mettons en route. Mais à peine sortis du passage souterrain, des sifflements, tantôt proches, tantôt éloignés, raclent l'air scintillant d'humidité puis éclatent avec une détonation impérieuse. De petits nuages effervescents se forment au-dessus de nos têtes comme des fleurs soudain ouvertes sur une tige invisible. Nous voyons sur la route des mulets sautiller en tous sens en donnant des coups de sabot en signe de protestation, et des soldats qui fuient, pliés en deux.

Nous revenons nous aussi au pas de course vers l'abri hospitalier du chemin de fer.

Shrapnels. Nous nous regardons, non sans quelque excitation joyeuse, après ce baptême inattendu. Les soldats nous expliquent qu'il s'agit de l'habituel café du matin qui passe à heure fixe et ils nous conseillent d'attendre parce que ces bombardements ont lieu sur toute la route pour surprendre la corvée.

Brocchetti rouspète et se laisse tomber, de colère, sur un tas de paille neuve amassée dans un coin pour être distribuée.

Nous observons ce spectacle nouveau de tirs d'obus avec des yeux pleins de curiosité.

Le bombardement s'intensifie. J'écoute les différents coups qui éclatent l'un après l'autre le long de la route devenue déserte.

Un shrapnel s'approche, agressif, furieux ; il claque comme un coup de fouet sec, en projetant une grêle de petites balles dans tous les sens.

Les obus de petit calibre se succèdent en frôlant le talus comme des guêpes irritées. Un moyen calibre transperce l'air avec un sifflement presque doux qui soudain se renforce et explose. On dirait le sifflement d'un gamin insolent interrompu par une gifle. Un gros calibre se jette dans le vide, en haletant comme un ivrogne ; il accélère son rythme, progressivement, lentement, et éclate au sol dans un fracas énorme.

C'est le Karst tout entier, là-haut, dirait-on, qui adresse au ciel indifférent une plainte sans fin.

Le calme est revenu. Le soleil semble en profiter pour se montrer, très pâle, à travers le brouillard humide.

Les récits et les commentaires des soldats ont fait naître en moi une immense envie de connaître, d'explorer, de voir enfin ce maudit San Michele, dressé au loin derrière les remparts qui enserrent Sdraussina comme au fond d'une tasse.

Je n'ai encore aucune idée ni opinion précise de ce qu'il peut être. Les récits créent dans l'esprit une atmosphère fabuleuse. L'intarissable faconde des soldats révèle et dissimule, obscurément, quelque chose de tragique, que personne ne sait ni mesurer ni exprimer.

La foule des soldats semble écrasée par le même cauchemar : ce ne sont pas les soldats enjoués, bruyants, bagarreurs que l'on connaît. On dirait qu'une tempête hivernale a piétiné et dispersé les ferments de la jeunesse chez ces hommes tristes, qui savent et qui attendent, sans plus d'espoir.

Giubo propose d'aller en reconnaissance jusqu'aux premières lignes : nous le suivons.

En sortant du passage souterrain, nous voyons Quinterio, rentré cette nuit des premières lignes. Il est couché sur le foin, il bougonne quelque chose, tout en mordillant un bout de fromage. Nous lui demandons ce qu'il fait. Mais il continue, impassible, à proférer des jurons contre les commandements qui l'ont oublié là-haut pendant vingt jours d'affilée, sous prétexte que l'officier chargé des mitrailleuses ne pouvait être relevé.

Il est convaincu que les commandements se sont joués de lui.

« Vingt jours, vous entendez ? Ah, ces messieurs de la compagnie ! Ils vont me le payer ! Tous les autres ont été relevés, moi non ! Un jour ou l'autre ils vont me le payer ! »

Il mord dans son morceau de fromage avec ses mâchoires maigres qui ont l'air de jaillir hors de sa peau, comme s'il était en train de régler son compte à l'aide de camp.

Nous le laissons là avec sa colère et, tout en nous éloignant, nous l'entendons qui répète d'un ton convaincu :

« Un jour ou l'autre, ils vont me le payer ! »

Dehors, nous observons pendant un moment quelques petites fumées de shrapnels qui naissent et s'effilochent contre la paroi rocheuse creusée d'abris. Puis nous suivons du regard les rails qui mènent jusqu'à Peteano, dont les ruines blanchissent au loin.

Nous croisons une équipe de corvée qui revient d'un commandement de deuxième ligne : je demande des conseils sur la marche à suivre. Les soldats nous regardent un peu étonnés, puis l'un d'eux nous dit :

« Oh, mon lieutenant, faites demi-tour ! On ne peut pas faire un pas en plein jour. Même pas un. Dès qu'on remonte le chemin, à partir de Peteano... Faites demi-tour ! »

Les autres illustrent ces exhortations par de grands gestes éloquents.

L'un d'eux montre à un camarade des croix enfoncées dans le terre-plein de la voie ferrée ; et, poursuivant un discours déjà commencé ou bien résumant une impression récente, il murmure :

« C'est à pleurer ! »

Les soldats continuent leur chemin. Tandis que nous discutons de ce que nous allons faire, un sifflement nous interrompt, une explosion nous fait sursauter ; non loin de nous, une fontaine de terre se soulève, sous un panache de fumée.

Cette interruption catégorique fait instantanément pencher les opinions vers des réflexions plus modérées.

Nous revenons d'un pas plutôt précipité vers le passage souterrain.

« Un obus ! commente Onorato.

– Que voulais-tu que ce soit ?

– Je l'avais pris pour une casserole pleine tombée du ciel », rétorque Brocchetti, qui avait encore l'estomac vide.

« Cependant, cela manque de tenue pour des officiers de courir de la sorte », halète Cassata, qui était en tête, et qui au moment d'arriver sous le porche du passage souterrain, reprend un ton incroyablement calme.

« C'est que nous ne sommes pas encore habitués, justifie un autre.

– Et puis, il est trop tôt pour y laisser la peau.

– Ou plutôt son sac de couchage ! », ajoute une voix maligne à l'attention du dernier interlocuteur, dont la barbe monte jusqu'aux yeux.

Les coups pleuvent ici et là, plus clairsemés. Un dernier obus vient s'écraser contre les parois du tunnel, nous voyons un soldat qui hurle, ses gestes fous se détachent sur un fond de lumière.

Nous ne cessons de parcourir, tout le jour, avec plus de perspicacité que des limiers, la terre tourmentée des premiers massacres.

Il est possible de reconstruire chaque événement passé en étudiant les traces partout disséminées de la violence acharnée qui frappa ici contre les premières digues : des tranchées mordent le terre-plein de la voie ferrée et labourent les premières collines ; et puis là, à l'endroit où s'épaissit le bois de Bosco Cappuccio qui court sur une infinité d'échasses vers le haut-plateau incendié, des barbelés entrelacés comme des toiles d'araignée. Un peu plus loin, une tranchée très profonde emplie de vieilles loques, de ferraille et de cartouches vides.

Et partout un ensemencement de croix, quelques-unes anonymes, d'autres avec des noms inconnus griffonnés au crayon sur le bois imbibé d'eau, d'autres accompagnées de quelques mots simples et affectueux, d'autres encore ornées d'une carcasse d'obus emplie d'eau de pluie où quelques fleurs fanées baignent dans une agonie sans fin.

Ces lieux, lugubres à force de silence et de solitude, rappellent l'élan de multitudes d'hommes lancées à l'assaut de la montagne, le hurlement des charges, l'obscure frénésie du carnage.

En attendant l'heure du repas, j'ai fait le tour de notre baraquement, installé à la va-vite, avec quelques caisses en bois et des tables dénichées on ne sait où.

J'aperçois un officier, une vieille connaissance de garnison, immobile, dehors, en train de regarder dans les profondeurs sombres du bois, pensif.

« Levi ! »

Il semble avoir du mal à me reconnaître. Il sort peu à peu de sa méditation mélancolique et me lance un vague salut, involontairement froid.

« Comment ça va ? »

Il secoue la tête, en silence : il est descendu ce matin de la première ligne et il pense qu'il devra retourner là-haut.

Un soldat vient nous annoncer que le repas est servi. Une fois les présentations échangées avec les quelques officiers rescapés du bataillon, nous nous asseyons tous ensemble à une extrémité de la table.

On avale quelque chose de froid. Personne n'a envie de parler. L'humeur sombre de chacun nous fait taire nous aussi.

Dehors, dans le noir, on entend les sifflements ténus des balles vagabondes qui cherchent une cible, dans les fourrés. De loin en loin, les quatre hurlements simultanés de la batterie Amalfi nous font tout à coup sursauter : on entend les obus qui traversent l'air avant de s'éloigner dans un écho d'ondulations liquides comme dans la nef d'un temple.

À la fin du repas, trois officiers surgissent dans le baraquement. Des cris, des accolades, des interjections. Ils reviennent de la première ligne. Ce sont des officiers de notre bataillon. Vêtus de loques et couverts de crasse, ils s'affalent sur les bancs en ôtant leur casque et leur giberne.

L'un d'eux est capitaine, assez âgé, avec un sourire terrible imprimé en travers du visage : il se met aussitôt à raconter leur retour en détail, avec une intonation proche du miaulement, typique de certains sons du dialecte vénète. Le deuxième est un lieutenant à la figure très pâle et creusée comme une tête de mort ; quelques poils secs et blondissants sont collés sur ses mâchoires et son menton, comme sur un masque hors d'usage. Le troisième est un garçon au regard de crapaud, figé de stupeur.

Le capitaine continue de parler, en reproduisant le bruit des canonnades contre les rochers d'un vallon ; il semble que dans son cerveau fatigué seule cette dernière frayeur soit restée, tout comme ce sourire sur son visage sans éclat.

« Ils explosaient là, au-dessus de nos têtes. Je me suis dit alors : c'est maintenant qu'ils vont nous tuer... »

Je sors, je vais à l'arrière de la baraque, attentifs aux voix qui traversent l'obscurité.

Soudain, un choc bref contre un arbre, comme une branche qui casse, un grand coup sur l'épaule, un claquement contre les volets du baraquement.

Je ne comprends pas. Je sens mon cœur battre à toute vitesse.

Probablement une balle qui a rebondi... Oui, c'était sûr. Je touche mon épaule. Rien, un léger engourdissement, ce n'est rien.

Je rentre, avec un calme feint.

« Tu as remarqué ce tir contre les volets ? me demande-t-on.

— Regardez comme il est pâle ! Il est aussi poudré qu'une cocotte ! » ricane Giubo, en me montrant du doigt.

Sapristi ! Ce bavard de Giubo ne manque jamais une plaisanterie.

San Michele – 1915

On nous a installés pour la nuit avec la troupe sur les rives herbeuses de l'Isonzo, dans des sortes de tanières où il nous faut entrer à quatre pattes, en rampant à la façon des reptiles.

Dehors, dans l'obscurité, on entend le miaulement familier des balles errantes.

« On dirait un chœur de chats amoureux qui chantent une sérénade au printemps », bougonne Cassata en revenant avec son pantalon à la main, contraint de prendre la fuite à cause de ces présages vagabonds.

« J'ai l'impression de devenir aussi carré qu'une caisse d'ordonnance, dit Brocchetti qui bâille en se tournant et se retournant sur la terre dure, en quête d'une position pour la nuit. Si seulement on pouvait y voir plus loin que le bout de son nez, je serais bien aller cueillir quelques herbes.

« Tu as tout le temps faim, rétorque Cassata. Arrête un peu de grincher. »

En peu de temps, dans tout l'obscur boyau creusé d'abris ne retentit plus qu'un concert de contrebasses : Onorato me fait sursauter avec son ronflement féroce qui explose par moments.

Un sommeil aussi lourd que l'air, chargé du souffle de tous les hommes, nous enveloppe, entraînant dans l'oubli les paroles implacables qui résonnent lointaines, sans trêve, dans le silence.

Tout à coup s'élèvent des bruits confus de voix et de pas. Puis ce sont des heurts, des coups de coude, des jurons. Une obscurité profonde.

« Que se passe-t-il ? » dit Onorato en sursautant, et en ouvrant des yeux phosphorescents.

Brocchetti s'énerve.

« Bon Dieu, mes pieds ! C'est pas un jardin public ! »

Un mot circule, fébrile, entêtant, effrayant : « L'alerte ! »

Un tumulte d'ombres, des ordres, des protestations indistinctes : quelqu'un saisit ma jambe et la tire avec obstination.

« Mon manteau ! Où est mon manteau ! »

On craque une allumette ; ce sont immédiatement des cris et des protestations.

« Éteins ça ! Tu es fou ?

— Tu veux nous faire massacrer ? Éteins ça bon sang !

— Donne-lui une claque à cet abruti !

— Hé, attention ! »

Dans la lumière poussiéreuse, j'entrevois une pagaille générale : tous cherchent quelque chose, un fusil, une musette, les gibernes qui étaient accrochées là et qui ont disparu on ne sait où.

« Mais qu'est-ce qu'il se passe à la fin ?

— J'en sais rien, moi. L'alerte. Tu n'entends pas ? C'est ce que tout le monde dit : l'alerte.

— Ça doit être un truc habituel pour nous empêcher de dormir.

— Je vous dis que c'est l'alerte ! Écoutez ! »

Un roulement diffus, comme un bruit sourd de billes métalliques à l'intérieur d'une boîte fermée, s'égrène dans le lointain à un rythme très rapide, interrompu par les tirs acharnés de l'artillerie.

« Mon fusil !

— Prends donc celui-ci, c'est pareil.

— Non, je veux mon fusil !

— Tête de mule, je vais pas le sortir de ma poche, ton fusil. T'as qu'à te débrouiller.

— Tu veux que je te dise : tire-toi une balle ! »

Brocchetti, assis, ferme la sangle de sa giberne avec un calme exemplaire.

« Tremble, vieille carcasse ! Tu vas en voir de toutes les couleurs ! » répète-t-il entre ses dents, comme un somnambule.

Onorato s'est enfin décidé à bouger : Giubo le harcèle de questions diverses, auxquelles il répond par des exclamations terriblement napolitaines.

Des soldats se sont déjà glissés hors de leur tanière souterraine ; la pagaille se prolonge dehors ; de temps en temps nous parvient puis s'éloigne la petite voix rageuse d'un sergent méridional, comme un coup de rasoir.

« Réveillez-vous, les gars ! À vos postes, bon sang ! Troisième peloton ! Où est le troisième peloton ?

Des soldats parlent entre eux.

« Où va-t-on ?

– Personne ne le sait.

– Là-haut, comme d'habitude.

– Là-haut, où ?

– Et où veux-tu qu'on aille ? Là-haut au paradis ?

– Sur le troisième sommet ?

– Personne ne sait. À la boucherie.

– Cette fois, on va y laisser notre peau. C'est notre tour.

– De toute façon aujourd'hui ou demain, c'est égal.

Ventura, le vieux lieutenant arrive en courant, essoufflé. Il distribue de fortes poignées de main, en silence ; il répartit le commandement des pelotons, au hasard. Puis il s'adresse au sergent.

– On retourne là-haut. Tout le monde est là ?

– Oui, chef.

– En avant. »

Dans l'obscurité, je parviens à mettre la main sur le sergent de mon peloton.

« Sergent ?...

– Locatelli.

– Combien d'hommes ?

– Trente-cinq, avec les compléments arrivés aujourd'hui. Nous étions neuf.

– Bien. Vous pouvez me recommander un soldat ?

– Franceschelli ! » appelle le sergent après quelques instants d'hésitation.

Une silhouette sombre arrive en se frayant à grand-peine un chemin à travers la cohue.

« Franceschelli ?

– Oui, chef.

– On y va. »

La colonne s'allonge en arrachant chaque pas à la boue dans un roulement métallique, cadencé, pareil à celui d'un bataillon de chaudronniers en marche.

On remonte la route, on presse le pas en courbant la tête sous la file d'arbres dévastés par les tirs. Je marche dans les pas de la silhouette noire qui remue devant moi et qui est mon seul horizon.

« Attention, c'est bientôt la liaison ! » crie une voix.

Je ne connais pas les hommes qui me suivent : trente-cinq ombres qui ont chacune leur propre univers et toutes le même destin.

Des hommes de corvée nous bousculent, bruyants et désordonnés.

« Qui êtes-vous ? demande une voix.

– Des renforts, répond l'un de nous.

– Mince alors ! »

Une halte soudaine nous fait trébucher contre le groupe qui précède.

« Que se passe-t-il ?

– On y est, à partir d'ici on commence à grimper. »

Franceschelli balaie le terrain du faisceau laiteux de sa lampe de poche.

« Nous sommes à couvert. Ici, ils ne nous voient pas, mon lieutenant. »

Un boyau, à peine esquissé par l'alignement de quelques sacs putrides, est creusé le long de la pente : ici, à l'entrée, sont jetés pêle-mêle toutes sortes d'objets à moitié recouverts de boue. On dirait que par cette veine se déverse une coulée ininterrompue d'ordures et de détritus depuis la première ligne : des caisses percées, des sacs pleins à craquer, des casseroles, des formes humaines affleurant à la surface des flaques boueuses avec d'étranges gestes de statues englouties.

« En avant ! Accrochez-vous à un bout de ma capote », me lance Franceschelli.

Je m'agrippe au tissu humide, tandis que, tout autour, l'obscurité est à nouveau totale ; derrière moi je sens que le soldat qui me suit s'est emparé d'un pan de mon manteau. Les détonations se sont espacées ; on distingue très nettement le deuxième temps où les balles volent haut, en bourdonnant comme des moustiques meurtriers.

On ne sait rien, on ne comprend rien ; il n'existe plus rien que notre anxiété et, par-dessus, le dialogue assidu de ces coups de fusil solitaires.

On monte, on avance en jurant et en pataugeant dans cette bourbe profonde, tenace, qui s'accroche à nos pieds dans une tentative désespérée de nous retenir ; on progresse avec les yeux bandés par l'obscurité, titubant, multipliant les faux pas sur les aspérités du terrain.

Plus loin j'entrevois, en levant les yeux vers les hauteurs, plusieurs fusées qui explosent : elles s'ouvrent comme des yeux qui s'écarquillent soudain, et redescendent lentement, en oscillant, dans un halo de lumière éblouissante : quelques reflets nous parviennent, comme la lueur opaque d'un monde sous-marin.

À présent les balles passent au-dessus de nos têtes et tout autour de nous ; on entend leur sifflement, leur chuchotement, leur modulation et leur inflexion, leur respiration humaine : parfois l'une d'elles, en transperçant un sac, émet un miaulement plein de colère qui s'étire avant de disparaître ; on dirait un mouvement de rage contre une proie qui s'échappe.

On s'enfonce dans la boue jusqu'à la cheville, on a du mal à décoller les chaussures de cette glu molle. On se cogne contre les sacs qui nous protègent jusqu'aux genoux dans notre marche tâtonnante et haletante : une sueur chaude nous imprègne et dégoutte sous notre casque.

J'entends, devant moi, derrière moi, les respirations haletantes de l'effort.

Soudain Franceschelli glisse et roule lourdement comme un ballot de marchandise ; entraîné dans sa chute, je m'étale moi aussi dans la boue de tout mon long. Ma main tombe sur quelque chose de froid, de gluant, aux contours flasques ; je la retire immédiatement, avec un frisson qui me glace les sangs, et me fait grimacer.

« Malédiction ! jure Franceschelli, en se relevant. Rattrapons les autres, mon lieutenant. »

Je m'empare à nouveau d'un morceau de son paletot : nous accélérons le pas ; au bout de quelques instants, Franceschelli s'arrête et se jette par terre.

« Que se passe-t-il ? »

Il me répond à voix basse, dans l'obscurité profonde.

« Rien. On s'arrête.

− Tu as rattrapé les autres ?

– Oui, je tiens le manteau du camarade devant moi. »

Il s'arrête pour reprendre son souffle. C'est alors seulement que je m'aperçois que plus personne ne me suit.

« Ils sont restés en arrière, me dit Franceschelli, c'est toujours la même histoire. Mais ils nous rejoindront. Ils connaissent la route. »

L'attente se prolonge, rythmée par la pétarade régulière des coups de feu.

« Que se passe-t-il ?

– Bah ! On n'avance plus.

– Laisse-moi voir.

Franceschelli se pousse ; je touche la forme immobile à laquelle il se tient agrippé, je la secoue.

« Eh, qu'est-ce qu'on fait ? »

L'autre ne me répond pas.

« Dis, le mollasson ! Tu t'es endormi ? »

Je le secoue un peu plus fort et c'est tout son corps qui s'écroule, sur le côté, d'un seul bloc, en dégageant une puanteur de putréfaction.

« Nom de Dieu ! Je comprends qu'il bougeait pas cette andouille ! fait Franceschelli.

– Et maintenant ? Tu connais la route ?

– Moi, j'y vais toujours au flair. On n'y voit vraiment rien. Montons, on trouvera bien quelqu'un. »

Nous recommençons à monter, poussant sur le côté ce corps qui encombre le boyau comme un sac de vêtements usés.

Les coups de feu ont cessé. On n'entend plus que les tirs monotones et réguliers des sentinelles, entrecoupés de loin en loin par le craillement bref des mitrailleuses ; bientôt le boyau étroit s'interrompt.

« Mon lieutenant, on s'est trompé de route.

– Malédiction ! »

Nous sommes à découvert, de tous côtés.

« Où sont les tranchées ?

– Les tranchées, les tranchées... ici il n'y a pas de tranchées, il n'y a que des trous ».

Nous montons, à découvert.

« On est dans de beaux draps, mon lieutenant. Et maintenant... dans quelle direction va-t-on ? Si au moins on y voyait quelque chose ! »

Un sentiment d'inconnu, de perte de repères, de solitude, exacerbé par l'obscurité totale et implacable, m'étreint la gorge. Ces balles qui chuchotent tout autour ont l'air de nous appeler, tout bas, pour mieux repérer leurs victimes.

« Avançons, ça ne fait rien ! » répliqué-je rageusement.

On monte, le dos courbé, dans cette maudite boue qui nous colle aux pieds et veut nous faire tomber ; de temps en temps on se cogne contre un obstacle.

Le terrain est jonché de morts qui se décomposent petit à petit dans la boue.

« Tout le San Michele est comme ça. Et vous ne l'avez pas vu en plein jour ! Des morts de tous les régiments, de toutes les époques, partout ! Comme je vous le dis !

– Arrête de parler et mets un pied devant l'autre ! »

Soudain, une nouvelle rafale de coups de feu retentit.

« À terre, mon lieutenant ! On nous tire dessus ! »

Nous nous jetons dans la boue.

« Quelle raclée ! » marmonne Franceschelli, que j'aperçois de temps en temps, à la lueur des fusées lointaines, noir et accroché au sol comme un cafard.

« Ils sont casse-pieds ces Autrichiens ! Toutes les dix minutes, pendant la nuit entière, ils nous tirent dessus, sans raison. Ils feraient mieux... »

Il s'interrompt, en crachant et en lançant une bordée d'injures très peu conformes au règlement ; une balle vient de passer sous son nez et a enfin réussi à lui refermer la bouche d'une éclaboussure de boue.

Je me relève, résigné à supporter l'irrémédiable croûte de saleté qui nous colle à la peau, je me raccroche au paletot de mon guide comme un mendiant aveugle ; j'essaie d'oublier, dans le souci de me préserver, la perception du danger qui fait siffler tout autour de moi des centaines d'interjections railleuses.

On monte, épuisés par l'effort, à bout de nerfs.

« Mon lieutenant, je n'en peux plus.

– Hé, rappelle-toi que tu es un soldat.

– Cette route n'en finit pas. Où sommes-nous ? Je n'en peux plus. »

Des fusées s'élèvent, très proches. Leur lumière parvient jusqu'à nous et semble soulever le ciel : j'aperçois là-haut confusément, des buissons grouillants, enchevêtrés.

Franceschelli soudain s'arrête.

« Eh bien ?

– Du barbelé. »

Je touche à mon tour les fils emmêlés hérissés de piques.

« Où peut-on bien être ? »

La voix du pauvre malheureux réprime un sanglot, en même temps qu'une inflexion de méfiance, d'épuisement.

« Eh, toi qui joues les vétérans, tu vas pas te mettre à pleurer parce que tu as perdu ton chemin ! »

Sa langue est comme paralysée. Il ne parle plus.

Dans le scintillement de lumière d'une fusée, j'aperçois l'entrelacs des fils métalliques et, de l'autre côté, un fossé rempli de choses indistinctes. Franceschelli se ressaisit.

« Ah, nous y voilà peut-être. C'est la grande tranchée des morts : une vieille tranchée, pleine à ras bord de morts autrichiens. Allons de ce côté. »

Nous descendons, en suivant la végétation squelettique des barbelés.

« Oui, nous sommes arrivés à la ligne de la relève. Les autres devraient être là aussi. »

On entend un brouhaha de voix réprimées, le bruissement d'une foule inquiète.

C'est notre compagnie qui se remet en marche, en direction de la première ligne. Je demande des nouvelles de Ventura. Il est allé au poste de commandement pour recevoir les ordres. Je réussis à l'apercevoir dans le refuge empli de fumée, alors que je jette un coup d'œil par une fente d'où s'échappe un peu de lumière.

« Ah, je te croyais mort, m'avoue-t-il en tombant sur moi, au moment où il sort.

– Merci. Je vais très bien.

– Là-haut, maintenant ! On monte en première ligne. Fausse alerte mais excellent prétexte pour nous renvoyer dans les tranchées.

– Cela aurait été pire si l'alerte avait été réelle. J'essaierai de ne plus me faire distancer.

– Mais maintenant, mon ami, nous allons tous nous perdre de vue. Il n'y a même plus ce semblant de boyau que tu as vu. On sera tous à découvert, comme sur une place d'armes. Chacun va où il veut, au hasard. On s'arrête quand on retrouve les autres, au petit bonheur la chance. Ensuite c'est à nous de jouer et d'organiser les choses comme on peut. On ne peut faire autrement : ils m'ont déjà tué sept ou huit soldats, à force de monter jusqu'ici comme on l'a toujours fait.

– Combien ?

– Sept ou huit, au moins. Pour l'instant on arrête de compter. On recommencera à compter quand on sera redescendu ; les calculs c'est pour après et ils seront vite faits. Ceux qui ne répondent pas à l'appel, c'est qu'ils sont morts, paix à leur âme. Ici on ne connaît pas le nombre de soldats que nous avons dans les tranchées. De nombreux gars du 131[e1], arrivés à mi-chemin, sont rentrés à Sdraussina et sont restés cachés jusqu'au retour de leur bataillon. Et personne n'a jamais rien remarqué.

– Elle est à quelle distance la première ligne ?

– Deux cents mètres environ : les plus durs. »

Il repart en courant, derrière le premier peloton, déjà en route.

« Franceschelli !

– À vos ordres !

– Troisième peloton ?

– On est tous là.

– En route. »

On s'engouffre dans un boyau étroit et très bas qui s'interrompt un peu plus loin, me dit-on. Les soldats accélèrent en formant une chaîne, ils montent avec prudence, tous se taisent : on dirait qu'on va tenter une embuscade.

Soudain, Franceschelli s'arrête.

« Mon lieutenant, on est arrivé au passage du lièvre.

– Ah ! Qu'est-ce que c'est ?

– Ils nous visent et nous tirent dessus. Un passage obligé. Il y a toujours quelqu'un qui y reste.

---

1. Le 131e régiment d'infanterie s'est illustré en novembre 1915 lors de la conquête de positions stratégiques sur les premier et deuxième sommets du San Michele, au prix d'énormes pertes.

– Qu'est-ce que tu attends ?

– Que le chargeur soit vidé. »

On entend, plus près de nous, des coups de feu méthodiques, qui de temps en temps marquent une interruption.

« Vous entendez ? Tous les cinq coups, ils changent leur chargeur. Il faut profiter de cette interruption. Un... Deux... Trois... Quatre... Cinq... On y va ! »

En huit à dix sauts insensés, nous passons au-dessus de masses obscures qui barrent la route, et nous replongeons dans le boyau suivant.

Très rapidement, nous sortons à découvert : nous nous arrêtons pour reprendre notre souffle et attendre les autres.

« Allez, vite, restons groupés ! »

On court, la tête basse ; on tombe, on se relève, on cherche avec les mains un chemin dans la boue.

« À terre ! »

Une fusée explose au-dessus de nos têtes, redescend en oscillant ; on dirait une arme brillante de lumière qui règle son tir sur nous.

Nous ne bougeons plus. Les morts non plus ne bougent plus, disséminés un peu partout, aplatis de tout leur long, comme nous, dans la boue. Le météore nous frôle en grésillant, il a l'air vivant et semble se réjouir de nous avoir découverts, puis il retombe et s'éteint. À la suite de cette apparition incandescente, tout le ciel s'effondre.

Nous ne savons pas si c'est cet éclat qui nous aveugle ou bien l'obscurité : nous nous lançons à nouveau en avant, comme ivres.

J'aperçois, disséminées sur les hauteurs, des flammes qui jaillissent, soudaines : attiré par ces traits de lumière dans le noir, j'oublie de me jeter à terre lorsque explose une nouvelle fusée. Franceschelli, qui s'est écroulé d'un seul coup comme un mécanisme qui se casse, est déjà couché sur le sol ; j'ai l'impression qu'il est trop tard, et qu'un seul mouvement, en pleine lumière, révélera fatalement ma présence. Je reste droit, immobile comme une statue.

« Mon lieutenant, jetez-vous à terre ! Mon lieutenant !

– Tais-toi ! »

Mais cette maudite fusée continue de se balancer dans le ciel avec une subtile perfidie.

Deux, trois coups de feu simultanés fouettent le silence. D'un bond, je me retrouve à plat ventre dans la boue.

« Attention ! Un obus ! »

Un miaulement à travers l'air, un choc, une flamme rouge éblouissante.

« On y est ?

– Voici les trous. »

En deux sauts, nous dégringolons dans un entonnoir, ouvert comme une plaie dans une mare de boue étale.

Dehors, tumulte de la masse qui monte, en ordre dispersé : battements des pas, appels rauques, cliquetis de la ferraille.

Les Autrichiens ont repéré la relève, la fusillade reprend avec rage ; des obus déchirent l'obscurité de toutes parts avec des lacérations assourdissantes ; les gerbes puissantes des explosions sont hachurées de segments noirs qui fouettent le ciel. Un hurlement, terriblement isolé, comme un déchirement d'ailes brisées par la grêle, pénètre au plus profond de nous.

Nous apercevons le trou au travers d'un brouillard soudainement éclairé ; c'est un cratère d'obus, dont les bords ont été renforcés par des corps méconnaissables entassés les uns sur les autres.

Deux soldats veillent aux meurtrières, immobiles.

« C'est la relève ! Debout ! » dis-je à voix basse.

Les deux hommes restent impassibles, le regard tourné vers le haut, comme s'ils avaient repéré quelque chose.

« Ils sont morts », murmure Franceschelli d'une voix étrange. Il empoigne l'un des deux et tout son corps s'écroule sur lui, rigide : un fusil retombe.

« C'est ça la première ligne ?

– Oui, chef. Des trous partout comme ça. »

Deux ombres tombent dans l'entonnoir, tels des spectres.

« Qui êtes-vous ?

– On vient vous relever.

– Troisième peloton ?

– Oui, toi, qui es-tu ?

– Le lieutenant.

– Ah ! »

Franceschelli a du mal à faire place nette.

« Allez, donnez-moi un coup de main. »

On jette les deux cadavres par-dessus, sur le tas qui sert de barricade. Les nouveaux arrivés se couchent au sol en cherchant des embouchures, dans cet entassement de corps humains, pour y enfiler le canon de leur fusil.

Il faut que nous mettions la main sur le commandant du peloton que nous sommes venus relever, afin qu'il nous transmette les consignes. Il faudra sauter d'un trou à l'autre, au hasard. Je saute dans une position contiguë, suivi par Franceschelli : à l'intérieur, des silhouettes indistinctes parlent à voix basse.

« Qui êtes-vous ?

– La relève.

– Vous n'avez trouvé personne ?

– Il y a seulement cet imbécile qui ne sait pas dire un mot.

– Où est-il ? »

Une forme surgit devant moi, d'un pas lourd.

« Tu es ici tout seul ?

– Oui, chef. Les autres soldats de mon peloton, huit ou dix, sont déjà descendus, parce qu'ils savaient que la relève devait arriver.

– Sans nous attendre ?

– Ils n'en pouvaient plus, mon lieutenant.

– Et ils ont laissé la ligne sans défense !

– En effet. Si les Autrichiens l'avaient su... mais le lieutenant est encore là.

– Où est-il ?

– Ici, à deux pas, dans ce trou un peu plus loin. »

Je pousse au-dehors cette balle de vieux chiffons mouillés qui, une fois sortie, fait montre d'une mobilité inattendue. Il me guide, à tâtons, jusqu'au commandement du peloton.

« Le lieutenant est là-dedans », me dit-il, essoufflé, en soulevant le pan d'une couverture qui masque l'entrée d'un trou de taupe et laisse filtrer un rayon de lumière.

« Dieu du ciel ! Fermez ce rideau ! proteste une voix depuis l'intérieur.

– Je suis l'officier de relève, lui lancé-je.

– Ah ! Un moment ! Entre ! »

Je m'avance, en rampant sous la couverture empesée de boue, dans une niche à peine éclairée par la flamme d'une chandelle qui vacille au creux d'un casque. Le lieutenant, couché sur un grabat de toiles de sacs, me tend une main couverte de crasse et marmonne un nom que je ne saisis pas.

« Te voilà enfin ! Assieds-toi !

– Tu sais que nous n'avons trouvé personne sur la ligne ?

– Nom de Dieu, je savais bien que ces fainéants redescendraient sans vous attendre ! C'est toujours comme ça, quand ils savent que la relève arrive, ils se précipitent tous à Sdraussina, à la première occasion. Comment peut-on les retenir si on ne sait pas où ils sont ? C'est difficile de mettre le nez dehors avec ce lancer continu de confettis, je t'assure. Et tes hommes ?

– Ils se sont fourrés çà et là au hasard comme ils ont pu.

– Tu remettras de l'ordre plus tard. Maintenant essaie de reprendre ton souffle. »

J'observe ce visage buriné par la souffrance, un masque dont seuls les yeux sont vivants : les oscillations de la flamme donnent à son profil le brillant de certaines pièces de monnaie usées.

« Tu veux boire ? » me demande-t-il, en me proposant une fiasque qui a perdu toute sa paille. « Café. Tu sais, les verres sont abolis. C'est toute ma richesse. »

J'avale quelques gorgées d'un liquide épais comme une bouillie, puis m'interromps, non sans une involontaire grimace de dégoût.

« Eh, on voit bien que tu ne t'es pas encore fait le palais. Ça, pour nous, c'est un élixir, réservé aux blessés.

– Combien de soldats avais-tu en ligne ? demandé-je pour me tirer d'embarras.

– Il y a huit jours, quand nous sommes montés, ils étaient vingt-neuf. Cette nuit, il doit en rester dix, tout au plus. Et bien sûr on n'a même pas fait une seule attaque, sinon ils seraient tous morts en moins de deux heures. Nous occupions une tranchée d'une cinquantaine de mètres, nous étions dix hommes ; il y a deux heures, j'ai fait une rapide incursion sur mon front : pour dix morts, j'avais deux soldats blessés, deux avec les pieds gelés, un soldat valide avec un fusil rendu inutilisable par la rouille et la boue. La première ligne, cher ami, c'est presque partout comme ça sur le San Michele. C'est ta première fois dans la tranchée, non ?

– Exact.

– Et tu ne sais rien de tout ça, bien sûr. Tu as dû croire ce que disaient les journaux : tranchées, boyaux, colère de Dieu. Et comment ! Si les Autrichiens descendaient jusqu'ici, même avec des balais... Que pourrions-nous faire ? Mourir. C'est vrai qu'eux aussi doivent être à mauvaise enseigne ; ils sont venus nous faire une petite visite il y a trois jours. On s'est mis à tirer comme des diables avec les quelques fusils encore en état de tirer ; moi, j'ai perdu ma voix à force de hurler des ordres comme un commandant de brigade sur une place d'armes : ils sont tombés dans le panneau et sont rentrés au bercail. Il faut bien se montrer un peu malins ! Bah, on aura le temps de bavarder plus tard : maintenant il faut que tu places tes hommes. On y va ? »

Nous sortons dans la nuit, au milieu de la toile serrée que tissent, fil par fil, les coups de feu qui crèvent le silence.

Le long de cette première ligne constituée d'une enfilade d'entonnoirs aménagés en défense, nous plaçons deux par deux les soldats qui s'étaient tapis où ils pouvaient par petits groupes, comme un troupeau apeuré : c'est une prospection pénible, implacablement freinée par l'obscurité et la boue, interrompue par des pauses et des placages au sol soudains. Nous sommes épuisés.

On appelle, on crie, on jure. On cherche et on secoue des paquets recroquevillés qui parfois restent muets.

« Vous, qui êtes-vous ?

– Onzième compagnie.

– Combien êtes-vous ?

– Deux.

– Il faut tirer, de temps en temps.

– Oui, chef.

– C'est bien !

– Mon lieutenant !

– Qu'y a-t-il ?

– On nous tire dans le dos.

– Quoi ?

– Oui, de temps en temps, des coups de feu là-derrière. On n'y comprend rien. Mais les Autrichiens, où sont-ils ? »

Un coup de feu derrière nous me fait sursauter.

« Vous avez entendu ?

– Mais qu'est-ce qui se passe ?

– Bon Dieu ! lance mon compagnon, mais qu'est-ce que c'est ?
On doit aller voir. Viens ! »

En trois ou quatre roulades au sol, nous voilà sur la position des
tireurs.

« Qui va là ? intime une voix agitée.

– Que faites-vous, abrutis !

– Ben vous voyez bien, on tire !

– Mais sur quoi tirez-vous ? Vous ne voyez pas où vous tirez ? »

Nous déplaçons ces deux malheureux, tout en rectifiant le poin-
tage de leurs fusils. Puis nous reprenons notre pérégrination aveugle.

Une fois arrivés au commandement de la compagnie, nous trouvons Ventura terré au fond d'un antre boueux, qui parlemente avec
une sorte de bohémien entièrement recouvert de guenilles.

« Ah, c'est toi ? Je suis en train de prendre les consignes. Ici on
ne tient pas à plus de deux. Je viendrai chez toi après. Fais attention.
Et bonne chance ! »

Il me salue d'un geste, avec un sourire triste.

Une fois rentrés dans notre niche, mon compagnon retrouve son
grabat de toiles de sacs.

« Tu as vu ?

– Non.

– Tu as compris ce qu'est la ligne ?

– Pas du tout.

– Voilà comment est la ligne. »

Il essaie de m'expliquer en traçant avec un bout de crayon,
repêché au fond d'une poche, des gribouillis incertains sur un bout
de papier humide.

« Voici. Premier peloton, dans cette tranchée grand luxe qui,
au lieu d'être parallèle, est perpendiculaire à la ligne autrichienne :
c'est juste un boyau ennemi conquis on ne sait comment.

» Tout le premier peloton est entassé dans ce boudin d'un mètre
de profondeur ; malheur à celui qui se hasarderait à sortir en plein
jour le bout de son petit doigt. Ici rien, la zone est balayée par les

tirs toute la nuit. Ensuite c'est l'entonnoir du commandement de
compagnie. À droite, une autre zone à découvert, surveillée tout
comme l'autre. À partir de là jusqu'à nous, des niches et par endroits
des trous, protégés par quelques sacs de terre et beaucoup de morts
qui nous servent de parapet. Les morts, il faut s'y faire l'estomac :
tu verras demain à la lumière du soleil. Tu sens cette puanteur ? (Oh,
le soir – je ne sais pas pourquoi c'est le soir qu'on commence à la
sentir – cette puanteur nous remplit de nausée et d'épouvante. C'est
horrible ! Vraiment horrible !) Eh bien, ici aussi, sous ces sacs, il y
a un cadavre de Hongrois, enfoncé dans la boue. Que dois-je faire ?
Le retirer. Impossible. Je vis avec. »

Il parle lentement. Il répond à mes questions avec une moue
amère figée autour de la pipe consumée qu'il tient entre les dents.

« Travailler, creuser, assainir ? Tu parles ! De jour, personne
ne peut bouger. Ces maudits Hongrois ne nous permettent pas la
moindre imprudence ; et ce sont de formidables tireurs. On ne
compte plus les soldats qui se sont fait prendre pour un rien, pour
un simple geste d'impatience. On ne compte plus les officiers –
ces officiers héroïques et naïfs qui ne connaissaient pas encore la
chanson – qui ont cassé leur pipe pour n'avoir pas voulu accepter
les impératifs implacables de cette guerre de taupes ! J'en ai vu un
paquet arriver jusqu'ici avec des idées garibaldiennes. Ils ne veulent
pas entendre parler de rester immobiles ou pliés en deux ! Et à la
première lueur du matin, un tireur d'élite, resté à l'affût la pipe à
la bouche et un carafon de bière plein sous la main, les abat d'une
seule balle. Et ils tombent comme ça, sans un cri. Des tas ! On dirait
que ces Autrichiens restent toute la journée avec l'œil sur le viseur
et qu'ils n'attendent que ça. Ils savent que nous finirons bien par
bouger à un moment ou à un autre, alors ils attendent. Il suffit qu'un
soldat allonge une patte, ils lui tirent une balle immédiatement.
Il faut parfois rester immobiles comme des momies pendant des
heures entières, juste pour attendre la fin de ces tirs d'entraînement
dont nous sommes les cibles. J'ai essayé hier de poser au-dessus des
sacs une boîte de conserve de viande vide, enfilée sur la pointe d'une
baïonnette. En moins d'une seconde, en plein dans le mille. Alors, tu
penses bien que quand on sort nos binettes, c'est le gros lot. Toute
la nuit, on entend grêler les coups en continu, du crépuscule jusqu'à

l'aube. Comme ils n'arrivent pas à nous contraindre à reculer, ils cherchent à nous épuiser ; ils nous empêchent de nous installer ici et d'aménager quoi que ce soit, ils veulent que les morts demeurent là pour nous remplir d'effroi, ils paralysent nos corvées et ils attendent que ce martyre insupportable finisse par nous rendre fous. Si, la nuit, ils entendent le grattement d'une bêche, ils nous arrosent de leurs mitrailleuses pour qu'on arrête. De toute façon, comment veux-tu qu'on creuse alors qu'on est sans outils et qu'à chaque fois, on ne fait que déterrer des cadavres qui nous obligent à déguerpir à cause de leur puanteur ? On ne peut rien faire. Nous sommes condamnés à l'immobilité, jusqu'à ce qu'arrive l'ordre de sortir à l'assaut. Tu entends ? Ils ont dû entendre le piétinement de la corvée qui essaie de nous apporter les vivres. Ils s'arrêtent toujours à mi-chemin ces pauvres gars, avec sacs de pain et tonneaux de vin ; rien n'arrive jusqu'ici, la plupart du temps. Et même quand tout va bien, il y a des soldats qui préfèrent souffrir de faim et de soif pendant quarante-huit heures plutôt que de faire un pas à découvert de nuit pour venir jusqu'ici chercher à manger. Eh, ils en ont trop vu maintenant ! »

Soudain le visage du sergent Poli apparaît entre les plis du rideau, aussi hirsute et sauvage que celui d'un roi de pique, et il nous dit comme s'il nous annonçait une catastrophe imminente :

« Le vin est arrivé !

– Et le reste ?

– Il y aussi un sac de pain. Un seul. La moitié de la corvée est restée en chemin. Ou bien ils ont été obligés de fuir, ou bien ils ont été tués, on ne sait pas. Même le vin manquera, il n'y a en a qu'un demi-tonneau. »

On comprend, à son geste gauche, qu'il pense que cela ne vaut pas la peine de risquer sa peau pour essayer de récupérer le vin.

« Que l'on distribue ce qu'il y a.

– Il n'y a personne pour aller chercher les victuailles. Vous entendez comme ça chante ? Les Autrichiens aussi ont reniflé l'odeur du Barbera.

– Attendons que cela cesse. Ensuite faites appeler les sergents et donnez les ordres.

– Mais on n'y voit rien, on ne pourrait même pas tirer sur des chandelles allumées, mon lieutenant. »

Tout en maugréant, le sergent Poli retire sa grosse tête spongieuse, qui a l'air de rentrer dans ses épaules comme celle d'une tortue.

Mon compagnon, après un instant de méditation au cours duquel ses yeux ont semblé disparaître dans le passé, se met à parler lentement, cherchant tant bien que mal à saisir des choses qui lui échappent, inexprimables.

« Dans les premiers mois, les soldats n'étaient pas comme ça. On a commencé tout de suite, dès qu'on a passé Cormons... Je me rappelle le premier massacre. Nous étions encore de l'autre côté de l'Isonzo, devant Sagrado. Nous attendions. Une nuit nous recevons l'ordre de tenter la traversée du fleuve. Profitant de l'obscurité, sur une passerelle improvisée, tout un bataillon au complet parvient à traverser sans se faire voir. Côté autrichien, pas le moindre signe de vie ; on aurait dit qu'il n'y avait personne là-bas. Une estafette revient pour dire que le détachement prend position, en pénétrant à travers les bois. Tout est facile, simple, enfantin. Alignés sur la rive droite, dans la nuit, nous attendions de pouvoir passer nous aussi. Tout à coup éclatent des tirs, rapprochés, rageurs, qui se propagent dans le noir comme un feu de paille. L'artillerie ennemie se réveille en sursaut, ses feux jaillissent de toutes parts. L'Isonzo est hérissé de jets d'eau. L'ordre circule de passer nous aussi sur l'autre rive, en renfort. On ne peut pas. La passerelle a sauté, elle est emportée par le courant. Nous avons dû assister à la tragédie qui se déroulait là-bas sans pouvoir rien faire. Les tirs ont duré pendant un moment. Puis, ils se sont espacés peu à peu. Des invocations désespérées parvenaient jusqu'à nos oreilles, des hurlements aussi, des clameurs, des plaintes déchirantes de blessés. Que pouvait-on faire ? Tirer ? Mais où ? Dans la mêlée, au hasard ? Ils furent massacrés, tous. Ici, la tension est telle qu'on n'entend jamais parler de prisonniers. Enfin, les tirs ont cessé et nous n'avons plus entendu qu'un long cri effrayant qui ne prit fin qu'à l'aube. »

À cet instant, un meuglement sinistre arrive sur nous en fendant le silence.

« À terre ! »

Une explosion nous brise quelque chose dans le crâne et la tente se soulève tout entière soufflée par un éclair rouge, comme sous la poussée violente d'un forcené.

Nous restons dans l'obscurité, sans parler, tandis qu'au-dessus de nous, sur le toit de tôle, résonnent des coups sourds, semblables au bruit des lourdes pattes, larges et souples, d'un troupeau de bêtes en fuite. Un aérolithe, tombé après tous les autres, semble chercher à l'éventrer.

« Sacrebleu ! Il a failli nous tomber dessus », bougonne mon compagnon, tranquillement, en allumant sa chandelle dans son casque abat-jour.

Les lamentations funèbres du sergent Poli traversent la toile de la tente :

« Il fallait qu'il tombe justement ici ? C'est vraiment pas de chance ! Nom de Dieu, c'est vraiment pas de chance !

– Que s'est-il passé ? » crie mon compagnon, en tressaillant.

La grosse tête ébouriffée du sergent s'extrait peu à peu de cette lumière embuée.

« Ah, quel malheur, mon lieutenant !

– Des blessés ?

– Le tonneau de vin, mon lieutenant, fendu en deux comme une pastèque. Il était encore intact, grâce au ciel, personne n'y avait touché. Qu'est-ce qu'on va devenir ?... »

Il disparaît en maugréant ; on entend dehors son pas lourd et accablé, aspiré par la boue rougeâtre.

Penché sur son passé comme sur les remous de l'eau au fond d'un puits profond, mon compagnon recommence à parler.

« Une fois passé l'Isonzo, les régiments se sont déployés contre cette maudite barrière du Karst. Des cohortes de jeunes hommes enthousiastes, ignorants, généreux, contre cette muraille de pierre et de boue. Ils ne possédaient que leur fusil et leur indéfectible courage. Les Autrichiens avaient laissé des avertissements dans les villages abandonnés après l'inondation. "Nous vous attendons de l'autre côté de l'Isonzo !" Dès que nous eûmes franchi la vallée de l'Isonzo, ils commencèrent à nous repousser. Embuscades, tranchées provisoires, pièges, nids de mitrailleuses qui se mirent à semer la mort sur le terrain découvert. Au fur et à mesure que nous montions, jusqu'aux flancs du Karst, la résistance se faisait plus tenace : nous nous heurtâmes contre les premières tranchées protégées par les barbelés. Les barbelés ! Le courage ne peut rien contre cette misérable et terrible chose : la masse ne peut rien. Nous étions totalement démunis. Et les hommes, par vagues successives, furent pris dans ces toiles d'araignée métalliques, ils s'y brisèrent comme contre des falaises de granit. Les premières tranchées furent conquises, certes. Même les premières barrières de fil de fer, provisoirement hérissées dans la précipitation, furent percées par l'élan désespéré. Partout, sur le San Michele, à San Martino, au mont des Sei Busi, sur le haut-plateau de Doberdò, le long des hauteurs de Selz, cette marée d'hommes fut lancée aveuglément contre l'ennemi féroce, contre les lignes de défense, sur cette hostile étendue de pierres. La chair humaine contre la matière brute, l'ardeur de la jeunesse contre la machine en embuscade, le courage authentique contre le piège insidieux : partout le hurlement de l'assaut fut recouvert par le froid balbutiement des mitrailleuses. On arriva jusqu'au pied du Karst, tailladé de tranchées creusées depuis longtemps, efficacement armées et bordées de rouleaux de barbelés épais, denses, solides. Mais le terrain conquis était recouvert de morts ; tous les régiments furent presque entièrement anéantis. On ne pouvait pas aller plus loin, sans artillerie suffisante, sans grenades, sans rien. Les commandements pourtant semblaient être devenus fous. En avant ! C'est impossible ! Qu'importe ? En avant quand même ! Mais les barbelés sont intacts ! Ce n'est pas une raison. Les barbelés se détruisent à coups de poitrail ou avec les dents, ou bien avec les bêches. En avant ! C'était de la folie. Ceux qui planifiaient ces ordres les envoyaient de loin ; et le spectacle de l'infanterie qui avançait, vu au travers des jumelles, devait être exaltant. Ils n'étaient pas avec nous, les généraux ; les barbelés, ils n'en avaient jamais vus que dans un coin de leur bureau territorial, et ils n'arrivaient pas à comprendre que cela pût être un obstacle. Faites comme vous voulez, mais avancez, sacrebleu ! À quoi jouez-vous, bon sang !

» Nous venions combler de notre mieux les vides effroyables que chaque action creusait, jour après jour, dans les régiments. Allez, bons à rien de fantassins, à l'attaque !

» Nos soldats se firent tuer de cette façon par milliers, en héros, au cours de ces assauts insensés qui se répétaient chaque jour, à chaque heure, contre les mêmes positions.

» Aucun officier haut gradé ne vint jamais nous voir pour se rendre compte et juger pas lui-même. Il y a bien eu un colonel qui, effaré par les massacres, s'est opposé à ces ordres qui se répétaient comme les refrains d'une même chanson : en avant à n'importe quel prix ! Il fut limogé, au motif que, n'ayant aucune confiance dans l'issue de l'attaque, il ne pouvait en convaincre ses troupes. Quant aux autres, pour ne pas sortir des rails d'une carrière qui s'annonçait prometteuse, ils se turent, ou pire, ils affectèrent une foi inébranlable. Et ils relayaient jusqu'à nous, en y ajoutant de draconiennes injonctions, des ordres insensés de sortir en plein jour à l'assaut de défenses intactes.

» Alors, on y allait. Les Autrichiens prenaient tout leur temps : ils nous laissaient arriver sans tirer jusque sous les barbelés, pour être absolument sûrs que personne ne pourrait s'échapper, et puis en avant la musique. Je me souviens qu'un jour, après trois assauts consécutifs, inutiles, meurtriers, avec la compagnie réduite à cinquante hommes, on me somme de répéter l'action pour la quatrième fois. Je vois rouge, je me précipite, sous une flopée de balles, jusqu'au commandement du bataillon. Je me mets à crier que c'est une folie, je leur dis une fois pour toutes leurs quatre vérités. Le major me laisse terminer, puis il me pointe son pistolet sous le nez et me dit d'un ton calme : "Ou vous attaquez ou j'ai le devoir de tirer." Moi, j'avais déjà cette médaille d'argent sur la poitrine, que pouvais-je faire ? On y est allé. Je me souviens que l'officier qui était avec moi, un jeune gars costaud qui avait de l'estomac, s'est jeté d'un bond hors de la tranchée avec son monocle sur l'œil et armé de sa seule cravache. De toute façon cela revenait au même. Sans doute était-il devenu fou, pauvre garçon, comment pouvait-on savoir ? Je le vois encore, là, debout, qui secouait les barbelés en fouettant l'air de sa cravache et en criant aux Autrichiens : "Allez dehors vous aussi, bande d'embusqués !" Pour toute réponse, une balle lui fit éclater la cervelle. Il est resté là-haut, accroché à ces terribles rouleaux d'épines, comme s'il avait voulu obéir à l'ordre de déchirer les barbelés avec les dents ! »

Mon compagnon s'interrompt. De son visage creusé émane une transparence verdâtre.

« Mourir, ce n'est pas mourir qui compte, on sait bien qu'un jour ou l'autre il faudra y passer, non ? Mais ce qui nous décourage,

ce qui nous démoralise et nous déprime, c'est de voir les hommes
mourir comme ça, inutilement, sans but. Oh, on ne meurt pas pour
la patrie, comme ça. On meurt à cause de la stupidité des ordres
donnés et à cause de la lâcheté de certains commandants. Et ce qui
est arrivé dans mon régiment, pour moi, s'est produit pour tous de
la même façon, tout le monde raconte les mêmes choses ; et quand
on pourra le faire probablement, personne ne sera plus là pour les
raconter. À présent, depuis le 21 octobre, l'offensive a repris, dans
les mêmes conditions désespérées. Cela fait un mois qu'on continue
à s'acharner sur les mêmes tranchées, sans pouvoir faire un pas en
avant ; partout, tous les jours, une fois nous, une autre les bersagliers,
on n'entend qu'un seul cri : "*Savoia*[1] !" Et du matin jusqu'au soir
l'artillerie et les mitrailleuses nous pilonnent jusqu'à nous rendre
fous. Il faut que le mauvais temps se mette de la partie pour faire
cesser ce déluge de fin du monde. Maintenant on a les tubes de gélatine[2] : mais à quoi servent-ils ? Les ordres sont toujours les mêmes.
On place les tubes pendant la nuit. Tu imagines qu'on va donner
l'assaut aussitôt ? Et pouvoir ainsi profiter de l'effet de stupeur et
de la confusion ? Tu parles ! Il faut attendre l'aube pour se rendre
compte des effets obtenus et pour élaborer un plan. Parbleu, il faut
bien faire les choses dans le bon ordre. Si bien que les Autrichiens
ont toute commodité pour installer une mitrailleuse devant la brèche
ouverte, avec l'assurance qu'elle sera placée au bon endroit.

» Voilà ce qui a réduit les soldats, ces héroïques soldats qui
sont arrivés jusqu'ici, à l'état de troupeau inerte et passif. Avant,
quand il fallait placer les tubes, on savait qu'à cause des mèches trop
courtes, on n'avait presque aucune chance de revenir, mais on trouvait toujours des volontaires. Et même si sur dix volontaires il n'en
revenait que deux, ils étaient de nouveau volontaires le jour suivant,
avec un courage merveilleux. Maintenant ils y vont parce que "c'est
leur tour", comme les juments poussées à coups de gourdin vers la
hache de l'abattoir. Ils savent comment on meurt, ils voient bien de

---

1. Cri de guerre des soldats italiens en hommage à la dynastie royale de
Savoie.

2. Il s'agit de dynamite « gélatine » placée dans des sapes sous les tranchées
ennemies afin de les faire sauter avant l'assaut.

leurs yeux expérimentés le grotesque de certains ordres et ils s'y résignent comme à un moindre mal. Lorsque les survivants redescendent pour leur tour de repos, ils ont l'esprit dévasté à cause de ce qu'ils ont vu. Quand aux troupes de complément, au contact de ces rescapés, elles sont très vite au courant et elles montent dans les tranchées déjà ébranlées par les récits entendus. Mon colonel, lors d'un discours aux officiers, soutenait que nous devions terroriser l'ennemi avec notre propre désespoir, qu'il fallait imposer à l'ennemi la peur panique de notre propre folie.

« Ah, si les commandements comprenaient que contre des barbelés intacts et une mitrailleuse en action, la masse ne peut rien ! S'ils comprenaient que cette guerre est une guerre de matériel et que le courage sans armes ne sert à rien ! Mais les généraux sont cramponnés aux leçons de tactique que leur serinent leurs manuels ; ils sont repus de souvenirs garibaldiens, où la guerre se fait en chantant au son des fanfares et tous drapeaux devant ! »

Dehors, la voix de Franceschelli appelle :

« Mon lieutenant !

– Que se passe-t-il ?

– C'est l'estafette.

– Entrez ! »

Je recouvre le casque afin que la lumière ne filtre pas, tandis que le rideau se soulève sur une forme humaine qui entre à quatre pattes.

« Qui es-tu ?

– L'estafette du lieutenant Ventura. On en a envoyées trois avant moi, mais elles sont restées en chemin, moi-même je suis blessé. »

Le soldat retrousse une manche incrustée de boue, il soulève son bras tailladé par une blessure sanguinolente.

« Une balle qui m'a touché de biais. Ce n'est rien. »

La nuit résonne de sombres échos ; dans les pauses, on perçoit le pointillé serré des tirs.

« Le lieutenant Ventura vous prie de prendre le commandement du premier peloton, dans le boyau autrichien. Une marmite est tombée il y une heure et l'officier a été blessé : deux hommes le transportent déjà en bas. »

Il faut y aller tout de suite. Je me prépare. Mon ami me regarde longuement de son regard froid et triste.

« Bonne chance ! dit-il d'une voix ferme.

– Tu descends ?

– Oui, il est tard.

– Mais ça tire dehors. Attends que ça se calme.

– Il est déjà trop tard. Quand l'aube pointera, ce sera pire. »

Il sort le premier, en rampant. Dehors, dans l'obscurité profonde qui le dissimule à mon regard, il répète :

« Bonne chance ! » Et il me serre la main fortement, longtemps.

Tandis que je m'en vais, une rafale nous frappe. Je me jette à terre. Dans l'éclair sinistre, je vois l'ombre qui se tient devant moi projetée dans le vide, les bras grands ouverts, comme une croix.

La couche de nuages craquèle sous un peu de lumière. Nous plongeons pour les rafraîchir, dans les fissures rouge sang qui s'ouvrent en travers du ciel, nos yeux défaits par l'obscurité et par l'insomnie. L'esprit aussi semble se rasséréner face à cette nativité éclatante.

Le déluge obstiné de coups de feu, qui s'est abattu de toutes parts pendant la nuit, s'estompe. Seuls quelques coups hoquètent ici ou là, derniers grêlons de la tempête nocturne.

Sur l'immobile fureur se répand bientôt le silence de la dévastation.

Nous nous regardons dans les yeux pour nous reconnaître, pour nous retrouver. Dans le boyau peu profond, les soldats doivent rester recroquevillés dans la boue pour ne pas se montrer : les bords inégaux du refuge sont juste au niveau de nos têtes. On ne peut pas bouger. Dans le fossé où nous nous trouvons, ce sont des corps qui se pressent les uns contre les autres, des jambes contractées et des fusils, des cassettes de munitions qui s'entassent, des détritus partout dispersés : tout est figé dans la boue, aussi tenace qu'une glu rougeâtre.

Peu à peu les contours se dessinent, les choses se précisent autour de moi.

D'un côté, la tranchée est constituée d'un amas confus de morts enchevêtrés : péniblement je parviens à reconnaître une à une des formes humaines.

Ce sont presque tous des cadavres de soldats autrichiens : beaucoup – amidonnés d'une patine graisseuse – sont couchés dans la boue dans le même sens, dans la même position, comme des sardines : on aperçoit quelques têtes alignées sur le bord, certaines pendent, d'autres sont méconnaissables, à part quelques touffes de cheveux poisseux. Ils ont peut-être été touchés par une rafale de mitrailleuse alors qu'ils fuyaient à découvert, et ils sont tombés comme ça, l'un sur l'autre, comme les poteaux d'un enclos arrachés par le vent. Des mains, abîmées et décharnées comme des gants hors d'usage, ont l'air de griffes resserrées dans un geste ultime, tendues dans une inutile tentative de s'agripper à la vie.

Prudemment, avec un bâton, je soulève un bout de toile qui recouvre un tas ; une exhalaison fétide me force à faire un pas en arrière mais, l'espace d'un instant, j'ai eu le temps de voir cinq ou six morts qui fixaient de leur regard hébété le fond d'un trou, béant au-dessous d'eux. Un seul tournait vers le ciel sa figure livide, et lui adressait le rictus de ses mâchoires dénudées.

Beaucoup de ces malheureux ont la tête ou plusieurs membres bandés de pansements : ils étaient blessés, assignés dans la tranchée pour contenir la furie qui chaque jour se déchaîne contre ces sommets : misérable chair humaine, définitivement happée par la roue de cet énorme pressoir.

Des parois boueuses de la tranchée émergent ici et là des chaussures à clous, des sacs pleins, les doigts crispés de corps enterrés ou bien peu à peu ensevelis sous la terre. Même le sol sur lequel nous sommes couchés présente par endroits des bosses plus durs. Il y a, à mi-chemin du boyau, un genou replié qui affleure : il sert de point de rencontre, pendant la nuit, à l'heure de la distribution du café et des vivres, lorsqu'ils parviennent jusqu'ici. Des soldats lombards ont saisi l'occasion pour exhumer un mot ancien des terres de saint Ambroise : ils le nomment le café du *Genoeucc*.

Je me trouve à l'endroit où est installé le commandement de la ligne ; les parois de la tranchée sont un peu plus hautes et permettent, en restant à genoux, de placer sa tête entre deux sacs éventrés pour jeter un coup d'œil dehors.

Le terrain environnant est jonché de dépouilles humaines qui s'emmêlent, s'alignent, s'entassent : je vois, au-dessus d'une pile de sacs qui ressemble à un bûcher, un bersaglier sur le dos, les bras grands ouverts, comme un crucifix ; un peu plus loin, un fantassin contemple le ciel, en équilibre sur le bord d'un puits ; placé ainsi, sans aucun appui qui le soutienne, il a l'air suspendu dans le vide, bizarrement. Au bout d'un moment, je parviens à deviner, jaillissant de la bouche du puits, la tête d'une poutre qui le soulève, comme un bras qui brandirait une offrande humaine.

Mais partout, sur toutes les pentes jusqu'à nos lignes, ce sont les corps de nos soldats épars, opprimés par leur paquetage serré, à plat ventre, comme s'ils s'étaient couchés sur leur fusil pour pleurer de désespoir.

Je reconstruis d'après leur attitude, leur histoire tragique : voici, près d'un tas de pierres, sept ou huit fantassins l'un derrière l'autre, étalés contre le sol de tout leur long, dans une posture que seule la mort peut donner. J'imagine l'approche prudente, la halte derrière l'amas de cailloux, le bond, l'éruption rageuse de la mitrailleuse qui les a cloués là, l'un après l'autre. Et là-bas, le long d'un pli de terrain derrière lequel se dissimulent des positions de fortune, une enfilade de corps tombés au moment où ils donnaient l'assaut. Ici aussi, tout près, plusieurs corps contorsionnés, comme une mêlée agglutinée sur l'objectif qu'il venait d'atteindre : quelques-uns sont encore agrippés à leur proie comme s'ils voulaient tuer encore.

Des casques percés, des fusils, des chapeaux de bersagliers à plume et des centaines de cartes postales en franchise éparpillées sur tout le terrain.

J'aperçois, non loin, quelque chose que je ne parviens pas tout de suite à définir, d'un vert éclatant, comme une touffe d'herbe : une note de couleur vive qui contraste sur cette grisaille uniforme. C'est une épaule nue mutilée, recouverte d'une sorte de mousse brillante. Près de là, un tronc d'arbre fourbi par les coups, incliné comme dans une perpétuelle tentative de fuite, supporte, à l'extrémité d'une branche coupée, quelque chose qui pendouille, en lambeaux.

Et lorsqu'on remonte, plus haut, mêlés aux morts sans sépulture, il y a aussi les enterrés vivants : nos entonnoirs pleins à ras bord de fantassins, minuscules fioles de vie dans ce cimetière sans nom.

Comme c'est un ancien boyau autrichien, notre ligne est tournée vers les lignes adverses. À son extrémité, elle est interrompue par une barricade de sacs empilés et des chevaux de frise : à partir de là, elle continue à monter, éventrée par les obus, jusqu'à disparaître dans le chaos des pierres retournées. La nuit, deux sentinelles guettent derrière le barrage : les autres soldats du peloton doivent attendre immobiles, passifs, entassés dans la crasse, de nuit comme de jour. Dans l'obscurité, toutefois, il est possible d'aller et venir dans le boyau en rampant comme des couleuvres, entre les jambes emmêlées et la masse boueuse des corps couchés, pour chasser la rouille qui s'insinue dans les articulations ou pour retirer, au café du *Genoeucc*, une demi-miche de pain trempée et un fond de café froid.

Durant la journée, personne ne peut bouger : on essaie de somnoler pendant les périodes d'accalmie. Sur toute sa longueur, le boyau ressemble à un couloir de musée empli de momies et de cariatides.

Les périodes d'accalmie sont ponctuées de temps en temps par des coups de feu qui surprennent la moindre esquisse de mouvement.

On repère les tireurs – il y en a beaucoup ici aussi, tués, mêlés à la masse des cadavres – à leur ruban rouge de soldat d'élite, comme s'ils avaient été décorés d'une éclaboussure de sang frais. Ces tireurs ont les traits physiques de la férocité, regard torve, pommettes saillantes, ils sont toujours à l'affût, et attendent leur proie comme des bêtes sauvages, avec une patience implacable. Ils savent que quelqu'un finira par bouger. Et ils attendent. Parfois un sac qui remue ou un chiffon qui s'agite fait partir le coup de feu : mais souvent ce sont ces mêmes garçons optimistes et nerveux qui se laissent prendre, misérablement, sans raison.

Quand j'entends le sifflement d'un coup de feu, je regarde en haut, le long du boyau ; parfois un signe, un sourire rassurant, à d'autres moments, des dos repliés: c'est un blessé qu'on emportera en bas, le soir venu, ou bien un mort qui cette nuit sera jeté hors de la tranchée, sur les autres, comme un sac de lest.

Le champ visuel accessible depuis mon observatoire est limité : j'aperçois la ligne de trous et de parapets bas qui serpente sur la colline et qui disparaît peu après quand le terrain se creuse, puis tout en haut, à soixante-dix mètres à peine, la tranchée autrichienne qui décapite la cime, défendue par une profusion de barbelés, érigés tels une mêlée de squelettes.

La zone qui nous sépare est elle aussi constellée de morts. Des morts de l'été dernier avec de sinistres sourires aux dents blanches, des morts récents à peine visibles avec leurs visages noirâtres comme des masques de goudron : tas de chiffons épars, comme les restes d'un campement de bohémiens.

Certains se font remarquer par leur attitude tragique et grotesque : en voici un qui envoie vers un entonnoir sa grenade intacte ; et cet autre, à plat ventre, qui montre ses fesses nues criblées de trous comme une passoire.

Il est là, à trois pas de moi, il me fait de la peine. J'essaie de détacher mon regard de ce pauvre bersaglier accroché à la paroi de la tranchée comme s'il tentait en vain d'en sortir, avec ses jambes qui pendent. Mais mon regard et ma pensée sont régulièrement attirés de ce côté, comme par un mirage.

Il n'y a pourtant pas moyen de parvenir jusqu'à lui, impossible de bouger dans ce piège funèbre.

Je vais finir par me décider.

« Faites attention, mon lieutenant ! » m'avertit Franceschelli, les yeux pleins d'inquiétude.

Mais un lieutenant ne peut rester toute la journée planté là, comme n'importe quel soldat.

Je sors en rampant, en regardant de tous les côtés, pour tenter de rester à couvert. J'arrive près du cadavre littéralement moulé dans la boue ; je le saisis par un bras, je le tire vers le bas. La masse se retourne lentement comme une statue.

Sera-t-il jamais possible d'oublier ce visage, à moitié vivant, à moitié liquéfié, qui hurle et grimace, avec son unique œil écarquillé ?

Je l'ai repoussé presque avec violence, et j'ai fui, effrayé comme un gamin.

Nous le déplacerons ce soir, quand il fera nuit, parce que, pour le moment, ce mort à moitié soulevé continue de me fixer de son œil terrible, comme si c'était moi qui l'avais tué.

Cet imbécile cherche vraiment à se faire tirer dessus à tout prix.

Il s'est déjà pris deux ou trois coups de feu, en sautant comme un spectre d'un trou à l'autre, et je ne comprends pas comment lui, justement, ils ont pu le rater.

Que fait-il maintenant ? Le voici qui surgit à nouveau d'un trou près de nous.

Mais que fait-il ?

Mes soldats allongent le cou, en dépit de mes quelques taloches préventives.

On entend des coups de feu, insistants.

« Ils l'ont eu !

– Il est mort.

– Le voilà. Tu ne le vois pas ?

– Où donc ?

– Tu vois, il n'est pas mort du tout. Regarde comme il bouge. »

D'un bond, il s'est jeté derrière un rocher, il se tient immobile sans respirer. Quelqu'un crie :

« Tu es blessé ? »

Il fait signe que non.

« Reste là !

– Ne bouge pas.

– Reste là jusqu'à ce qu'il fasse nuit ! Il faut que tu attendes la nuit ! »

L'autre acquiesce, et fait signe de se taire. J'oblige mes hommes à se baisser, ils ont vraiment du mal à comprendre qu'il ne faut pas bouger et que la vie ne coûte que vingt grammes de plomb.

« Les tireurs s'occupent de celui-là et ne font pas attention à nous, me répond l'un d'eux, qui fait le malin.

– J'voudrais pas être méchant, fait un autre, mais il mérite vraiment une balle dans le cul, ce zigue ! »

Et chacun d'en rajouter :

« Il doit être saoul.

– Peut-être qu'il a des problèmes et qu'il a trouvé le moyen de se suicider.

– Pour moi c'est un imbécile.

– Ce doit être une estafette. Il portait peut-être un ordre...

– Qu'il aille au diable, ce porteur de poisse !

– D'accord avec toi.

– Mais si on lui a demandé de porter un ordre...

– Qu'est-ce que tu racontes ?

– Si on te le demandait à toi qui sais tout, qu'est-ce que tu ferais ?

– Moi ?

– Oui, toi.

– Moi, j'y vais pas. Parce que je veux bien mourir pour quelque chose, on est là pour ça au fond. Mais mourir parce que quelqu'un n'a pas compris qu'on ne peut pas porter des ordres en plein jour en première ligne, non. Qu'il y aille et passe devant celui-là, et alors j'irai moi aussi après lui.

– Et tout seul, tu n'y vas pas ?

– Bien sûr que j'y vais. Mais je me colle derrière le premier rocher que je trouve et je ne bouge plus de là.

– Mais c'est peut être un ordre important.

– Le seul ordre important pour moi, c'est celui de remonter le tonneau de vin ! Quand on ne peut pas, on ne peut pas. C'est comme ça. »

Les chuchotements se poursuivent pendant un moment.

De temps en temps, je jette un coup d'œil à ce pauvre malheureux qui est toujours là, collé à son rocher comme un timbre sur une enveloppe.

Il règne à présent un silence immense, le silence des montagnes solitaires, au-dessus de nous. Et le temps s'écoule à travers ce silence, infiniment.

Plus trois heures se sont écoulées ; il doit être midi.

Je m'approche à nouveau de l'orifice ; je vois le soldat qui me fait un signe.

Je ne comprends pas. Il envisage probablement de sortir de là, de traverser d'un seul bond ces trois ou quatre mètres qui le séparent de nous. Je vois qu'il se recroqueville pour prendre son élan et je veux lui crier quelque chose.

Un unique coup de feu retentit et cette silhouette folle s'écrase à terre, au premier saut, sans un cri, comme un mécanisme cassé.

Tandis que mes soldats continuent de converser, on entend à nouveau des détonations rapprochées, très rapides, comme celles qui accompagnent d'ordinaire un fuyard. Quelque chose de lourd franchit d'un seul bond le bord de la tranchée et dégringole jusqu'au fond.

C'est une autre estafette. Une balle l'a blessée à la cuisse : il tire je ne sais quoi du fond de la poche de son pantalon, et dès qu'il peut reprendre son souffle, il dit au soldat qui s'est penché sur lui, en lui tendant l'objet :

« Voici la clé de la cassette de mon lieutenant. Tu dois la lui remettre. »

Puis, il se tourne vers moi, et ajoute :

« C'est le commandant de régiment qui m'envoie porter ce billet ; les deux autres qui sont partis avant moi ont dû rester en chemin. »

Je lis l'ordre que m'envoient ces gens qui ne sont jamais venus en première ligne et y dépêchent des soldats qui seront bien capables de se débrouiller tout seuls.

On m'invite à faire parvenir au commandement une note sur le nombre de plaques pour meurtrières disponibles en première ligne.

« Le colonel insiste pour que nous lui fournissions une réponse rapide », m'informe le blessé, tandis que Sangiorgi s'emploie à panser sa cuisse avec un morceau de gaze.

Cette note, je l'enverrai cette nuit à ces messieurs, tandis qu'ils seront à palabrer autour d'une fiasque de Barbera, et que le lieutenant-colonel n'aura de cesse qu'il achève ses calculs de pourcentage et ses dossiers pour enfin commencer une partie de *scopa* à quatre[1].

« Messieurs les officiers autrichiens ont fait bombance aujourd'hui, conclut un soldat près de moi, voyant que les bombardements sont en retard.

— Laisse-les faire, répond un autre.

— Si tu penses qu'ils ont changé d'avis, c'est pas la peine ! Alors qu'on en finisse. Plus vite on arrache la dent, plus vite le mal disparaît.

— On dirait que tu es pressé.

— Ils sont tellement disciplinés ! Tu le sais bien, à moins d'un empêchement, à dix heures, juste après le café au lait, et à quatre heures, juste après la sieste, ils font leurs exercices.

— Dis, tu as entendu dire toi aussi qu'il y aura une attaque demain ? » lance quelqu'un.

La nouvelle est accueillie avec consternation. Quelqu'un finit par réagir en s'efforçant de rire du bout des lèvres :

1. Jeu de cartes italien.

« Mais tais-toi donc, crâneur !

– Va au diable ! menace un autre en voulant conjurer le mauvais sort.

– Si je vous le dis ! Ce sera nous ou bien les bersagliers qui sont plus à gauche.

– Mais j'ai entendu dire que ç'en était fini des assauts.

– La bonne saison est terminée.

– Maintenant l'hiver arrive et on restera où on est. »

Le chœur des optimistes insiste. Mais celui qui a lancé la nouvelle ne se rend pas.

« Je vous répète que c'est comme je vous ai dit. Vous verrez. Ces jours-ci, on n'a rien fait à cause de la pluie, mais maintenant que le temps s'est rétabli, c'est autre chose. »

Un silence médusé s'abat sur le petit cercle d'hommes.

« Mais ils n'ont pas encore compris que tant qu'on n'aura pas percé ces maudits barbelés, on ne pourra pas faire un pas en avant ? » intervient après tous les autres un vétéran qui faisait partie du 131ᵉ et qui s'en est tiré on ne sait comment jusqu'à maintenant. On est arrivé jusqu'ici – et à quel prix ! – parce que les tranchées avaient été creusées à la va-vite et que les barbelés tenaient mal ; mais que peut-on faire contre l'énorme tranchée du sommet et contre ces barbelés fixés dans le béton avec des pieux en fer ? Que peut-on faire avec les quatre manches de pioche de l'Amalfi, nos petites bêches et nos fusils ? Même avec l'armée tout entière, on ne pourrait rien faire. Combien de régiments ont été pulvérisés contre ces quatre sommets, je le sais, moi ! Tous les quatre ou cinq jours, c'était un régiment qui montait au complet : aussitôt il était recomposé, ou bien remplacé par un autre. »

Il se met alors à faire la liste des régiments, interminable.

« Ça doit être pour nous tenir en forme, conclut une voix.

– Je vous dis la vérité, reprend le premier, j'en ai vu de toutes les couleurs, j'en ai beaucoup bavé, mais maintenant je n'y crois plus. J'ai fait quatre assauts contre le troisième sommet du San Michele et un assaut à San Martino, mais je n'y crois plus. À San Martino, ce jour-là !... On est arrivé, on avait l'impression qu'il pleuvait. On n'y voyait plus rien, on ne comprenait plus rien ; c'était comme si on avait bu une demi-fiasque de Marsala : des obus de tous les côtés, des mitrailleuses, des grenades, une véritable pagaille je vous dis. Maintenant, je sens bien que je ne pourrais plus le supporter, je n'aurais pas assez de souffle, je ne pourrais plus.

– Ça y est ! » crie une voix.

Un obus éclate au-dessus de nous et s'abat plus loin, on ne sait où.

La troupe se couche au fond de la tranchée, silencieuse à nouveau.

En quelques instants, circulant d'une montagne à l'autre, une clameur infinie commence à s'élever.

Depuis le Monte Santo, le San Gabriele, le Vallone, depuis le Karst tout entier, l'artillerie se déchaîne avec violence ; on entend retentir de longs échos souterrains. Les obus s'abattent sur toute la superficie de ce cimetière lacéré de part en part et couvert de plaies.

Nous ne voyons rien : assourdis par le grondement, nous restons pliés en deux sur le sol qui tremble, comme des pèlerins en pénitence sur le chemin d'un calvaire.

Le San Michele libère toute sa fureur, empanaché de fumée comme un dieu cruel.

Un craquement me fait bondir jusqu'à la meurtrière : un obus s'est abattu près du commandement de la compagnie. Une avalanche de fumée déferle sur nous. Ce sont probablement les tubes de gélatine, entreposés ici dans une cavité du terrain, qui ont sauté. À l'intérieur de ce nuage, des lambeaux de vêtements tourbillonnent et retombent, comme des chiffons soulevés par le vent qui souffle en tempête.

Le nuage gonfle, hésite, s'effiloche. La pente déserte, hérissée de petites crêtes, réapparaît quelques instants, en proie à une immobilité et à un silence terrifiants.

Puis le bombardement reprend. Des nuées soudaines éclatent ici et là, par grappes. Quelques-unes blanchâtres se déroulent en fins voiles de gaze, d'autres noires, nerveuses, se dilatent sur le terrain comme d'énormes mollusques liquéfiés.

La fureur s'acharne sur les morts. On les craint car ils épouvantent les soldats que l'on envoie se faire tuer ici. Les obus les retournent, les balaient, tentent inutilement de les rejeter d'un côté ou d'un autre dans un tourment implacable.

On entend les éclats d'obus se ficher dans les cadavres tout proches avec un claquement sourd de bouchon. Un bras se soulève vers le ciel, retombe, puis vient se balancer sur le bord de la tranchée, au-dessus de nos têtes, comme un geste de bénédiction.

Un obus nous frôle en gémissant ; il tombe en plein dans mon boyau.

Je n'entends ni plaintes ni hurlements, mais ce silence est effrayant. Je lève la tête, je regarde en haut vers le vivier empli d'hommes : le brouillard qui s'abat m'empêche d'apercevoir quoi que ce soit. Nous ne saurons que plus tard, ce soir.

Nous nous agrippons à cette terre maudite ; un fléau d'éléments déchaînés s'abat sur nous, avec des grondements d'océan.

L'obscurité s'est progressivement épaissie autour de nous, effaçant les mille visages d'une foule muette. La tempête s'est apaisée tout à coup, mais dans le calme renaissant, on commence à entendre, d'abord très espacé, bientôt aussi preste que les gouttes d'eau d'une averse, le tic-tac meurtrier des heures nocturnes.

Sur cette étendue de boue et de désolation, quelques survivants, titubants, ont commencé à refaire surface.

Nous errons en quête d'informations, à travers le faisceau croisé des tirs, sans pouvoir distinguer les vivants des morts. Un petit groupe d'ombres discute, à voix basse.

« Que faites-vous ?

– Nous déblayons, mon lieutenant.

– Des pertes ?

– Eh, pas mal, fait l'un.

– Comment savoir ? ajoute un autre.

– La marmite est tombée en plein sur nous.

– Malédiction !

– Et beaucoup ont pris des éclats.

– Où sont-ils ?

– Les brancardiers les ont déjà emportés, mon lieutenant.

– L'un d'eux a perdu tout son sang. Un autre n'a pas pu attendre jusqu'à ce soir. Il est mort il y a moins d'une heure.

– Attention ! Sortons de là ! »

Un sac voltige dans les airs, il retombe de tout son poids sur le sol.

« Et le boyau ?

– Il a explosé comme un Drachen[1].

– Il faut le remettre en état. Tout de suite.

– Si on nous laisse travailler, mon lieutenant. Tout à l'heure, dès qu'ils ont entendu le cliquetis des bêches, ils ont lâché une bonne ration de grenades : elles ont tout fait sauter pire qu'avant et Martignon a été touché.

– Bon sang, si on pouvait en faire autant ! intervient alors une voix.

– Bien parlé. C'est facile pour eux de nous lancer des grenades ! Mais nous, comment veux-tu qu'on fasse ?

– Combien de temps faudra-t-il encore que nous les laissions faire comme bon leur semble sans nous défendre ? lance quelqu'un, qui était en train de réparer quelque chose sur le sol, en levant vers nous ses yeux phosphorescents.

– Tais-toi, le rossignol ! Tu veux qu'on nous entende avec le bel organe que tu as dans le gosier ? »

Une voix crie au loin :

« Hop ! Hop ! Hop ! »

Nous restons assis immobiles ; nous écoutons, sans comprendre, ce ricanement sarcastique qui retentit dans nos oreilles. Un message, qui arrive jusqu'à nous par les airs, nous précipite à terre d'un seul coup.

La grenade a explosé juste au-dessus de nos têtes, derrière une barricade ; on a vu un corps se dresser silencieux contre le ciel, comme l'apparition d'un cauchemar, puis retomber, silencieux.

On se relève. Le murmure reprend.

« Fils de chien !

– Encore heureux qu'ils nous préviennent juste avant !

– On ne peut vraiment rien faire ! Même pas parler !

– Tant qu'on ne pourra pas riposter, c'est eux qui auront le dessus.

– Exact ! Qu'est-ce que tu veux y faire ?

– Imbécile, c'est pas ça la guerre, ça c'est juste se faire massacrer pour des prunes. Ils manquent de rien, eux ; nous, tout ce qu'on

1. Ballons captifs utilisés par l'armée allemande.

a, c'est un fusil plus rouillé qu'une vieille serrure et une pelle juste bonne à creuser des trous pour faire nos besoins.

– J'ai compris, tu voudrais te faire embusquer dans une usine.

– Je dis seulement que pour faire la guerre, il faut des seaux à obus, des grenades, des canons trafiqués et pas seulement des coups de poing et des paires de claques, tête de mule !

– Et qu'est-ce que tu veux ? Qu'on rentre à la maison ?

– Il fallait y penser avant.

– Ça finira bien par arriver. Chaque chose en son temps.

– Alors, on attend ! Non ? »

On entend des coups de pelle cogner contre des cailloux.

« Faites attention, bon sang ! Chut ! Crénom de Dieu ! »

On replace comme on peut les sacs qui ne tiennent plus, imbibés d'eau ou éventrés.

Je dis :

« Maintenant, les gars, il faut essayer de faire quelque chose : il faut remplir des sacs et rehausser les bords si on ne veut pas rester sans rien faire.

– Mais où voulez-vous qu'on creuse, mon lieutenant ? Au moindre coup de pelle, partout, on déterre des morts. C'est impossible. Et puis, avec l'odeur, il faudrait partir d'ici. On a déjà essayé plus d'une fois ! »

On essaie à nouveau. Les ombres se courbent pour dégager la boue prudemment avec leurs pelles. De temps en temps celles-ci s'entrechoquent et tintent sous une rafale d'imprécations étouffées. Des bouffées d'air putride s'échappent de la boue remuée.

« Malheur ! Qu'est-ce que c'est ça ? marmonne Demichelis, en fouillant l'obscurité.

– Arrête. Tu sens donc pas ? Va plus loin.

– Demain, quand ils vont s'en apercevoir, ils vont tout défaire avec leur petit canon de tranchée. Moi, je m'en vais avant, c'est sûr », assure un autre.

Quelques sacs sont jetés en haut de la pile ; on essaie à présent de placer une plaque sur la meurtrière.

Une fusée éteint les étoiles.

Les Autrichiens ont entendu quelque chose et voilà qu'ils recommencent : des grenades éclatent et font gicler une multitude d'éclats plaintifs. Les coups de feu s'intensifient. Une mitrailleuse entonne une litanie interminable : les rochers percutés font jaillir des étincelles, comme des pierres à feu.

J'ordonne de suspendre le travail : on se couche à terre, condamnés à l'immobilité et au silence.

J'écoute. De la tranchée ennemie, qui dans la nuit ressemble à un long pointillé d'éclairs, parviennent des coups de pioches et de marteaux, des grondements souterrains.

Ils travaillent là-haut, avec ardeur, protégés par leurs petits postes, ainsi que par la broussaille épaisse de barbelés et les tirs des sentinelles à l'affût derrière leurs meurtrières. Rien à voir avec notre vigilance passive. D'un côté, un amas d'hommes abrutis, enlisés dans la boue avec leurs propres morts, aussi usés et inertes qu'un troupeau d'esclaves sous les coups redoublés ; de l'autre, une armée de machines barricadées dans leur forteresse qui déchaînent contre nous leur colère aveugle.

Une ombre s'agite dehors, s'ébrouant dans la boue comme un pachyderme, titubant comme un homme hagard. C'est le sergent Poli qui arrive avec un sac de vivres pour le peloton.

Nous le palpons, aveugles, pour reconnaître avec nos mains tout ce qu'il contient : des miches de pain, du chocolat, des biscuits trempés d'humidité.

« Le carburant est resté une fois de plus à mi-chemin », explique le sergent en soufflant sur mon visage son haleine avinée. Sa façon de parler étrange devient hésitante. Je suis perplexe ; après la leçon d'hier soir, il a sans doute eu l'idée de transporter tout le vin du peloton dans son propre estomac, plaqué comme une outre contre sa carcasse désarticulée.

« Si le tonneau reste à mi-chemin demain soir encore, c'est vous qui devrez aller le chercher », lancé-je en guise d'avertissement. Le sergent réplique par un grognement de justification et quelques gestes encore, avant de renoncer définitivement.

Au beau milieu de la nuit, on entend à nouveau un fracas de bruits sourds, et des ombres qui remuent prudemment dans l'obscurité.

« Qui va là ?

– Premier bataillon !

– Faites doucement, bon Dieu !

– Où est le lieutenant ?

– Chut ! »

La silhouette, debout sur le bord de la tranchée, se tourne et dit quelque chose que je ne saisis pas, puis il saute d'un bond. D'autres ombres se suivent l'une après l'autre et sautent au pas de course pardessus le sillon où nous nous trouvons. Elles se découpent contre la lumière d'une fusée comme des silhouettes de voleurs sur l'écran d'une lanterne magique.

« Qui es-tu ?

– Lieutenant Salem. »

À tâtons dans l'obscurité, je serre une main couverte de boue.

« Où est ton abri ?

– Je suis installé dehors.

– Malédiction, on ne peut même pas allumer une cigarette !

– Ici, mon lieutenant, sous la couverture », intervient Franceschelli.

Je tiens moi aussi un pan de l'abri improvisé. Mon compagnon fourre sa tête sous la couverture et craque une allumette. Dans l'éclair rapide de la flamme, j'ai entrevu son visage dégoulinant et pâle, sa bouche amère, ses yeux ardents, enchâssés comme deux têtes d'épingle.

« Éteignez tout ! souffle une voix irritée.

– Du nouveau ? demandé-je.

– Demain, on doit monter à l'assaut. Il était prévu que ce soit vous, mais après le bombardement d'aujourd'hui et vos pertes, ils nous ont refilé le travail : cent jours ici.

– Sur notre front ? demandé-je à la fin, après avoir hésité entre plusieurs phrases pénibles.

– Là-bas, sur votre gauche, après ce boyau : nous relevons les bersagliers qui iront se poster plus bas, dans une sorte de doline, comme renforts. »

Quelque chose ravit le moindre mot sur mes lèvres : ma pensée est hypnotisée par l'œil incandescent de la cigarette qui transperce l'obscurité, qui s'enflamme et s'obscurcit tour à tour comme une chose vivante et inquiète.

« Cette fois-ci, je ne m'en sortirai pas ! On ne peut pas se fier à chaque fois au miracle. Qu'est-ce que tu veux faire ? On me dit d'y aller, j'y vais. Mais si au moins on crevait pour quelque chose ! On doit mourir comme ça, parce que c'est notre rôle, parce que c'est notre tour et qu'il n'y a plus rien à faire : nous, nous le savons bien que c'est impossible, que tout sera inutile tant qu'ils continueront à nous envoyer à l'assaut de barbelés intacts. Mais va leur raconter tout ça à eux ! Eux, ils décident que la tranchée doit être prise et c'est à nous de nous débrouiller pour le faire. Ils jouent un numéro à la loterie, au hasard : une promotion pour mérite de guerre peut toujours arriver, on ne sait jamais. Demain, ce sera une demi-heure de bombardement qui ne servira qu'à emmêler encore davantage les barbelés et à bien renseigner les Autrichiens sur nos intentions : et puis, en avant, tout le monde ! Au début, quand on ne connaissait pas encore la chanson, on y allait gaiement, mais maintenant, après avoir vu tout ce qu'on a vu, on a un peu de mal, parbleu ! Mais sait-on jamais, quand il faudra sauter hors de la tranchée, peut-être que la balle ira plutôt se ficher dans une jambe ou dans un bras au lieu de me faire éclater la caboche ! C'est le seul espoir qui me reste, au fond. T'as pas de cigarettes ? »

Il m'offre une cigarette aussi molle qu'un biscuit trempé ; nous fumons en silence, absorbés par les mêmes pensées.

Deux retardataires viennent de rejoindre le boyau ; nous entendons une discussion énergique.

« Que se passe-t-il ? » crie mon compagnon.

Franceschelli part en reconnaissance et revient en traînant les deux hommes égarés.

« Que voulez-vous ?

– Mon lieutenant, on a perdu la liaison : on ne sait pas où aller.

– Attendez-moi. Vous viendrez avec moi. »

Les deux hommes profitent de la pause pour se coucher par terre : après un bref silence, l'un d'eux risque une question.

« Mon lieutenant, c'est vrai que demain, c'est l'attaque ?

– Moi, je ne sais rien.

– C'est quelqu'un du commandement qui me l'a assuré.

– Qui ?

– L'ordonnance du colonel.

– Alors cela doit être vrai.

– Au nom du ciel ! » conclut le soldat, avec un accent d'anxiété sincère.

Mon compagnon commence à l'invectiver.

« Qu'y a-t-il ? Tu as peur d'une attaque, toi ? Grands dieux ! Quelques mètres au pas de course, quelques coups de feu et c'est fini. Si on reste là comme maintenant à réciter des prières, les Autrichiens ne vont sûrement pas venir nous en faire cadeau de leur tranchée, imbécile ! Vous n'avez pas compris que la seule façon de s'en sortir, c'est de monter à l'assaut sans faire trop de manières ? Si vous restez dans la tranchée, c'est là que les problèmes commencent, parce que les Autrichiens nous bombardent dedans avec leurs marmites ; mais une fois qu'on est sorti, ils peuvent toujours se défouler. Et puis si on se prend une balle dans le bras, on a droit à l'hôpital, on va en permission, et on se retrouve pépère chez soi avec une fiancée qui roucoule. Tu veux être un vrai soldat ou non ? »

Le soldat ne répond pas.

« Une fois l'ordre reçu, il faut attendre le contrordre, déclare à voix basse un autre, qui s'était tu jusqu'à présent, mais qui a l'air d'en savoir long.

– Allez, on y va, fait mon compagnon, en jetant son mégot éteint. Rends-moi service : garde mon portefeuille et mes papiers ; on ne sait jamais, tu comprends... »

Nous nous embrassons en silence, comme deux amis qui savent qu'ils ne se reverront plus.

La nuit a oublié ici des pans entiers de mousseline opaque, qui créent autour de nous une zone de protection.

Nous sommes surpris de pouvoir bouger tout à notre aise dans l'air soudainement redevenu calme, et de pouvoir libérer nos paupières du sommeil qui les assaille, après la tension des heures nocturnes.

Bancora et Bresciani, avec leurs figures de galériens, sont sortis du boyau et vont et viennent pliés en deux dans le brouillard, à tâtons, comme des chiens de chasse sur les traces du gibier. Quelqu'un d'autre, un peu plus bas, a quitté sa position. J'observe sans comprendre.

Ils font un tour d'inspection. Ils fouillent les cadavres, pour voler de l'argent, des pistolets, des longues-vues. Les corps retournés sur la terre ont, soudainement, des gestes rigides de marionnettes.

On dirait que le massacre et la misère ont abruti ces malheureux et les ont réduits à une sorte d'animalité primitive. Le spectacle misérable et effrayant de la mort n'éveille plus désormais, dans les ténèbres de leur servitude mentale, la moindre étincelle d'humanité : ils ont l'indifférence et l'insensibilité des bouchers qui manipulent des quartiers de viande.

Le brouillard ouvre d'un seul coup une trouée de lumière qui s'élargit. Les choses apparaissent, redeviennent visibles ; rapidement, leurs contours se précisent.

Quelques coups de feu mettent les détrousseurs en fuite. Je vois un retardataire bondir sur ses pieds, comme jailli de terre, et aussitôt ouvrir grand les bras et replonger, comme avalé par la terre.

Bancora et Bresciani reviennent essoufflés, les bras chargés de leur butin : avant même que le brouillard ait disparu, ils se sont déjà jetés la tête la première dans le boyau.

« Il y a même un accordéon, dit Bancora, en faisant l'inventaire de sa marchandise.

– Et tout un tas de livres de messe et de jeux de cartes, ajoute le second. Eux, dans la tranchée, ils passent leur temps à prier ou à jouer !

– Regarde cette photographie. »

C'est la photographie d'un gros garçon placide, en habits de fête, avec une fleur à son béret, une cigarette entre les doigts, une main sur la garde de son sabre, et la jambe qui repose immanquablement à cheval sur l'autre toute droite.

Il sourit, peut-être pense-t-il qu'il ira bientôt à la guerre et qu'il décrochera une médaille ou une promesse d'amour.

« Peu d'argent et beaucoup de lettres. Tous des désespérés !

– Essaie de les lire ces lettres.

– *Mein schon...* Elles sont écrites en latin.

– Pour sûr ! Tu veux quand même pas qu'elles soient écrites en romagnol les lettres des tireurs autrichiens, andouille !

– Tu connais l'allemand, toi ?

– Non, mais je sais le siffler.

– Donne. Moi je le connais, j'ai travaillé en Allemagne », intervient un autre.

C'est une lettre d'amour, mièvre et puérile.

Bresciani lance quelques plaisanteries, avec ses yeux de porcelaine et sa barbe hirsute qui lui court sous le menton comme une brosse électrique.

Bancora y va de ses commentaires, en levant de temps à autre de son butin son visage livide.

Et ils continuent de ricaner à voix basse, sur ces objets encore vivants.

Cette nuit, la corvée de ravitaillement n'est pas parvenue jusqu'à la tranchée ; elle a sans doute été balayée par le bombardement qui a eu lieu : bref, violent, sans motif. On se contente de quelques morceaux de pain ; on finit toujours par en trouver, parce que beaucoup préfèrent se serrer la ceinture plutôt que de circuler au milieu des balles.

Mais on ne trouve pas d'eau, pas même une gorgée, et la soif assèche la gorge et fait taire les hommes.

Franceschelli s'est mis en quête de quelques gouttes de liquide, prêt à braver le risque d'être pris dans une fusillade, parce qu'il ne pouvait plus continuer à endurer sans bouger cette torture.

Il a remonté le boyau, en se faufilant entre les dormeurs mécontents, et il est allé se nicher quelque part. On ne le voit plus.

Dans le boyau, on ne fait plus que fumer et somnoler, comme des fakirs.

Tous sentent qu'il se trame quelque chose ; et tous perçoivent un présage qui les emplit de tristesse comme des condamnés à mort. La vie a l'air d'être tout entière concentrée ici, elle est tout entière ici, pour nous, dans cet oubli d'un monde qui nous a oubliés, dans cette attente de la mort.

La souffrance me pousse à faire un tour parmi mes hommes. Je lance aux uns et aux autres quelques mots d'encouragement, de confiance : c'est à nous, tout jeunes officiers, de soutenir ces hommes mûris par la vie et défaits par la tranchée. Ils me fixent de leurs regards attentifs de bêtes dociles, comme s'ils avaient besoin de croire à un mensonge, de s'accrocher, tels des naufragés, à un morceau d'épave.

Posté à une meurtrière, que j'ai fait installer au cours de la nuit précédente et que les Autrichiens n'ont pas encore fait sauter, un forcené tire des coups de feu tout seul et déclame des jurons, comme s'il avait un compte personnel à régler avec ceux d'en face.

« C'est depuis ce matin qu'ils me font chauffer la giberne à force de me tirer dessus dès que je me gratte un pou », m'explique-t-il entre deux coups de feu, sans se retourner.

Depuis la tranchée ennemie, on répond avec une rigoureuse ponctualité, et on entend les balles planer dans l'air, au-dessus de nos têtes.

« Ici, ils ne m'auront plus. La meurtrière, je l'ai fabriquée à ma façon. Eh, oui, c'est fini de se la couler douce ! »

Mais deux coups de feu éclatent contre la plaque d'acier, en y imprimant deux marques de doigts de titan, à un centimètre de l'ouverture.

Le tireur a quitté son poste de combat, il a déposé à terre son fusil fumant et s'est remis à s'épouiller tranquillement.

« J'ai compris. Ils tirent mieux que moi. Il vaut mieux se venger sur les poux. »

Je l'abandonne à sa besogne, pour ne pas céder à la tentation de l'imiter.

Voici cet imbécile de Franceschelli. À genoux, à l'extrémité du boyau, il tient quelque chose entre ses mains, immobile contre la paroi de boue : il a l'air d'un prêtre qui sert la messe.

Il est toujours un peu comique, Franceschelli : il a le profil des croissants de lune des cartes postales humoristiques.

Que fait-il ? Je vois qu'il avale quelque chose : est-il possible que ce petit malin ait trouvé de quoi boire ?

Je m'approche. Je vois qu'il place sa gamelle contre la paroi molle pour recueillir quelques gouttes de liquide trouble qui s'écoulent depuis le bord du boyau.

Je lève aussitôt la tête pour connaître l'origine de cette source providentielle. Le goutte à goutte a creusé un petit sillon dans la terre ; mais, au-dessus, le filet d'eau s'écoule d'un corps méconnaissable, sans vie, qui répand une odeur pestilentielle.

Je donne un coup de pied dans la gamelle qui roule entre les pieds de Franceschelli. En constatant ce fait irréparable, il lève vers moi ses yeux plats, comme ceux d'un canard, avec consternation.

« Tu ne vois pas ce qu'il y a au-dessus ? » lui lancé-je.

Mais Franceschelli ne veut pas se résoudre à voir ainsi gaspillé le fruit de ses recherches.

« C'était pas de l'eau potable, je sais, mais on pouvait la boire. Bancora a bien bu son urine ! Et maintenant comment on fait ? »

Il faut que je l'emmène d'autorité. Même les canons ne le délogeraient pas de là !

Le moment est arrivé. Dans l'immobilité de l'après-midi, la batterie Amalfi a donné le signal en lançant quatre notes de clairon désespérées.

La première rafale a sifflé au-dessus de nos têtes, puis s'est engouffrée dans les tranchées autrichiennes en y allumant soudainement quatre gerbes de feu.

J'ai reçu dans la nuit l'ordre que mes hommes se tiennent prêts : l'attaque sera amorcée par le premier bataillon, qui s'unira à nous par la gauche.

À moitié enfoncé dans la boue, je surveille par la meurtrière le terrain qui remonte vers les barbelés ennemis ; mon regard ne peut aller au-delà du périmètre très restreint qui fait face aux positions du dernier peloton, commandé par le lieutenant Salem.

La tranchée autrichienne, qui transparait comme un sillon de charrue au travers de la protection de barbelés, est comme déserte : les coups de canon de l'Amalfi fourragent violemment cet enchevêtrement confus, comme une plaie insensible.

On entend, plus loin, un tir nourri d'artillerie, peut-être du côté de Monte Fortin ; on devine l'explosion des obus bien au-delà de notre champ d'observation.

L'ennemi se tait et attend, dans un silence presque menaçant, comme un chien qui s'aplatit sous les coups pour mieux mordre par surprise.

Les obus, précis, labourent en plusieurs endroits le sillon. On entend encore le sifflement à ras de nos têtes, quand le projectile projette dans les airs sa myriade d'éclats.

Mes soldats supportent l'attente en silence, amassés au fond de la tranchée. Un seul risque quelques conjectures dans l'indifférence générale.

« Il n'y a personne dans cette tranchée. Ils doivent être allés boire un coup à Gorizia.

– Essaie un peu de leur montrer ta boîte à poux.

– Rinaldi, il dit que quand les nôtres bombardent, on peut aller pisser dehors.

– Peut-être, mais lui, il n'y est jamais allé.

– Je serais pas étonné qu'il essaie de le faire, cet espèce de fou !

– Je parie qu'ils ne le rateraient pas, avec leur précision de tir...

– Mais qu'est-ce qu'ils font là-haut ?

– Ils nous attendent. Ils doivent s'être mis à l'abri dans les grottes et ils attendent que nous ayons fini de nous défouler contre les rochers. Tu vas voir...

– Les grottes ! Et dire que quand c'est eux qui bombardent, il faut qu'on encaisse un coup après l'autre en comptant tous les saints du calendrier...

– Et quand c'est nous qui tirons, eux, ils vont se faire la barbe !

– Pour sûr ! On peut pas bouger le petit doigt, mais eux ils s'agitent tant et plus, pour sauver leur peau.

– Je voudrais bien les y voir dans nos trous : c'est là qu'on pourrait enfin leur régler leur compte.

– Mais ils ne doivent pas se sentir très à l'aise avec l'Amalfi qui n'arrête pas de leur faire des piqûres de rappel. Tu as vu les prisonniers ?

– Bien sûr. Avant, ça leur posait vraiment problème. Mais maintenant, dans la tranchée où ils sont, ils sont mieux logés que nous.

– Heureusement que c'était pas à nous de sortir aujourd'hui !

– On va en baver quand même ! Tu verras quand ça sera leur tour de causer, quels beaux discours ils vont faire !

– Nom de Dieu ! On dirait qu'ils tirent sur nous.

– Mais qu'est-ce que tu dis ? Les gars de l'Amalfi tirent avec un double décimètre à la main.

– Mais ils ne peuvent pas faire de miracles. Hier aussi, un soldat de la 12ᵉ a été écrabouillé par un obus contre un sac. Il a eu la tête coupée comme sous une guillotine. »

Les tirs se sont raccourcis. À présent les obus frappent les barbelés, qui dans le périmètre de l'explosion, se rétractent et s'emmêlent comme des tendons tranchés. Les chevaux de frise se soulèvent et vacillent comme des moustiques pris au piège. Le souffle de la destruction et l'odeur du massacre réchauffent l'air, comme si la terre gorgée de sang se mettait à fermenter.

Sur les positions voisines, les soldats sont rassemblés et attendent sans bouger, derrière le râtelier de leurs fusils dressés, comme du bétail en cage.

Le bombardement cesse tout à coup. La pause provoque une angoisse sourde.

Sur les positions du peloton d'assaut, la masse agglutinée des hommes s'agite ; des filets de fumée s'enroulent paresseusement au-dessus de la tranchée ennemie qui se tait et qui attend.

Le lieutenant Salem bondit hors de la tranchée, seul, en balayant l'air de son revolver. Il crie.

Une détonation solitaire retentit, grotesque et insignifiante comme le bruit d'un bouchon qui explose et dont la clameur continue de se répercuter dans l'oreille. Salem semble happé par les buissons enchevêtrés qui s'accumulent le long de la tranchée. Il tombe sans un cri, bras ouverts, tête baissée. J'aperçois son corps renversé par-dessus le tas des morts : un chiffon.

Soudain des hommes s'élancent, poussés par une détermination extrême, repliés sur leur fusil, en poussant des hurlements.

Dès qu'ils sont sortis, une mitrailleuse, là-haut, entonne son refrain monotone, froide, implacable. En plein élan, les hommes tombent alignés, l'un sur l'autre, comme des herbes fauchées.

La clameur des voix s'éteint, le crépitement de la mitrailleuse s'enraie et la batterie Amalfi recommence à fulminer en mêlant son timbre argentin au fracas de la tempête qui renaît. La tranchée ennemie se tait à nouveau, hargneuse sous ses panaches de fumée. Elle réagit aux coups qui la frappent par de violents sursauts de son âme de pierre. Dans les positions qui se prolongent au-delà de mon champ d'observation, des hommes tentent de refluer en se dissimulant, pliés en deux.

Une voix hurle, sans doute pour être entendue de là-haut :
« Quatrième compagnie ! Préparez-vous pour l'assaut ! »
Dans le silence, une autre voix, plus faible, mais stridente et impérieuse, comme une rayure sur du cristal, descend jusqu'à nous :
« Mitrailleuse à droite ! Préparez-vous à tirer sur la quatrième compagnie ! »

Depuis cet amoncellement de ruines, là-haut, qui marque la limite d'un monde fabuleux, la voix parvient comme un message chimérique.

À cet instant, quelque chose de brûlant et de vivant circule encore dans l'espace situé entre les lignes adverses.

Les hommes sont sortis. Ils grimpent au pas de course, en désordre ; ils trébuchent et agitent leur fusil comme des guerriers sauvages, en hurlant comme une légion de mutinés.

La tranchée ennemie reste muette : un silence qui peut exprimer l'épouvante ou la morgue, la menace ou le défi.

Un sentiment nous submerge alors, comme une impulsion désespérée d'accompagner ou de freiner ces hommes qui se lancent à l'assaut de ce silence, comme attirés par un enchantement funeste.

Sur toute la pente, après le premier élan, la troupe se disloque par petits groupes d'hommes qui sautent, ici et là, d'un rocher à l'autre, comme des crapauds.

Une voix, la voix stridente et aiguë de tout à l'heure, crie :

« Italiens, faites demi-tour !... »

Puis d'autres mots, que je ne comprends pas. Franceschelli, qui s'agrippe à moi de ses deux mains, murmure à mon oreille, d'une voix hagarde :

« Tu as entendu ? "Nous ne voulons pas vous massacrer !" »

Quelqu'un, soudain pris de folie, grimpe sur le rocher derrière lequel il était caché et lance un geste provocateur vers l'endroit d'où la voix semble venir : il retombe aussitôt les bras inertes et sa silhouette disparaît.

Le coup de feu solitaire a donné le signal ; aussitôt la tempête se déchaîne.

Je vois un officier qui s'élance : soudainement, dès qu'il arrive aux barbelés, son élan se paralyse, comme si le contact des fils l'avait foudroyé ; et il reste là, comme une chose suspendue.

Les hommes, tapis par petits groupes derrière chaque rocher, ou à plat ventre contre chaque bosse du terrain, dégringolent à présent la pente dans la panique, ils ont l'air de couler comme des filets de sable.

Certains s'étendent dans un mouvement d'abandon soudain, d'autres, barbouillés de grandes traînées de sang, s'écroulent en hurlant, sur le dos, dans une vaine tentative de survie, de fuite. D'autres encore roulent le long de la pente sans s'arrêter, comme des pierres.

C'est à présent l'artillerie ennemie qui commence à vociférer : en peu de temps, tout est envahi par des nuages de fumée, une sorte de brouillard crépusculaire. Un obus de gros calibre s'est écrasé là-bas, dans la doline où se tient tout un peloton de renfort, et du volcan a jailli une gerbe de lambeaux humains.

Dans les pauses, entre les explosions, le nuage blanchâtre est traversé par les hurlements des blessés. Sans interruption, même dans la clameur diffuse, nous entendons ces hurlements solitaires qui appellent, indiciblement.

Mais de quoi peut bien discuter, aussi fébrilement, ce groupe de soldats excités, précisément au moment où chacun devrait faire sa prière ? Si on nous envoie d'autres avertissements comme ceux de tout à l'heure, on n'en retrouvera plus un seul, c'est sûr.

Je remonte en direction du groupe et le rejoins sans que personne ne me remarque.

« Martinet est devenu fou, m'informe l'un d'eux. Il veut ramener en bas Serise qui a été blessé, mais il ne s'en sortira pas, quoiqu'il fasse. »

Martinet et Serise les inséparables, tous deux originaires de la Vallée d'Aoste, ils sont presque des étrangers parmi nous, mais eux se comprennent à merveille dans ce dialecte qui ressemble à une langue de peaux-rouges. On les voit presque toujours ensemble dans leur coin, dans une fraternelle misanthropie, objet de dérision pour quelques-uns, et d'envie pour tous.

Serise vient d'être touché à la tempe par un éclat d'obus, au moment où la marmite est tombée sur le bord du boyau ; maintenant il est posé là comme une loque, muet, le visage rouge de sang et des yeux hagards qui ont l'air de vouloir se rappeler quelque chose.

« Tu veux te faire choper, toi aussi ? crie quelqu'un.

– Mais vous ne voyez pas qu'il meurt, fait Martinet, le regard perdu, dans son dialecte mal articulé qui a l'air d'être inventé. Si on ne l'emporte pas tout de suite, ç'en est fini pour lui. »

À force d'insistance, on arrive à le faire taire et à l'obliger à se tenir tranquille dans sa niche.

« Comment veux-tu sortir avec cette lumière et avec un tel poids sur le dos ? Tu ne feras pas trois pas avant qu'il te réduise en bouillie, le persuade le brancardier. Que veux-tu faire ? »

Martinet se résigne. Il se blottit dans un coin, près de Serise, comme un chien de garde, tandis que Sangiorgi manipule ses bandelettes et ses flacons.

Au bout de quelque temps, tous s'agitent à nouveau : une brève altercation, et nous voyons Martinet qui bondit hors de la tranchée, un énorme fardeau sur le dos : Serise. Ils n'ont pas réussi à le lui arracher des mains, il s'est mis à mordre comme une bête enragée et il a grimpé avec son chargement. Le voici qui s'en va à découvert, courbé, chancelant, insouciant, comme si les Autrichiens n'existaient pas pour lui.

Nous le suivons du regard, inquiets, en nous attendant à le voir d'une minute à l'autre s'écrouler sous le poids de cet épouvantail inerte qui remue sur ses épaules.

Ça alors ! Les Autrichiens ne tirent pas ! C'est la vérité, ils ne tirent pas. Peut-être sont-ils curieux eux aussi ; peut-être qu'ils s'amusent. Ils vont bientôt l'abattre, c'est sûr.

Mais pas du tout ! Ils ne tirent pas. Ils ont compris. Martinet est déjà là-bas de l'autre côté de la tranchée des morts, là où commence le boyau. Il continue imperturbablement comme s'il marchait tout seul. Voilà, il est déjà caché, on ne le voit plus, il est en vie.

« Qui va là ? répète la sentinelle d'une voix plus menaçante, en rechargeant son fusil d'un coup sec. Halte ou je tire !

– Ça doit être un prisonnier ! crie quelqu'un. Tu ne vois pas qu'il ne comprend rien, cet imbécile ? »

L'ombre se rapproche avec un flegme irritant, qui donne vraiment envie de vider sur elle tout son chargeur.

C'est Martinet. Nous le reconnaissons seulement quand où il se trouve devant nous, juste au moment où un soldat était sur le point de donner libre cours à son envie folle de lui donner de la baïonnette.

« Tu ne pouvais pas répondre, tête à poux ? gronde la sentinelle.

– Il est ivre, suggère une voix.

– Tu parles ! Il est idiot plutôt ! assure une autre.

– Il ne comprend rien. Il doit parler allemand.

– T'as réussi, hein, cabochard ?

– Oh, t'as perdu ta langue ? »

Martinet ne répond pas. Il marmonne quelque chose à lui-même dans sa langue : il blasphème probablement à sa façon, contre un saint ou un autre de son village.

Je lui demande des nouvelles de Serise.

« Mort, répond-il avec son flegme habituel. Il était déjà mort quand on est arrivé en bas. Que pouvais-je faire ? Rester en bas, bien sûr. C'est ce que je voulais, mais les carabiniers m'ont renvoyé. Ensuite ils m'ont raccompagné un bout de chemin.

– Ils ne pouvaient pas t'accompagner jusqu'ici ? ironise un autre. Qu'est-ce que tu as, là ?

– Rien. Je me suis battu. Le carabinier a répondu. Je n'ai rien pu faire. »

Il se lève avec la lenteur des pachydermes et va se rencogner un peu plus loin, seul.

C'est Sangiorgi qui lui a arraché son fusil des mains, dès qu'il a vu ce qu'il était en train de faire. Il faut le tenir à l'œil, parce qu'il a probablement perdu la tête. Il s'était mis le canon du fusil sous le menton, tranquillement, comme pour plaisanter ; et il s'est laissé désarmer sans rien dire, comme un enfant honteux d'avoir été pris en faute.

Le voilà à présent debout, ses coudes fichés dans la glaise du parapet, qui regarde dans l'obscurité, vers la tranchée d'en face, avec dans les yeux cette rancœur qui rend un homme capable d'embrocher un ennemi.

Peut-être est-ce seulement une impression de vide et de froid qui le rend ainsi, hagard.

Tandis que je rentre la tête sous ma capuche pour allumer une cigarette, j'entends des bruits de pas derrière moi et la voix de Sangiorgi qui hurle.

Martinet a sauté dehors, il s'est mis à courir en remontant la pente comme possédé par le démon, les poings serrés, la tête baissée, comme s'il avait l'intention de donner des coups de tête.

L'ombre a été absorbée par la nuit, puis, tout à coup, par-dessus le martèlement des pas qui s'éloignaient, a surgi la voix froide d'une mitrailleuse.

Le secteur qu'on nous a envoyés défendre était tenu par un bataillon que nous avons vu descendre juste après l'attaque. Il était réduit à quelques hommes épuisés.

Nous ne savons pas où nous sommes ; dans la nuit, entre le tambourinement de la fusillade et l'apparition spectrale des fusées, nous entrevoyons confusément des abris, des positions, des morts, de la boue.

Ici, nous a dit l'officier que nous relevions, il faut garder les yeux ouverts parce que la ligne de front est hachée et que les Autrichiens sont proches, à demi enterrés comme nous, dans des trous avancés qui protègent la tranchée principale du sommet.

Depuis notre arrivée, je n'ai cessé de parcourir le terrain pour placer mes hommes de façon à ce que la ligne présente un front de défense : ce furent des cris et des bousculades, des jurons, des questions et des protestations, dans l'obscurité odieuse qui nous rend aveugles et qui nous fait avancer péniblement à tâtons.

Trempé, sans savoir s'il s'agit de sueur ou des liquides dégoûtants dans lesquels j'ai pataugé, je reviens me terrer dans mon alcôve ; celle-ci est creusée dans une poix rougeâtre, qui semble vouloir nous engloutir lentement, comme des sables mouvants.

À plusieurs reprises au cours de la nuit, l'artillerie secoue, par rafales soudaines, ce secteur ravagé, meurtri par les attaques qui se sont succédées, sans trêve, un jour après l'autre. Il règne encore, dans l'obscurité, comme une fièvre chaude, et du côté des lignes adverses qui veillent, une angoisse sourde. Elle se manifeste par des coups de feu ininterrompus, frénétiques ; nous apercevons les éclairs des tirs ennemis exploser ici et là, très proches, comme des lucioles rouges. Les Autrichiens sont, comme nous, enfoncés dans la boue au fond de fossés extérieurs qui constituent leur ligne de protection.

Nous commençons à tirer quelques coups de feu, mais un cri dans l'obscurité nous oblige à relever nos fusils.

« Poli ! Poli ! C'est le sergent ! Ohé ! Italie ! »

On entend un bruit indistinct ; une ombre se dessine dans le noir et vient s'écraser sur nous comme une pierre. Et aussitôt une autre, suivie d'une autre encore, l'une derrière l'autre, comme des fantômes en fuite.

Poli crie son nom comme un refrain, avec la voix aiguë des enfants qui répètent les choses apprises par cœur. D'autres voix agitées appellent :

« Camarade ! Camarade ! »

Personne ne comprend ce qui se passe.

« Camarade ! Camarade ! »

Mes soldats accourent, très excités.

« Camarade ! Ce sont des prisonniers !

– Les mains en l'air !

– Récupère-le, nom de Dieu ! Tu as peur ?

– Prends-lui son fusil, imbécile !

– Tu ne vois pas qu'ils n'ont pas d'armes ?

– En voilà un autre. Deux, trois... Cinq... Que se passe-t-il ?

– Ils sont tout un bataillon !

– Regarde celui-là : retire-lui sa baïonnette !

– Mais c'est pas une baïonnette ! C'est une pipe ! Il est venu demander du feu !

– Ne bouge pas ou je te descends !

– Nom d'un chien ! Comment fait-on ? On n'y voit rien ! »

Nous regroupons pêle-mêle ces fagots humains.

« Combien sont-ils ?

– Huit... Dix... Onze.

– Poli ! Où est fourré le sergent ? »

Poli se dresse devant moi encore haletant, titubant.

« Mais que s'est-il passé ? Qui sont-ils ?

– Ce sont des prisonniers, mon lieutenant.

– Quelqu'un vous les a confiés pour les accompagner jusqu'en bas ? Qui ? Et d'où veniez-vous ?

– Non, mon lieutenant. C'est moi qui les ai pris. Je ne sais pas comment. Même moi, je n'y comprends rien. »

Il a du mal à parler ; il faudra être patient.

Je donne des ordres aux hommes qui se tiennent regroupés au plus près des prisonniers comme s'ils craignaient de les voir s'envoler, d'un instant à l'autre, par magie, de la même façon qu'ils sont arrivés.

Puis, j'emmène Poli avec moi et je le fais entrer dans mon abri, éclairé de la seule lueur embuée d'une chandelle.

« Bon, on peut savoir ce qui s'est passé ? »

Poli me fixe indécis, avec les yeux apeurés d'un chien qui attend des coups de fouet : il doit avoir la cervelle encore imprégnée de vin comme un pressoir à raisin.

« Mon lieutenant, je faisais la distribution du rata. Je ne suis pas encore habitué à ce secteur : on ne comprend pas comme il est fait. En haut, en bas, on n'y comprend rien. Je ne trouvais plus la liaison. J'ai essayé de remonter un peu. Tout à coup, j'ai vu un entonnoir plein de soldats. J'ai sauté dedans. Ils dormaient. J'ai secoué l'un d'eux qui ronflait et qui s'est remis à ronronner sans même se retourner. J'en ai secoué un autre et je me suis mis à crier parce que je trouvais ça honteux de dormir la nuit dans la tranchée, non ? J'ai continué à crier un moment, aussi parce que ces énergumènes tiraient vers le bas et je me demandais ce qu'ils faisaient. Ensuite j'ai entendu des mots étranges : "*Toifel, Toifel*", qu'ils disaient. J'ai vu que quelqu'un me regardait. Mon Dieu, j'ai compris. J'étais tombé en plein chez les Autrichiens. Qu'est-ce que je pouvais faire ? J'ai pensé que j'étais fichu.

» L'un d'eux commence à s'approcher de moi, alors moi, aussitôt, je lui ai envoyé un coup de poing dans le nez, j'ai sauté dehors et je me suis mis à courir comme un lièvre.

» Et ils m'ont tous suivi. Je croyais qu'ils voulaient m'attraper : quelle frayeur ! Mais non, ils en avaient assez, ils voulaient se constituer prisonniers et ils ont profité de l'occasion pour se faire indiquer le chemin. »

Il rit lui aussi ; un rire qui envahit tous les plis de son visage sous sa barbe.

Maintenant il faut envoyer ces prisonniers en bas. Je ressors ; j'attrape le premier soldat qui apparaît devant moi.

« Qui es-tu ?

– Bancora.

– Viens ici. »

Mes hommes sont encore regroupés autour des prisonniers, déterminés à repérer et à établir quelque signe d'intelligence réciproque : j'en choisis un au hasard.

« Vous deux, descendez avec les prisonniers. Baïonnette au canon.

– Au nom du ciel, il fait déjà clair ! » marmonne Bancora en s'emparant de ses gibernes et en levant ses yeux d'aigle vers le ciel qui commence à pâlir.

Il me semble voir dans ses yeux quelque chose de trouble : je me rappelle avoir entendu un récit de tranchée qui rapportait qu'un jour, pendant un bombardement, des prisonniers furent massacrés froidement, à cent mètres de distance, derrière un rocher, par un soldat qui voulait échapper au danger de la descente ; par ailleurs, il me semble que ce nom, Bancora, est associé à quelques histoires louches.

Je sais que la guerre est ainsi faite ici, que les choses doivent être appréciées avec une certaine largesse d'esprit.

Mais avant que la caravane ne parte, je dis à Bancora, de façon à ce que tous m'entendent, ces quelques mots très clairs : en cas de nécessité, s'il doit sauver sa peau, il peut laisser partir les prisonniers où bon leur semblera.

Aujourd'hui encore, nous avons eu droit, à quatre heures précises, au bombardement que les Autrichiens nous offrent avant leur déjeuner, en guise d'apéritif. Mais le calme à présent est revenu, humide, lourd, plat, comme une dalle scellée par les coups de marteau de quelques tirs isolés.

Cet oiseau de mauvais augure de Franceschelli est encore figé dans cette pose de statue qu'il a gardée pendant tout l'après-midi : assis dans la boue, les genoux rassemblés sur la poitrine et la pelle plaquée sur le nez comme un bouclier. Je le secoue. Il hisse hors de son paravent sa face de palmipède, en ouvrant tout grands ses yeux gonflés comme deux bulles de savon. Il dormait.

Il se remet à chercher des poux dans son tricot, comme il en a l'habitude, comme nous tous, durant les heures de récréation.

« Le voici ! On dirait le ministre de la guerre ! », dit-il triomphant, en plongeant entre les mailles de laine avec une moue sanguinaire.

Cette souffrance qui commence à nous tracasser dès que nous sombrons dans le sommeil est l'un des petits tourments intolérables de notre vie misérable, tout comme la propagation des excréments, due à l'immobilité contrainte, tout comme la soif qui nous brûle le cerveau, tout comme la puanteur des cadavres, tout comme la crasse et la boue, et le tourment du sommeil qui nous fait parfois retomber d'un coup, pendant la nuit, notre menton sur la poitrine.

Le soir accroche ses parures funèbres à la mélancolie qui nous saisit le cœur en cette heure immense.

Mieux vaut penser aux sentinelles à placer et aux nouvelles à transmettre. Allons-y !

Je me lève et je me mets à ramper derrière le parapet, parmi mes hommes qui se préparent à la veille nocturne.

Les coups de feu commencent à résonner dans le silence, comme des gifles. Très vite, il fait nuit. Voici Sangiorgi qui revient, avec ce sourire simple et satisfait de gros garçon ébouriffé. Il est descendu aujourd'hui, dans l'après-midi, pour transporter un blessé qui serait mort ici à cette heure, comme tant d'autres qui ne peuvent attendre la nuit et meurent ici, à petit feu, sans que nous ne puissions rien faire. Il l'a chargé sur ses épaules puissantes, il a dévalé la pente à découvert et les Autrichiens n'ont pas tiré. Je lui serre la main. Il retire rapidement la sienne, comme s'il avait honte de ce geste, selon lui excessif.

Maintenant on peut marcher debout parce que les Autrichiens ne peuvent plus nous voir et qu'ils tirent à l'aveugle.

Tout à coup, quatre ou cinq grenades sont lancées juste devant nous, sur nos positions. Mes hommes répondent par un tir serré, et la tension se transmet sur toute la ligne, qui s'embrase soudain de coups de feu. Je m'arrête près d'une sentinelle.

« Que se passe-t-il ?

– Une patrouille, mon lieutenant.

– Fais voir. »

La sentinelle s'écarte et je m'approche de la meurtrière, je scrute l'obscurité. On ne voit rien. Je demande un fusil et je tire quelques coups.

Une fusée éclaire le ciel, foudroyant de sa lumière verdâtre le monde nocturne qui apparaît. Une voix se lamente au-dehors, longuement. Un tintement de ferraille entrechoquée m'attire ; mon regard se met à fouiller le terrain ravagé.

J'aperçois une ombre couchée : elle essaie de remonter la pente en avançant à tâtons.

Je me penche sur mon fusil, et règle mon tir. Alors que je suis sur le point d'appuyer sur la gâchette, un autre cri me parvient, comme si ce blessé voulait quelque chose de moi.

Je n'ai pas été capable de tirer. Je suis resté là inerte, jusqu'à ce que la nuit se referme sur cette lueur d'incendie.

Je rends son fusil au soldat, qui se replace devant la meurtrière, assis sur un tas de sacs empilés. Je m'accroupis près de lui.

Les tirs ralentissent. Petit à petit le rythme monotone des heures nocturnes reprend. La voix a cessé de se plaindre.

« On voit quelque chose ? demandé-je, profitant d'une nouvelle explosion de lumière.

– Personne », répond le soldat qui reste là, le front posé contre la plaque d'acier, concentré, immobile.

Je pense à cette ombre isolée qui tentait de fuir en s'agrippant aux cailloux, comme un reptile sur lequel on a marché, pris au piège dans son propre sang : un désespéré qui implorait la pitié et que j'aurais dû tuer.

Assez ! Quand on est en guerre, ces sensibleries n'ont pas leur place.

Avant de me lever pour continuer ma ronde, je dis à la sentinelle qui est toujours là, attentive :

« Gare aux patrouilles, et au sommeil ! »

Elle ne me répond pas. Je parie qu'elle s'est endormie, comme ça, la tête contre son fusil.

À la secousse que je lui donne, sa tête glisse contre la crosse du fusil et le corps tombe en avant, en donnant un grand coup contre la plaque d'acier.

Une balle, qui s'est enfilée dans la meurtrière, l'a frappé entre les deux yeux ; la mort n'a dû être qu'un grand éclair de lumière, soudainement ouvert sur une nuit sans fin.

Pour eux aussi, c'est pénible, dans ces tanières pareilles aux nôtres, rembourrées de morts, avec cette artillerie déchaînée qui semble être un fléau de Dieu!

Aujourd'hui encore, nouvelle fournée de prisonniers : de pauvres malheureux fatigués et usés, consumés par la souffrance, pour qui la capture signifiait la délivrance. Mais à la tombée du jour, les leurs, qui les cherchaient, les ont repérés, et l'artillerie ennemie a concentré toute sa colère sur ce troupeau de bêtes. Ils y sont tous restés, éventrés par les obus, pauvres gars.

Nous aussi, le soir même, nous avons réussi un beau coup de filet. L'un des nôtres y a laissé sa peau comme un imbécile. C'était le type même de l'homme primitif, à la figure oblique, fendue par un rictus, comme une blessure qui le défigurait.

Tandis qu'il attendait la nuit pour redescendre, il montra d'un signe de tête un de nos soldats tués lors d'une fusillade et qu'on a laissé là, contre le parapet de la tranchée, avec les bras grands ouverts. Il dit, en le montrant, avec sa grimace mauvaise, d'un ton tranquille :

« Ça, c'est moi. »

Il voulait dire que c'était lui qui l'avait tué.

Alors Cuccuru, un Sarde authentique, qui se trouvait à ses côtés, baïonnette au canon, sentit son sang ne faire qu'un tour, crénom de Dieu. Et sans dire un mot, il lui a enfoncé sa baïonnette dans le ventre jusqu'à la crosse et l'a plaqué contre le parapet, près de sa victime, comme un pantin désarticulé.

Il me tombe dessus, tout à coup, en criant :

« Prisonnier ! Prisonnier ! »

Et il s'arrête, les bras en l'air, à peine visible dans l'obscurité, comme une apparition. Avant même de comprendre, j'ai un doute. Je l'empoigne et je vois luire sur son col les étoiles de notre armée : c'est un soldat d'un autre régiment.

« Qui es-tu ? » lui commandé-je, en le secouant.

Il ne parle plus : je le sens trembler sous ma prise comme un tambour qui vibre sous les coups.

« Qui es-tu ? »

Nous nous observons pendant un moment. Je finis par comprendre. D'un seul coup son effroi se transforme en sanglot enfantin.

J'interroge, je m'énerve, je menace, en vain.

Il lui faut d'abord calmer les sanglots dont sa gorge est pleine pour pouvoir parler.

« Mon lieutenant, je n'en pouvais plus. Cela fait vingt jours... J'étais seul... J'avais l'impression de devenir fou... Je ne voulais pas devenir fou comme celui qui était avec moi... Je suis malade... Mon lieutenant m'a envoyé en bas ce matin et le médecin m'a renvoyé dans la tranchée parce qu'il n'y a plus d'hommes... Je ne sais pas ce qui m'a pris... J'ai perdu la tête ! Ayez pitié de moi...

– Tu sais ce que je vais faire, moi, je vais te faire fusiller ! » lui criaé-je en pleine figure.

Il se recroqueville à terre et se remet à pleurer en silence. Je lui exprime toute ma colère, puis je le traîne comme un sac et lui fiche un fusil dans les mains. Je le colle devant une meurtrière.

« Pour l'instant, tu restes ici. Demain, on réglera ça. »

Demain, je ne le ferai pas fusiller. Je ne le renverrai même pas en bas. Parce qu'il y a certaines choses qu'ils ne peuvent pas comprendre. Je ne dirai même rien à personne.

Parce que je suis convaincu que ce malheureux, à partir de maintenant, est prêt à se faire massacrer en silence, comme chacun de nous.

Il pleut depuis deux jours. Il n'y a vraiment rien de plus triste que la pluie dans les tranchées. Rien de plus triste que cet écoulement infini dans une solitude et un silence infinis. Rien qui ressemble aux bleus livides de ces crépuscules, au froid de ces terres lointaines, à la couleur de cette mélancolie. Le fossé où nous sommes ressemble à une pirogue enlisée dans un océan de boue. Les soldats recroquevillés sous le tabernacle de leur toile de tente ou de couvertures trempées, ont superposé, en guise de radeaux, des vieux sacs et des bouts de ferraille où ils peuvent s'asseoir. Et les voilà ici toute la journée, fouettés par la pluie, adossés les uns aux autres, les pieds enfoncés dans la boue, comme des statues d'argile que l'on n'a pas encore déterrées.

Le mauvais temps ralentit le rythme de la guerre, mais il nous tue lui aussi, de tristesse.

La petite brume rétrécit l'horizon autour de nous et nous permet de bouger, de marcher un peu en pataugeant dans la boue, pour combattre le gel qui saisit nos pieds comme une morsure. Entre les Autrichiens et nous, il y a un épais rideau, troué de loin en loin par quelques coups arrogants et inoffensifs, et quelques sifflements qui s'allongent paresseusement comme un bâillement. Le crachin s'arrête pendant un moment. La somnolence, qui enveloppe le cerveau comme une ouate à peine perceptible, se dissipe avec l'apparition soudaine de Bombardini..

Le voici, dressé au-dessus du parapet, encapuchonné sous sa couverture, maladroit et monumental avec ce chargement qui se balance en claquant de tous les côtés, comme une roulotte de bohémiens, béret de travers et mégot aux lèvres.

Je l'avais moi-même fait redescendre hier matin, avec les pieds gonflés.

On lui fait un peu de place et quelqu'un l'aide à décrocher son empilement de paquets : avant de remonter, il a pris soin de charger deux fiasques de vin et une boîte en fer pleine de biscuits ; et chacun d'y aller de son panégyrique.

« Au moins, je suis descendu pour quelque chose, fait-il, satisfait.

– Ils ont vite fait de résoudre ton affaire, hein, à Sdraussina ? » lui demande-t-on, rassérénés par les provisions inattendues. Bombardini, entre une gorgée et un biscuit, commence à raconter son histoire avec le sérieux d'un moine repus.

« Dès qu'on est arrivé, le capitaine médecin nous a fourrés dans un baraquement et nous a dit : "Attendez là, ce sera bientôt votre tour." Mais, pendant la journée entière, on ne l'a pas vu. Il faisait un de ces froids, nom de Dieu, et je ne me voyais pas passer ici toute une nuit, avec tous ces bleus, couché par terre. Quand la nuit est venue, je me suis mis à déambuler dans les couloirs comme un voleur. Je me suis introduit dans une chambre qui avait l'air vide. Il y avait des lits, mes amis, des lits moelleux avec des draps, je vous dis. Comment pouvais-je résister ? Je me suis glissé dans le premier lit que j'ai trouvé et je me fichais bien du reste. J'allais m'endormir, quand j'ai entendu un râle. Il y avait un pauvre gars caché sous ses couvertures, dans un lit au fond de la pièce : il était en train de passer l'arme à gauche. On a beau avoir la peau dure, mais quand on entend quelqu'un réduit à cet état, on ne peut pas dormir.

» J'allais me lever, mais à peine ai-je mis un pied hors du lit, que quelqu'un est entré. C'étaient deux soldats de la santé, de vrais embusqués. Je me suis enfoncé sous ma couverture et j'ai bloqué ma respiration : si ces deux-là s'aperçoivent que je suis là, ils étaient capables de venir me chanter le règlement et j'aurais de graves

TRANCHÉES

problèmes. Mieux valait faire semblant de rien, d'autant qu'il faisait sombre et qu'il était difficile de me voir. L'un des deux s'assoit à la table qui se trouvait au milieu de la pièce, ouvre un tiroir et commence à sortir un jeu de cartes et une pipe. Le second jette un coup d'œil sur le paquet là-bas au fond, puis il s'assoit lui aussi et tous les deux se mettent à jouer aux tarots, tranquillement.

» Je vous assure que s'il s'était agi d'infanterie, j'aurais été leur troisième homme, malgré tout le sommeil à récupérer. Mais il y avait ce maudit râle qui tapait sur les nerfs. Cela ressemblait au frottement des cordes d'une contrebasse. Au bout d'un moment, l'un des deux joueurs tape du poing sur la table et dit : "Nom de nom ! Il n'arrête jamais !" Il se lève, s'approche de ce lit là-bas au fond. J'ai soulevé un peu la tête pour observer ce qu'il faisait et j'ai vu qu'il rejetait le haut de la couverture par-dessus cet amas de pansements. Puis il est revenu s'asseoir et a continué à jouer. Les ronflements ne s'entendaient presque plus. J'ai pensé qu'ils en savaient plus que moi et que j'avais sans doute mal compris. J'avais tellement sommeil, j'y pensais encore un moment, puis je me suis endormi. Mais au bout de quelque temps – je ne sais pas exactement combien – j'ai été réveillé par des bruits de chaises et de pas. J'ai d'abord pensé qu'on venait me régler mon compte et je me suis dit : fini la tranquillité. Mais les deux hommes qui venaient d'achever leur partie sont allés voir le malade dans le coin au fond. J'ai entendu l'un des deux qui disait : "Le malheureux, il est mort." Mon sang n'a fait qu'un tour, mes amis. J'ai sauté du lit, je me suis mis à crier comme un damné. Mais que pouvais-je faire avec ces deux pieds sur lesquels je ne pouvais tenir debout ? Ils m'ont traité de fou, ils m'ont jeté dehors, ils m'ont claqué la porte au nez, ces oiseaux de malheur, mais si j'avais eu mon pétard sous la main, j'en faisais de la chair à pâté, je le jure devant Dieu.

– Tu ne pouvais pas les dénoncer, nigaud ? fait quelqu'un.

– Tu plaisantes ! L'un des deux était sergent. C'est moi qu'on envoyait sur-le-champ au tribunal.

– Moi, j'y serais allé moi-même chez le colonel, intervient un soldat qui avait trois jours de tranchée.

– Tais-toi donc, et arrête de penser, tu dis que des sottises, tête de mule.

– Comment t'en es-tu tiré ?

– Ensuite, j'ai passé la visite médicale. Le capitaine médecin a étudié mes pieds comme s'il avait voulu prendre les mesures pour me faire une paire de chaussures, puis il m'a donné une bonne dose de graisse et il m'a ordonné de retourner là-haut, en prenant soin de m'en badigeonner les pieds. Moi, j'étais déjà sous pression à cause de ma dernière aventure, j'ai dit que j'étais pas d'accord. Le capitaine m'a jeté dehors à coups de pied dans le derrière et il m'a collé un carabinier sur le dos pour qu'il m'accompagne jusqu'aux positions du 131e. Alors je les ai tous envoyés au diable ! Et j'ai dépensé tout mon capital. De toute façon, si j'arrive à redescendre d'ici vivant ce sera un miracle. Si vous en avez besoin, j'ai apporté cette ration de graisse pour les pieds qui, à les en croire, est un élixir de longue vie.

– Maintenant qu'on dispose de ce produit, ce sera un délit d'avoir les pieds gelés ! commente une voix.

– Tu aurais pu rapporter une douzaine d'œufs, idiot. Avec ta graisse, on pouvait faire une omelette pour toute la compagnie », regrette un autre.

Bombardini fouille dans ses poches intérieures, comme s'il voulait sortir quelque chose du fond de ses entrailles. Il en sort un journal froissé, s'approche de moi et me dit d'une voix craintive :

« Mon lieutenant, j'ai apporté cela pour vous. »

Tandis que les autres continuent à converser, je jette un coup d'œil : c'est un journal illustré, plein d'informations et de photographies de guerre. Il y a une illustration en première page qui montre un abri de tranchée meublé comme un salon, plein de soldats tirés à quatre épingles en train de boire ; ils jouent de la mandoline et de la guitare autour d'une table recouverte de mets. Je lis ici et là les bavardages ampoulés, les allégories hyperboliques, avec lesquels certains hâbleurs de la Chambre et autres propagandistes de salons pour jolies dames, parlent de cette légion de va-nu-pieds et de martyrs.

Je jette le journal avec mépris.

La feuille passe alors de main en main, parmi les pouilleux qui croupissent ici avec moi ; ils observent, ils lisent, ils commentent ce lyrisme qui altère notre sacrifice et le discrédite. Ils parlent entre eux.

« Qu'en pensez-vous ? Pourquoi ces messieurs qui font les journaux ne viennent-ils pas ici jeter un coup d'œil ?

– Que veux-tu qu'ils comprennent, si même nos généraux, quand ils nous font leurs sermons, nous font le coup du soldat d'Italie, héros de profession, et du tyran autrichien bon à baisser son pantalon ? Tu viendrais ici, toi, si tu n'y étais pas obligé ?

– Moi ça m'est égal qu'ils viennent ici ; mais s'ils ne veulent pas venir voir comment ça se passe, qu'ils restent chez eux, et qu'ils ne s'occupent pas de venir débiter autant de sornettes sur les pages de leurs journaux.

– Les seuls qui pourraient en parler de la guerre, c'est les morts. Mais eux, ils parlent pas.

– Moi, je refuse d'en parler de la guerre. La guerre, c'est la guerre.

– Tu as raison, c'est la guerre et c'est tout. Nous ne savons même pas s'il faut la faire ou non.

– Je ne dis pas que nous ne devions pas la faire, je dis que personne ne devait la faire.

– Belle découverte ! Couillon !

– Et s'il y a quelqu'un qui décide de la faire, c'est parce qu'il ne sait pas ce que c'est. Personne ne sait ce que c'est. C'est la faute de ces journaux qui publient toutes ces sottises. Et aussi celles des livres, des livres d'école qui farcissent de très bonne heure la tête des jeunes gens.

– C'est vrai. Chaque génération mène sa guerre parce qu'elle a besoin de donner libre cours au concentré d'héroïsme dont on nous abreuve dans les livres. Mais celui qui l'a faite une fois, il n'y retournera pas.

– On va volontiers à la guerre, parce qu'on change d'air, et parce qu'à vingt ans, on a besoin de se bagarrer. Tu as vu quand on est allé en Libye[1] ? On est parti sans savoir pourquoi, avec le même enthousiasme que lorsqu'on est venu ici.

– Tout le monde pense que ce sont les autres qui vont y laisser leur peau et tout le monde est convaincu qu'il arrivera à s'en sortir d'une façon ou d'une autre.

– Quand j'irai en permission !...

---

1. La Libye, territoire ottoman de la Régence de Tripoli, est colonisée par l'Italie à partir de 1911. Les Turcs renoncent à leurs droits en 1912 mais la rébellion indigène continue à l'intérieur du pays.

– Tu parles ! Quand tu iras en permission, ils te traiteront comme un prince et tu te mettras à jouer les héros comme tous ceux qui rentrent chez eux.

– Et tu finiras par raconter ce qu'ils veulent entendre, de peur de les contredire.

– Et quand tu seras congédié, comme il n'y aura plus de danger, tu te mettras à raconter des bobards toi aussi, et tu seras de tous les défilés, et tu gesticuleras à ton tour comme un singe !

– Je vous dis que je dirai les choses comme je les ai vues !

– Alors ils diront que tu es un défaitiste.

– De toute façon, tu peux être sûr qu'un officier du commandement d'armée est déjà en train d'écrire notre histoire.

– C'est qu'il en faut de l'imagination !

– Le seul moyen de comprendre ce que nous vivons, c'est de venir ici, sur le Karst, pas sur le Trentin, en Carnia ou sur le Cadore, et c'est l'infanterie qu'il faut voir, pas l'artillerie ni les bombardiers ou l'aviation.

– Moi je dis qu'il faut être ici maintenant, parce qu'après la guerre ne sera plus la même.

– Bien sûr qu'elle va changer, ils vont bien finir par nous donner des canons, des armes, des défenses, à la longue.

– Et de nouveaux régiments qui viendront nous relever.

– Alors on pourra construire des boyaux et des tranchées comme les Autrichiens et ce sera autre chose.

– On nous donnera aussi des imperméables et des poêles, comme dans le journal, salopard de dessinateur !

– Mais qu'avons-nous donc fait pendant ces neuf mois[1] où nous avons eu tout loisir de regarder les autres se battre ?

– Moi qui ai fait un fils, j'en ai plus fait que cent généraux mis à la queue-leu-leu.

– Quand on est allé à l'assaut des Monticelli, au Tonale[2], il y avait des officiers qui avaient encore le sabre au poing et les bataillons à leurs flancs.

– Il ne manquait que le colonel à leur tête, à cheval, avec la fanfare du régiment, et le train de véhicules en arrière-garde.

1. Allusion à la période de neutralité italienne d'août 1914 à mai 1915.
2. Col situé sur le front du Trentin dans le massif de l'Adamello-Presanella.

– Et quand nous sommes entrés dans Gradisca, nous étions disposés en colonne comme sur une place d'armes, avec les drapeaux devant.

– Ces âneries, on comprend que les Français les aient faites, parce qu'ils n'étaient au courant de rien. Mais nos généraux pendant ces neufs mois, ils ne pouvaient pas aller faire un petit tour en France pour voir comment ça se passait ?

– On aurait pu économiser bien des soldats, morts comme des andouilles.

– Et ils auraient peut-être compris à cette heure ce que sont les barbelés et que pour avancer il faut d'abord en venir à bout.

– Et que nous n'avons aucun besoin de toutes ces fanfaronnades et qu'elles arrangent bien les Autrichiens. J'ai vu un général qui donnait des instructions dans un endroit découvert. Et il continuait de parler à ses officiers en dépit de la grêle des tirs, jusqu'à ce que la moitié fût à terre, comme ça, pour le sport.

– C'est pour ça que les Autrichiens, qui en matière de guerre sont des maîtres, nous ont jeté ces cartes postales dans la tranchée, à San Martino, sur lesquelles étaient dessinés trois militaires : le premier avec la tête d'un lion, le soldat ; le deuxième avec la tête d'un âne, l'officier...

– Quand on parle du loup !

– Mais non, tu ne vois pas qu'il dort ? Et le troisième sans tête, c'était le général.

– Pour sûr, ils en ont fait tuer des soldats pour rien !

– Moi, lorsqu'on m'a enfin accordé une permission, j'ai entendu un embusqué, qui ne pouvait pas faire la guerre parce qu'il avait des calculs très urgents à faire dans un bureau, qui disait : "Tant que Cadorna fera des économies d'hommes, on n'arrivera à rien de bon."

– Quel porc !

– Tais-toi ! Retourne donc causer avec ta fiancée et écris-lui ce que tu veux !

– Mais il y a la censure ! Elle les lit mes lettres la censure, pour voir si elle y trouve des cochonneries.

– Je parie que ta fiancée a une jolie carte géographique sur sa table, avec de jolis petits drapeaux épinglés.

– Comme elle doit être impatiente de conquérir Vienne !

– Elle se dira probablement, quand elle lira les communiqués à propos des assauts repoussés : mais pourquoi ne vont-ils pas de l'avant ces bons à rien ?

– Tu devrais la faire venir ici : on prendrait soin d'elle !

– Ici, pour qu'elle puisse se rendre compte de cette grande économie d'hommes.

– Et quand on pense que dans le civil, quand on s'avise de tuer quelqu'un, on t'envoie derrière les barreaux jusqu'à la fin de tes jours.

– Et quand quelqu'un meurt renversé par un tramway, le préfet intervient lui-même pour déterminer si c'est la victime qui est passée dessous, ou bien le tram qui a roulé dessus !

– Quand une chose devient ordinaire, on n'y fait plus attention.

– Les gens viendront ici après la guerre, pour faire leur promenade du 15 août et ils diront : j'y étais !

– Et il y a aura des panneaux publicitaires pour des hôtels de luxe !

– Des promenades de curiosité comme dans les musées d'histoire naturelle ; et on ramassera nos os comme porte-bonheur.

– Qu'on le fasse taire, cet oiseau de malheur !

– On viendra inaugurer des monuments et le plus célèbre des embusqués fera un grand discours et aucun détail de notre beau métier ne manquera. Ensuite, ils iront tous à Gorizia, et ils festoieront ça comme il faut. »

Je dois intervenir maintenant et imposer un peu de respect à ces mécréants, sinon cette conversation risque de mal finir.

Voilà Franceschelli qui revient. Il a voulu descendre à Sdraussina pour me trouver quelque boisson réconfortante. Il s'accroupit en face de moi. La satisfaction illumine son visage aussi plat qu'un dessin fait de deux traits et deux points, et dont le nez crochu a l'air d'un postiche ajouté pour faire rire. En même temps que les provisions, il m'informe des dernières nouveautés :

« Aujourd'hui, à Sdraussina, il y a eu pas mal de fusillés[1], tous blessés aux mains.

---

1. On compte dans l'armée italienne 750 sentences de mort exécutées, auxquelles s'ajoutent environ 300 fusillés victimes du système de la décimation

« Il y en avait un qui s'était tiré dans le pied, en ôtant d'abord
sa chaussure, ensuite il l'avait remise, il était descendu tranquillement et il a assuré qu'il avait été touché par les Autrichiens. Il ne
manquait pas de toupet ! Mais moi je pense que quelques-uns étaient
vraiment innocents. Tout le monde sait qu'il est très facile d'être
blessé à la main étant donné qu'à chaque fois que l'on déplace et
que l'on remet les sacs en place, les Autrichiens nous tirent dessus.
Mais en bas, ils ont voulu faire un exemple et aujourd'hui ils ont
fait toute une fournée en en prenant plusieurs à la fois. Il y avait
Ballin qui jurait ses grands dieux qu'il avait été touché au pouce
alors qu'il essayait de soulever un sac de sable sur le dessus : une
balle a transpercé le sac. Et quand il jure, on peut être sûr qu'il dit
la vérité. Même Spettoli, l'ordonnance qui appartient à son peloton,
disait qu'il avait raison et que s'il avait pu descendre, il n'aurait pas
laissé finir son capitaine comme une vieille passoire. »

Une grenade qui approche fait passer la conversation d'un sujet
à un autre, mais Franceschelli n'en finit plus de bavarder cette nuit :
il doit avoir quelque secret qu'il ne se décide pas à confier. Voyons
ça.

Après plusieurs manœuvres d'approche, le voilà qui tire de sa
poche une lettre, avec circonspection comme s'il s'agissait d'une
chose fragile.

« Une lettre. Elle doit être de ma mère, d'après la calligraphie. C'est le fourrier qui me l'a remise alors que je m'apprêtais à
remonter. »

J'ai compris : il veut que je la lui lise parce qu'il ne sait pas lire
et que les autres n'ont pas de lumière. Il s'est donné bien du mal !

Enfin ses yeux pleins d'eau s'illuminent un peu ; ils brillent
d'une tendresse toute nouvelle.

« Tu es content ?

– Oui, mon lieutenant. »

Il se met à regarder une photographie pâlie, comme consumée
par ses regards, à force de la contempler. Il me la montre : on voit

(les condamnés sont tirés au sort). Les fusillés de l'armée française furent environ
600 pour un contingent deux fois plus nombreux, et les Britanniques environ 300
(chiffres fournis par M. Isnenghi et G. Rochat, *La Grande Guerra, op. cit.*, p. 292).

le sourire douloureux d'une vieille femme, sur un visage sillonné de rides.

Il demeure immobile comme un enfant gourmand qui n'ose pas tendre la main. Je suis certain qu'il attend de moi que je lui écrive la réponse.

« C'est bien ça ?

– Non, non. »

Je dois me débrouiller pour comprendre par moi-même, vu qu'il est incapable d'aligner trois mots quand il doit me demander quelque chose.

On sort un bout de papier, un stylographe et le couvercle de la boîte de biscuits ; je lui place la chandelle entre les mains. Inutile de lui demander de se tenir tranquille.

« Que veux-tu lui dire à ta maman ?

– Je ne sais pas.

– Ah, je te félicite ! »

Il se met à faire de grands gestes comme s'il avait voulu attraper des mouches, maculant de cire ses larges mains, qui ressemblent à des pelles.

Il parle. J'écris. Au bout d'un moment je ne l'écoute plus, et je finis par écrire tout seul.

C'est une chose cruelle que d'écrire à la maman des autres quand on n'a plus personne.

On entend partout crépiter la pluie, avec le bruissement, et le souffle, d'une foule qui s'agite. Cette nuit, les coups de feu serrés et les grenades qui déchirent l'air semblent vouloir nous pulvériser et nous anéantir.

Mes hommes veillent, postés çà et là dans la boue, dans la solitude et la ruine. J'entrevois les ombres disséminées, indestructibles, et je me demande ce qu'il peut bien rester d'humain dans leur attitude solennelle et muette. Plusieurs sont couchés sur les sacs empilés parce qu'ils ne peuvent plus tenir debout sur leurs pieds gonflés ; ils regardent à travers la nuit, repliés sur leur fusil, fouettés par la tempête, immobiles sous leurs toiles de tente comme des statues non encore découvertes.

Les fusées, qui crèvent le ciel d'un brouillard chargé de perles éphémères, les éclairent de temps en temps.

Nous sommes seuls dans un immense cimetière dévasté par le cataclysme.

Il y a dans l'air une odeur d'humidité et de décomposition, d'hiver et de moisi.

J'erre au milieu de ces hommes survivants, sans refuge : si je ferme les yeux, il me semble que mon crâne se craquèle entre mes mains.

Nous avons été relevés cette nuit. Nous avons dévalé la montagne dans le plus grand désordre, comme si nous avions été chassés par la tempête.

Nous avons retrouvé à l'aube nos abris emplis de paille sale et nous nous sommes enfilés à l'intérieur comme dans un palais enchanté, heureux, écrasés de fatigue et de sommeil.

Au petit matin, réveil en sursaut : le colonel doit effectuer un tour d'inspection d'une minute à l'autre. Les supérieurs sont comme les poux : on ne sent leur présence que lorsqu'on commence à être tranquille.

Éreintés, trempés jusqu'aux os, les yeux encore collés de sommeil, nous nous levons sur nos jambes avec des gestes de machines rouillées ; d'un pas mal assuré, nous sortons.

Voilà Poli qui arrive en courant. Il tient son ventre, comme s'il avait peur que ses tripes en sortent et se répandent par terre.

« Il fait son inspection dans la baraque d'à côté. Il est en train d'arriver », nous informe-t-il, affolé.

Les soldats s'agitent confusément dans la paille, comme une multitude de petits vers que l'on vient chatouiller dans leur sommeil. Une rumeur sourde de mécontentement s'élève : des jurons, des grognements, des bâillements, des tintements de métaux qui s'entrechoquent.

Le colonel arrive, suivi du lieutenant Farna, servile, collé à son maître comme un chien de race, qui lui fait la conversation durant les heures de service et lui sert les cartes pendant les heures pénibles de la digestion.

Nous saluons. Le colonel répond par un signe bref sans nous regarder, sévère, plein de dédain, solennel.

Il parcourt les lieux d'un coup d'œil, s'étonne que les soldats ne soient pas déjà prêts, que la baraque soit en désordre, que les environs soient sales comme si nous n'étions pas revenus il y a quatre heures à peine de vingt jours enfouis sous terre, comme si la pluie ne s'était pas arrêtée il y a tout juste une demi-heure.

Une réprimande pour tous, les arrêts pour le lieutenant Ventura – et pour tous les lieutenants de la compagnie – et à demain.

Au repos, pour dix jours.

Les soldats sont déjà en rangs, mais ils trépignent parce qu'ici, un changement de dernière minute est toujours possible.

Voici le colonel. Le major est là en renfort. Je l'entends annoncer : « Cinq cent quatre présents. »

Il y a vingt jours, le régiment comptait trois mille hommes, et entre temps des soldats de complément ont été incorporés.

Des shrapnels, très hauts, dessinent deux grosses éponges blanchâtres dans le ciel, au-dessus de nos têtes, comme pour un baptême de bienvenue : le colonel jette un regard en coin et fronce le nez, comme s'il avait senti une mauvaise odeur.

Il est quatre heures de l'après-midi. On part. Il n'est pas un officier subalterne dans tout le régiment qui comprenne la raison pour laquelle cette marche jusqu'à Sagrado doit être effectuée à cette heure-là, au vu de l'ennemi, en pleine lumière. Mais il est inutile de chercher à se renseigner ; ici, il est question de foi, comme pour les questions religieuses, même si certains ordres semblent plus impénétrables que le mystère de l'incarnation.

Et, en effet, au moment où nous commençons à défiler sur le bord de la route, la fête commence. Des obus parviennent de toutes les directions, au ras du talus.

On s'éparpille, on se met à courir, on se plaque les uns sur les autres contre le talus à chaque nouveau projectile qui tombe, exaspéré de voir que quelques-uns ont réussi à sauver leur peau.

Les mules n'ont encore rien appris de la guerre. Malgré les sifflements des obus, elles continuent leur route impassibles, avec une sérénité admirable ; puis elles dégringolent soudain et se retrouvent avec les pattes en l'air comme un chariot retourné.

Le quatrième bataillon a déjà sept ou huit morts, nous dit-on, parce qu'un obus les a pris de plein fouet. De notre côté, nous ne savons rien.

On arrive à Sagrado, où se dressent, comme dans une ville portuaire, une multitude de tentacules au dessus d'un océan de ruines, et on repasse l'Isonzo, enfin, sur le pont mutilé. Le fleuve, transpercé par les rayons obliques du crépuscule, semble empli de sang.

Le souvenir de la tragédie récente et le présage qui assombrit le jour suivant pèsent sur la colonne muette en marche.

« Chante, ça ira mieux ! » crie quelqu'un.

Il se produit alors quelque chose d'incroyable.

Une voix s'élève en tête du peloton : en peu de temps, deux ou trois autres viennent s'unir à elle.

> *La blanche lune s'élevait derrière la colline...*

Les hommes avancent, courbés, lourdement chargés, bringue-balant comme des diligences : le brouillard lunaire, où fourmille une fine poussière d'encens, transporte les paroles réconfortantes par-dessus ce fleuve humain qui émigre, comme chassé par un fléau.

La mélodie se répand, se renforce : tous se laissent adoucir par ce bourgeon de vie qui renaît, par cet instant de tendresse qui transforme en fantômes inutiles les ombres que nous avons dans le cœur.

Une autre chanson, pleine de mensonges, nous enjôle et flatte notre incorrigible jeunesse.

> *Non, ce n'sera plus maman,*
> *qui nous réveille le matin,*
> *ce sera le son du clairon,*
> *qui nous réveillera le matin !*

Quelqu'un entonne le chant d'une voix de fausset qui oscille un instant dans les airs comme un jet d'eau cristallin ; ensuite tout le chœur reprend dans une variation infinie de voix et s'élève en s'enroulant paresseusement vers le ciel comme une forme vivante.

Des parfums des vallées lombardes se mêlent au chant, des odeurs de printemps, des vagues de fraîcheur et de prairies, des yeux de femmes amoureuses qui étreignent le cœur.

> *Non, ce n'sera plus la belle,*
> *qui son mouchoir à la main,*
> *nous appellera à elle*
> *et nous dira « Reviens ! »*

Ce ne sont pas les chants des montagnes, des campagnes, de la mer. Ce sont les chansons des soldats, pleines de mots étranges et de mélancolie.

> *On voit loin loin une chapelle,*
> *toute sale et toute vieille.*
> *On y joue de la musique :*
> *Vive la quille ! Vive la quille !*

Des mots bizarres qui font parfois sourire, quand nous voulons faire les gens sérieux, mais qui font toujours du bien, parce qu'avec eux, nous redevenons enfants.

On y voit quelque chose qui brille à l'intérieur, comme quand on s'endort au pays des fables.

> *Capitaine au garde-à-vous !*
> *Lieutenant avec nous !*
> *Y' a l' sergent qui chigne,*
> *C'est encore lui qui turbine.*

Dans nos cœurs les ombres s'effacent, comme des fantômes inutiles.

Bosco Cappuccio

Dix jours de repos. Nous dormons dans des baraques efflanquées où, la nuit, nous devons nous lever à intervalles réguliers et faire les cent pas pour ne pas mourir transis de froid comme des poissons sous la glace. Tours de garde, tours de veille, tours de corvée, des exercices quotidiens imaginés exprès pour se railler de nous. Un lieutenant-colonel pétri d'habitudes de caserne et de respect du règlement, nostalgique du Risorgimento, nous espionne et nous persécute, armé de tout un stock de jours d'arrêt, qu'il distribue avec une prodigalité infinie (œil de dindon en colère, barbiche accrochée par petites touffes autour du menton, moustaches taillées autour d'une bouche tordue qui nous mitraille de punitions en veux-tu en voilà).

Bref, un colonel qui nous fait venir au rapport pour nous expliquer comment on fait la guerre, alors qu'il ne sait que jouer au tarot.

J'ai accompagné mes soldats hier pour se laver dans le torrent Torre. Tout en traînant des pieds, ils jetaient des regards en coin vers les quatre sommets équivoques du San Michele ; et ils grommelaient contre lui certaines invectives, mais entre leurs dents, comme des gamins craignant de provoquer une nouvelle colère.

Puis, quand la route nous a obligés à tourner le dos à cette montagne maudite, tous se sont mis à chanter :

> *À Villa Vicentina*
> *y'a les embusqués*
> *au sommet du San Michele*
> *y'a les désespérés !*

Pauvres gars qui se contentent d'une gamelle de rata, d'un mégot à mâchonner, d'un éclat de soleil, d'une illusion d'amour.

> *Quelles jolies babines as-tu !*
> *Mais qu'en fais-tu ?*
> *Donne-les moi, donne-les moi !*

Et le chœur, plus loin :

> *Nonnette, te voilà nonnette !*
> *Laisse donc la cornette,*
> *Viens avec moi, viens avec moi !*

Le lieutenant sait bien que c'est contraire au règlement, mais quand le chœur reprend, il chante lui aussi, en faisant semblant de rien :

> *Nonnette, te voilà nonnette !*
> *Laisse donc la cornette,*
> *Viens avec moi, viens avec moi !*

Et il ne comprend pas pourquoi, quand on chante avec les soldats, on doit parfois se frotter les paupières pour y voir clair.

Hier soir, repas de Noël, soirée d'adieu.

On a fait bombance, pour effacer le souvenir de la maison lointaine, quand on en a une, ou pour oublier qu'on n'en a pas, quand on est seul.

Demain, sac au dos et bonne chance à tous !

L'aube révèle à nos yeux le nouveau monde où nous sommes.

Ici, les tranchées sont assez profondes et dans les boyaux, plié en deux, on peut se déplacer même en plein jour : le paradis, pour nous.

Mais ici aussi, dehors, à découvert, des cadavres entassés partout, des écheveaux de barbelés ravagés, un éparpillement d'objets sur tout le terrain criblé d'entonnoirs. Ici aussi, des morts mêlés aux sacs de tranchées ou bien qui sortent des trous avec des gestes convulsionnés de doigts crochus.

On dirait que la ligne ennemie cherche à nous éperonner avec sa défense avancée, le sommet de leur tranchée arrive à trois ou quatre mètres de mon réduit. J'ai entendu, cette nuit, le tireur charger son Mauser ; il bougonnait :

« Italiens fatigués. »

Et de tirer aussitôt sur nous. Vraiment agaçant, celui-là.

Pourtant, la tranchée n'est pas sûre : la nuit, les balles transpercent les sacs comme s'ils étaient emplis d'air et plusieurs y ont déjà laissé leur peau.

Moi-même cette nuit, dans mon réduit, je venais de me jeter sur mon grabat de sacs, éreinté par l'escalade nocturne, quand j'ai été frappé au visage par une poignée de terre : la balle, en passant au-dessus de moi, est allée faire un grand trou dans mon casque qui pendait à un clou au niveau de mes pieds ; mais, heureusement, elle n'a trouvé aucune tête dessous !

La tranchée serpente et pénètre au-delà de la partie conquise du haut-plateau du Karst. La brigade Sassari était là avant nous[1], et elle a donné bien du fil à retordre aux Autrichiens. Ils ont tapissé le terrain de leurs cadavres, mais ici se trouve l'unique secteur où notre ligne a réussi à percer et à s'imposer pendant quelque temps sur ce plat désert de cailloux. Après ils ont dû céder à leur tour, férocement massacrés contre la barrière des barbelés, que nous n'avons aucun moyen d'éliminer.

Ils sont encore là, prisonniers à jamais de ces entrelacs serrés de fils de fer, tels des mouches dans une toile d'araignée implacable.

Au-dessus de la crête que nous devons franchir pour parvenir jusqu'ici se trouve encore l'ancienne tranchée de défense, détruite, dévastée, réduite à néant par le cataclysme humain qui s'est abattu sur elle.

J'ai regardé longuement ce spectacle comme on regarde un prodige.

J'ai encore à l'oreille les mots de l'officier que j'ai relevé cette nuit :

« Je ne sais pas moi-même comment c'est possible. Toujours est-il que la première fois que nous sommes parvenus à passer, toute la compagnie a été massacrée. Après tant d'assauts inutiles et désespérés, on pensait qu'on finirait par avancer, maintenant qu'on

---

1. La brigade Sassari, renommée pour sa bravoure, s'est emparée de Bosco Cappuccio en août 1915, lors de la bataille dite « deuxième bataille de l'Isonzo ».

n'avait plus rien devant nous. Les quelques survivants avaient déjà franchi la ligne ennemie, comme ivres. Mais non, il ne fallait pas faire un pas de plus, en raison des règles de l'attaque frontale, qui stipulent que pour que nous puissions avancer, nous devons attendre qu'avancent les autres, en ligne. On est donc resté sans bouger, pendant que les Autrichiens, plus bas, tiraient sur nous comme des forcenés. Quand on a été bien certain qu'ils avaient fini les préparatifs de la réception, on est reparti à l'assaut.

» Et nous avons recommencé à ferrailler de toutes nos forces, laissant un cadavre sur chaque mètre carré de terrain. Mais les miracles ne se répètent pas deux fois là-haut. »

Depuis ma meurtrière, j'observe la tranchée autrichienne, toute proche, qui vomit des jets de terre. Dans le calme du matin, ils travaillent. Un homme qui semble jaillir du sol se lève tout à coup, il se penche par dessus le parapet pour reprendre quelque chose, se retire, comme avalé par la tranchée.

« Mince alors ! Un fusil ! »

J'enfile avec circonspection le canon de mon arme dans la meurtrière, je place mon œil contre le viseur : et maintenant voyons s'il s'avise de recommencer la même plaisanterie cet imbécile.

Le revoilà ! Une sorte d'excitation me fait trembler les mains, dans la précipitation.

J'appuie sur la gâchette : un peu de fumée m'empêche d'observer l'effet de mon tir. Mais je suis sûr de l'avoir eu, parce que j'avais vraiment sa tête en plein viseur quand j'ai tiré.

Maintenant la visibilité est bonne, mais on ne voit rien. Que font-ils ? Une pelle se dresse sur le sillon de la tranchée et décrit par des mouvements de balancier inversé des demi-cercles dans l'air, avec le signe que l'on utilise lors des entraînements pour indiquer zéro : tir manqué.

Ce n'est pas possible ! Quand je pense que lorsque je m'exerçais contre des silhouettes de carton, je n'en ai jamais manquée une, nom de Dieu.

Je me remets en position, contrarié.

Ça y est, enfin. La tranchée ennemie qui vient dans ma direction avant de bifurquer, devant moi, à trois pas, dans un virage serré, présente à cet endroit des bords très inégaux.

Des gens passent. Je vois brièvement se dessiner, avant de disparaître, le profil de deux ou trois crânes, comme sur un écran. Quelque temps après, ils repassent furtivement. Une explosion sourde retentit et un nuage de fumée s'élève au-dessus de la tranchée. Des mines. Quand ils creusent, ils sortent le grand jeu, ces messieurs !

Je me replace derrière mon fusil et j'attends. Ils doivent repasser s'ils veulent vérifier l'effet de l'explosion.

Lorsque le premier se montre, je suis incapable de tirer, le deuxième c'est trop tard. Je tire sur le troisième.

Malédiction ! J'ai bien vu le sac, juste deux doigts au-dessus de cet abruti, recracher sa terre dans ma direction, avec mépris.

Je m'en prends à mon fusil et je m'aperçois que le régleur est baissé. Je comprends à présent. Je renverse le régleur et, à nouveau, aussi patient qu'un chasseur de chamois, je fixe le sillon qui m'apparaît de biais.

Dans une autre partie évidée du bord de la tranchée, une forme passe et repasse : c'est un képi d'officier, une proie de choix.

Je vise avec soin, j'attends que la casquette repasse à son aise : il doit être en train de surveiller les travaux. Nouveau coup de feu, bien placé cette fois-ci. On ne voit plus rien. Peut-être que...

Mais alors que je viens à nouveau de tirer contre un bout de tissu qui bougeait, un fracas soudain me fait sursauter. Deux balles se sont écrasées contre la plaque métallique, à deux doigts de la meurtrière, vengeresses.

Assez ! Il vaut mieux quitter cet endroit, sans attendre qu'une troisième balle m'oblige à en partir.

Tirer sur des soldats, comme ça, à froid, sans nécessité immédiate, chasser l'homme, attendre qu'il se montre avec une sorte de joie sanguinaire et insensée, simplement pour faire un joli coup, comme à la chasse à la bécasse lorsqu'on parvient à taper dans le mille : c'est aussi cela faire la guerre.

La pensée de cette monstruosité me fait enrager, tandis que j'attends qu'un tireur se montre pour l'épingler sur le talus comme un papillon.

Pourtant, celui-là dont la tête dépasse de temps en temps derrière le glacis pour rejeter la terre avec sa pelle est un pauvre bougre tout comme nous. On l'a probablement arraché à un travail bien tranquille sans qu'il se doute de rien, on l'a emmailloté dans un uniforme en lui collant un fusil entre les mains et on l'a fourré là dans la tranchée comme un piquet à barbelés, avec une seule consigne : tuer.

Alors on tue comme ça, à froid, parce que tout ce qui ne nous touche pas directement semble ne pas exister, parce que le cerveau se refuse à imaginer et à construire, s'il n'y est pas contraint par quelque chose qui parvienne de l'extérieur jusqu'à lui.

Si je savais quelque chose de ce pauvre gars, si je l'entendais parler une seule fois, si je lisais les lettres qu'il tient pliées contre son cœur, alors seulement j'aurais l'impression de commettre un crime en le tuant comme ça.

Toute la nuit ici, il n'a cessé de pleuvoir des grenades !

Je pense aux morts qui s'entassent partout, à découvert, à ces malheureux qui doivent supporter ces coups encore et qui, même maintenant, n'ont pas droit au repos.

Mais qui peut aller les récupérer quand le grand orchestre a commencé à jouer ?

Quand on sort de nuit dans la tranchée, il faut achever sa besogne aussi vite que possible, aussitôt délogé par ces météores, ennemis de la décence et de la propreté. Même ici, dans mon réduit, ce n'est qu'une succession de giclées de terre et de courants d'air qui se plaisent à éteindre ma chandelle sans crier gare.

Je lis un paquet de lettres que je suis allé dérober à un officier, étalé sur le ventre, avec un rictus sur la face du matin au soir. C'est le premier d'une succession de huit ou neuf cadavres jusqu'au tas de pierres, à l'endroit où la tranchée s'interrompt pendant une cinquantaine de mètres, au « passage de la mort ».

Ce sont les lettres d'une mère, humides de sueur, qui donnent des frissons ; des lettres encore vivantes, encore chaudes, encore trépidantes.

« Ta maman est là qui prie pour toi... »

Les prières de ta maman ne t'auront servi à rien. Tu es là, jambes écartées, anéanti, en train de rire : peut-être pour qu'elle, au moins, sache que tu ris.

La voix du sergent Duccoli : « Entrez ! »

Il sort de sa tente comme s'il revenait d'un monde sous-marin ; il me dévisage avec ses yeux de porcelaine avant de commencer à parler, surpris par la lumière.

« Mon lieutenant. Regardez. Je croyais que c'était une grenade. Mais qu'est-ce que c'est ? »

C'est un paquet de chiffons, sur lequel est lié un bout de papier plié en quatre.

Un message, probablement. Voyons. Il y a des mots écrits en lettres capitales par une main malhabile.

« Nous avons conquis le Lovćen[1]. À bientôt à Milan. »

Ils ne manquent pas d'air.

Duccoli propose :

« Maintenant, on va leur donner notre réponse, et en allemand en plus. J'ai travaillé en Silésie et je connais l'allemand. Vous avez un peu de papier ? »

On trouve du papier. Duccoli forme des mots barbares, péniblement ; sa grosse langue s'agite entre ses lèvres comme une tranche de rosbif.

« Ça y est », dit-il triomphant, en me tendant la feuille. Mais moi qui n'ai jamais travaillé en Silésie, je n'y comprends rien.

« Ça veut dire : "Merci beaucoup. Milan n'est pas un camp de concentration pour prisonniers." Ça va comme ça ?

– C'est très bien. »

Dans un élan de bonté, Duccoli prend une miche de pain, la fend en deux d'un coup de baïonnette, y introduit le message de réponse.

Nous sortons tous les deux pour lancer sur nos colocataires cet inoffensif projectile en forme de ballon.

On ne peut pas rester tranquille un seul instant sur ces montagnes.

Pendant la journée, réveil toutes les trente minutes, parce que le colonel (qui, lui, dort toute la nuit sur ses deux oreilles) réclame tour à tour le récapitulatif des pertes, les dernières nouveautés, une note sur le nombre de boîtes à poux existant dans la tranchée.

---

1. La prise du mont Lovćen par les Austro-Hongrois, le 10 janvier 1916, força le Monténégro à capituler. (Pour les noms de lieux, c'est l'orthographe de la transcription française actuelle qui a été retenue).

La nuit, on ne reste pas tranquille cinq minutes d'affilée.

Quelqu'un se met à tirer. Si deux soldats se mettent à tirer en même temps, par hasard, cela provoque un désastre. Un troisième se met à tirer lui aussi, puis un quatrième qui préfère suivre, le cinquième donne l'alarme, et tous les autres s'y mettent à la suite. Il faut courir dans toute la tranchée comme un damné et employer la manière forte pour qu'ils arrêtent.

D'un bond, je sors dans l'obscurité, j'empoigne une sentinelle affairée à une meurtrière.

« Que se passe-t-il ?

– Tout le monde tire ; je tire aussi. »

Je regarde au-dehors. Des fusées à profusion, toutes autrichiennes, étant donné que nous nous astreignons à de raisonnables économies de lumière. Je cours d'un soldat à un autre, et au bout d'un moment, à force de crier, je parviens à faire cesser le feu.

À un coude de la tranchée, deux ombres m'interpellent.

« C'était cette tête à poux, qui était en train de rentrer, murmure Duccoli, en me présentant un soldat.

– Qui es-tu ?

– Pompei, mon lieutenant, répond celui-ci, avec une voix d'outre-tombe.

– Que s'est-il passé ?

– Je ne sais pas très bien... Nous sommes passés par là... Personne ne sait ce qui s'est passé... »

Sa voix s'interrompt dans un sanglot fébrile. Nous le traînons jusqu'à mon réduit, nous le mettons sous respiration artificielle au goulot d'une fiasque de Chianti. Après quelque temps, son agitation s'apaise.

« Nous étions de corvée : le caporal était en tête. Personne ne sait ce qui s'est passé. Peut-être avons-nous emprunté le "passage de la mort" sans nous en rendre compte. Quand, tout à coup, cinq ou six tireurs nous sont tombés dessus. Ils nous ont tout pris, même les marmites de café. Ils nous ont fait descendre dans leur tranchée. Ensuite quelqu'un m'a donné un billet en me disant : "Toi tu peux y aller." Les autres sont restés. »

Sur le billet sont inscrits ces mots :

« Merci pour le café. Mais nous en avons suffisamment. Envoyez-nous des pâtes. »

Les soldats écrivent, entièrement recroquevillés sur leurs cartes postales en franchise, en manipulant leur crayon avec autant de concentration que s'ils procédaient à une opération chirurgicale.

Durant ces heures-là, une foule de gens vient habiter l'hiver des cœurs ; c'est le moment des réceptions et des visites.

Il y a cette maman qui apparaît avec ses yeux rougis, aussi chargée de marchandises qu'un fourgon, pauvre femme, parce qu'elle est intimement convaincue qu'il est arrivé quelque malheur à son fils et que l'on souffre dans la tranchée, alors que lui n'a jamais été aussi bien qu'ici. Il y a ce papa qui a cessé de gronder son petit et qui est un peu embarrassé de devoir s'entretenir avec cet enfant qui a grandi d'un seul coup et qui est devenu un homme. Il y a, un peu à l'écart, cette jeune fille qui fait semblant de pleurer par amour, mais qui pleure en réalité parce qu'elle regrette de l'avoir trompé.

« Adieu, adieu, réponse rapide souhaitée. »

L'aide de camp arrive à ce moment-là, accompagné de Zanin, notre adjudant-chef, dispensateur zélé de politesses et d'embêtements.

Il a un appareil photographique sous le bras ; de temps en temps il s'arrête pour prendre un cliché. Il dit :

« On peut atteindre la tranchée ennemie en trois enjambées. Pourquoi ne la prend-on pas ? J'en parlerai au général. »

Trois enjambées qu'il nous enverra faire, tandis qu'il en attendra l'issue au commandement de la brigade, une tasse de thé dans une main et une cigarette dans l'autre. Si on prend la tranchée, le mérite sera pour lui et son éclair de génie. Dans le cas contraire, on rejettera la faute sur nous, les pouilleux bons à rien.

Il fait une dernière photographie de ma tranchée, dans mon dos, puis jette un coup d'œil à sa montre et s'en va parce qu'il est presque quatre heures, que d'ici peu les Autrichiens vont commencer leur concert et qu'en bas le thé va refroidir.

« Nous on y laisse la peau, lui il y laisse sa pellicule ! » bougonne un soldat, tout en s'épouillant.

Le groupe des hommes commence à s'échauffer.

« Ensuite il ira raconter qu'il était dans l'infanterie et qu'il a combattu sur le Karst.

– L'infanterie, c'est nous, soldats et sous-officiers, voilà tout. Et la vraie guerre, c'est l'infanterie qui l'aura faite, Jésus Dieu !

– Laisse tomber Jésus qui doit être sous les armes lui aussi à cette heure. Et depuis un bout de temps !

– Et les bersagliers, ils sont à la même enseigne que nous ?

– Oui, les bersagliers aussi, ils font partie de l'infanterie comme nous.

– Et les Alpins ?

– Les Alpins... Il est sûr que ce sont de bons soldats ! Ils font la guerre eux aussi, mais pas comme nous autres.

– Ils crèvent aussi, tu sais ! Sur le Monte Nero[1]...

– Bien sûr. Mais par rapport à nous, ils ont des avantages, et ça personne ne peut le nier.

– Surtout ne t'avise pas de le leur dire, ils auraient vite fait de te régler ton compte.

– S'ils venaient jusqu'ici, ils seraient de notre coté et ils nous donneraient un coup de main, parce que c'est vrai qu'ils sont intraitables à cause de leur esprit de corps et de la plume à leur chapeau, mais dans le fond ce sont de braves gars.

– J'ai bien peur que s'ils viennent ici, ils aient vite fait de la perdre leur plume ! Vous avez vu les bersagliers ? Au début, ils donnaient l'assaut avec leur balayette accrochée au chapeau. Mais maintenant, ils ont compris : ils ont rangé leurs plumes dans leur sac, et pour savoir s'ils sont bersagliers, il faut aller regarder leurs galons de près.

– Les Alpins sont un corps d'excellence, mais...

– Couillon ! S'ils le sont encore, c'est que le régiment reste le même pendant un an ; les officiers restent en place et les soldats sont tous comme des frères, comme nous lorsque nous étions en garnison. Nous, en moins de quinze jours, on est hors d'usage. Quant au régiment, ça défile plus vite que les images du cinéma. On est vite esquinté quand on n'a même pas le temps de se connaître.

– Sans compter qu'ils ne mènent qu'un assaut de temps à autre, tandis que pour nous ça ne s'arrête jamais. Ce que les Alpins connaissent une fois par mois, nous y avons droit tous les jours ou presque. Voilà la différence.

---

1. Secteur du Mrzli, plus au nord, dans les Alpes juliennes (aujourd'hui mont Krn, en Slovénie).

– Et puis dans la tranchée, ils ne sont pas comme nous sur le San Michele ! L'esprit de corps, les bersagliers l'avaient aussi, comme eux. Mais regarde-les maintenant ! Ils marchent tête baissée, comme nous. C'est normal ! Qui peut résister ?

– Pourtant personne ne veut nous rendre justice. Si tu parles avec ceux du ravitaillement, ils vont te dire que la guerre, c'est eux qui la font, parce que sans eux, à cette heure, on serait tous morts de faim !

– Tu vas voir qu'après la guerre, le mérite reviendra aux embusqués des usines ! Parce que sans eux, pas d'obus...

– Certes, à ce train-là, tout le monde fait la guerre ; même ma femme, parce qu'elle risque qu'un crapouillot s'écrase là-bas et lui renverse ses casseroles !

– C'est vrai. Il ne faut pas tout confondre : le Karst et les autres fronts, l'infanterie et les autres corps, la première ligne et celles qui précèdent. Trois cents mètres au-dessous de la première ligne on est déjà au repos, et s'il n'y avait pas de corvée, on y serait comme des papes.

– Pourtant, dans les journaux...

– Eh, dis-moi toi, arrête tout de suite avec tes journaux, inutile d'en parler.

– Les journaux ne débitent que des fables pour les imbéciles et pour les demoiselles en mal de sensations fortes.

– Après l'attaque du quatrième sommet, on s'est amusé à en lire le récit dans un journal. Ce jour-là, il y avait des colonnes entières de blessés, tous très contents de s'en être tirés sans y laisser leur peau : le journaliste écrivait qu'ils étaient heureux d'avoir donné leur sang pour la patrie.

– Et vous vous souvenez du jour où des soldats aux pieds gelés sont descendus à Sdraussina avec des sacs autour des pieds à la place de leurs godillots. Eh bien, les journaux écrivaient que ces pauvres gars avaient fait cela pour ne pas faire de bruit quand ils allaient à l'attaque, comme les Sardes, dans la tranchée des Branchages[1].

– Ne parlez plus de ces journaux ! Maintenant c'est l'heure du nouveau communiqué ! »

---

1. Tranchée austro-hongroise située près de San Martino del Carso, creusée dès le début de la guerre et prise fin 1915 au prix de nombreux assauts de la brigade Sassari. Elle était ainsi nommée car un camouflage de branches coupées la dissimulait.

Recouvrant les bavardages des fantassins, l'artillerie commence à répandre sur ce désert de pierres sa clameur océanique.

Que signifient ces coups de feu insistants, là-bas, dans le secteur de l'autre compagnie ?

Je profite de la relative liberté qui nous est permise et, en deux trois bonds, je prends le virage pour atteindre la tranchée contiguë. Il y a un groupe de soldats aux meurtrières : quelques-uns sont penchés sur leur fusil qu'ils tiennent en joue. Des cris étranges parviennent jusqu'à moi.

« Le capitaine a promis dix lires pour chaque tireur que nous réussissons à prendre. Nous en avons liquidé un, là-bas », m'explique un soldat.

Je me place devant une meurtrière. Sous la tranchée ennemie, un tas informe se débat et lance de temps en temps un cri déchirant.

Il a été blessé au moment où il se penchait et a basculé de l'autre côté du parapet comme un sac de sable. Ses compagnons essaient de le récupérer, mais s'ils se montrent, ils risquent d'y rester à leur tour.

Un capitaine, avec une méchante figure ornée d'un grand nez, donne des ordres d'une petite voix acide et stridente.

« Attention, dès que vous en voyez un, tirez. Vous avez compris ? Tirez ! »

Il empoigne à son tour un fusil et s'installe à une meurtrière.

Les hurlements de ce blessé qui essaie en vain de se relever, qui se redresse puis retombe, qui est irrémédiablement seul, et que nous laissons là pour qu'il serve d'hameçon aux compagnons qui viendraient à son secours, nous déchirent le cœur.

En face, quelqu'un vient de faire une nouvelle tentative. Un seul coup est parti de notre tranchée. La forme s'est effondrée par magie, comme une marionnette.

« Je l'ai eu ! hurle le capitaine en se retournant à peine, avec un rictus de jubilation. Et vous, pourquoi ne tirez-vous pas ? Vous avez compris, oui ou non ? »

Il se couche sur son fusil, le regard fixe, plein du plaisir de tuer.

J'aperçois Mucci qui fait des signes d'entente à Franceschelli en contractant comme un accordéon son visage plissé de rides : il désigne la fiasque d'urine qui trône sur le toit de mon réduit.

Franceschelli fait semblant de ne pas comprendre et de n'être en rien intéressé, mais un rire contenu lui paralyse les lèvres.

Mucci s'approche avec prudence : il allonge lentement sa patte de singe, patinée de brou de noix, soucieux de ne pas être surpris par le lieutenant.

Celui-ci attend justement que la cantine lui apporte un bon petit vin, qu'il a commandé.

Mucci saisit la fiasque et, tout en restant le bras tendu, accroché au toit de tôle du réduit, il se met à avaler à toute vitesse.

« Crénom de Dieu ! »

Il retrousse le nez et recrache tout. Puis il dit :

« Elle est salée ! »

Après quinze jours de violents combats entre tranchées adverses, menés avec la rage d'une bête sous le joug, nous avons rétrocédé pour venir en renfort à ceux du secteur de la doline qui s'enfonce derrière la crête comme un énorme trou d'obus. Lorsque je suis venu le relever, l'officier m'a parlé d'une attaque que son régiment, déjà dix fois éprouvé, devra très bientôt mener contre ces positions : un tranquille pressentiment de la mort apaisait ses paroles et asséchait ses yeux.

« À chaque fois, on se dit : Sait-on jamais ? Mais un jour arrive où on ne dit plus que : Ainsi soit-il ! »

Je l'abandonnai à la contemplation de ses morts, qui se laissaient retourner sur le sol, épuisés, leur sac encore sur le dos, et à celle de la désolation du Karst, suspendu au ciel par ses paresseuses tentacules de fumée.

La doline est criblée de tanières comme les alvéoles d'un essaim. Les derniers abris sont comme des trous disposés sur ses bords ; au-delà s'étend le désert du haut-plateau. Dans cet aggloméré de nids fangeux fourmille la multitude enfouie des soldats, telle une légion d'insectes.

Le fond de la doline, patiné de bourbe rougeâtre, est criblé de croix brinquebalantes : c'est le cimetière des soldats ramassés sur ce champ de bataille accolé à l'ennemi. Sur la surface boueuse affleurent des chaussures cloutées et des mains squelettiques, violettes, crochues, prêtes à saisir une proie. Les obus, parfois, ne pouvant avec précision régler leur trajectoire sur la première ligne, trop proche de la tranchée autrichienne, viennent retourner, en s'approchant de nous, ce petit champ de morts anonymes et en arrachent, comme à un ventre maternel, des membres humains.

Un obus, qui tentait de s'introduire dans la doline, a pénétré dans un des abris creusés là-haut, le long de la crête, et de cet antre a giclé un peu de bouillie humaine.

Je me suis approché du paquet de haillons déposé devant le commandement et j'ai voulu relever un pan de la toile qui le recouvre. Je n'ai entrevu qu'un masque de cire appliqué sur une éponge de sang et des mains crochetées en griffes sur le torse.

On procède aussitôt à la sépulture. Farina arrive avec les hommes d'escorte. Nous nous unissons en silence, de façon automatique, au petit cortège qui accompagne ce cadavre pour lui rendre l'honneur des armes : nous avons l'impression de saluer en lui tous les morts brûlés par le soleil qui ont tenu à rester en première ligne avec nous.

Deux soldats sont en train de creuser, plus bas : nous défilons dans la boue qui dessine par ondulations des reliefs macabres, avec la sensation de profaner quelque chose ; nous nous alignons en carré autour de la fosse.

Le mort, enveloppé dans une toile de tente, est soulevé avec précaution.

« Présentez... Armes ! » ordonne Farina d'un ton sec.

Les soldats présentent les armes, nous saluons. Ce salut silencieux est d'une intensité profonde.

Un sifflement éraillé lézarde le ciel ; c'est un shrapnel qui éclate d'un coup, comme un fruit trop mûr, au-dessus de nos têtes ; au même moment, à côté de nous, jaillissent en gerbes, comme éructés par la boue, des éclaboussures et des bouts de tissus.

Personne n'a bougé. La nappe de fumée rougeâtre s'effiloche lentement sur le groupe immobile.

On dépose le fardeau petit à petit : deux soldats arrangent ensuite la dépouille.

« Reposez... Armes ! »

Avant même que nous n'eussions atteint nos abris, un autre projectile explose. En me retournant, je vois un des sapeurs qui finissait de recouvrir la tombe de terre courir vers nous ; il hurle, en levant vers le ciel de grands mouvements de bras frénétiques et sa figure inondée de sang.

Giubo s'est endormi dans son sac de couchage ; à côté de moi, le poids de son corps fait un creux dans la terre molle. Le réduit est encore embrumé par la lumière bleue des cigarettes.

De l'abri proche parvient un chœur de voix chuchotées.

Ils chantent, là-bas. Tous les soldats chantent dès qu'ils ont un peu de vin, une lettre tout juste arrivée dans leur poche ou un souvenir ancré dans le cœur.

> *Trente-six mois que je suis soldat*
> *aujourd'hui je reçois un billet.*
> *Au rapport mon capitaine*
> *qui en permission veut m'envoyer.*

Je me retourne, gêné par ce chœur qui m'empêche de dormir. C'est un murmure, rien de plus qu'un murmure, mais je n'arrive pas à m'endormir.

> *En permission je t'enverrai*
> *si t'en reviens en bon soldat.*
> *Je le jure mon capitaine :*
> *de permission jamais ne reviendrai.*

Ils en ont pour un bon moment ces casse-pieds. J'essaie de réveiller Giubo parce qu'il aime les chansons des soldats et quand il s'y met, il les accompagne excellemment. Je le secoue.

Il soupire et bougonne : « Je suis le lieutenant d'inspection ! » Puis il replonge définitivement dans son sac de couchage comme une tortue sous sa carapace.

> *Ah, si je pouvais*
> *me transformer en hirondelle,*
> *je voudrais voler*
> *vers les bras de ma belle.*

Je parie qu'aucun d'eux n'a le moindre espoir d'une fiancée qui l'attende en permission. Et puis, ils ne savent pas que les jeunes filles ont bien d'autres choses en tête avec tous ces jeunes gens comme il faut, qui sont en train de se faire une situation tranquillement chez eux et qui ne risquent pas de revenir de la guerre avec un œil en porcelaine ou une jambe de bois.

Dans la plaine du Frioul où nous étions au repos, nous avons fait la connaissance du nouveau commandant de compagnie. C'est un capitaine de carrière nouvellement nommé ; il vient d'un autre régiment.

Nous sommes allés nous présenter à lui, comme c'est l'usage. Il ne nous a pas tendu la main et a feint d'ignorer notre démarche. Il dit au lieutenant Ventura :

« Vous qui êtes le plus ancien gradé, présentez-moi les officiers de la compagnie. »

Un peu de discipline, que diable !

C'est un maniaque de la caserne, fier comme un dindon ; il a un menton dur et proéminent qui semble une protubérance mal assortie, armé de dents pointues qui profèrent chaque mot comme une menace. Il a dans ses mouvements et sa façon de parler quelque chose de mécanique, et deux yeux bridés qui s'enroulent comme des billes d'ivoire et qui font penser à certaines amulettes japonaises des jeteurs de sorts.

Quelques instants après, je l'ai entendu dire à un collègue :

« Ces connards de sous-lieutenants... »

Il doit en avoir de la haine pour nous, officiers de pacotille, qui souillons dans la boue de la tranchée le bel uniforme avec lequel il parade dans les salons de garnison.

Il parle de nous. Sa salive bouillonne entre ses crocs découverts et sa langue claque à l'intérieur de sa bouche comme une cravache.

Dans un cercle de soldats qui s'est formé tout près de moi, quelqu'un dit :

« Le capitaine A. était adjudant-major dans l'ancien régiment. Je le connais moi, le cagnard ! Une fois, je suis allé placer les tubes sous les barbelés autrichiens. C'était dangereux, je le savais. Mais on nous donnait dix jours de permission, alors je me suis dit : "Si j'y reste, maintenant ou un autre jour, c'est la même chose, mais si j'arrive à m'en tirer, j'm'en vais faire une petite visite surprise à ma vieille." On était quatre, je suis le seul à être revenu. Je suis descendu ensuite au commandement de régiment en tenant fièrement mon billet signé par le lieutenant, je sautillais comme un pinson tellement j'étais heureux. Mais une fois au commandement, le capitaine A., après avoir lu le message, me fait : "Une permission, pas question ! " Et il m'a renvoyé là-haut dans la tranchée à coups de pieds au cul. »

Au mess, il y a enfin un peu de retenue. Avant, on n'arrêtait pas de plaisanter et cela n'avait rien de sérieux. Maintenant, ce n'est plus la même chose : le capitaine A. est là qui pérore et commande la tablée, comme un détachement en exercice sur la place d'armes.

Aujourd'hui, nous prêtons l'oreille nous aussi, parce que contrairement à d'habitude, le capitaine A. ne parle ni de lui, ni de Napoléon.

Il raconte qu'un jour, sur le San Michele, pour punir un soldat qui avait abandonné son service de corvée alors qu'il avait été pris dans un bombardement, il donna l'ordre de le ligoter à un piquet de barbelés. Et il s'étonne que les Autrichiens n'aient pas tiré sur cet abruti qu'il leur offrait pour cible.

Robbiani, plus collé au capitaine A. qu'un pansement – à présent que lui incombe le commandement de tout le détachement, il n'est pas mauvais de se montrer dévoué – se met à raconter, d'un ton extrêmement désinvolte, comment dans la tranchée, il faisait cuire ses œufs dans de l'eau de Cologne.

Notre petit groupe, relégué à l'extrémité opposée de la table, fait bande à part.

Nous rions, parce qu'avec nous se trouve Zuccolin, carré et massif comme un coffre-fort, et comme à son habitude il s'est fiché dans la tête une de ses convictions inébranlables dont il n'y a pas moyen de le détourner. Il écoute attentivement, en silence, chaque morceau du discours, puis quand il est sûr que personne n'a plus rien à ajouter, il conclut avec son flegme terrible :

« Moi, j'gobe pas ça. »

Et il ne prend même pas la peine de répéter.

Maintenant, c'est Cassata qui résiste à cette tête de bélier et il ferraille déjà en fronçant les sourcils comme un Sarrasin en colère.

Le capitaine A., gêné par ce vacarme, lance vers nous un regard vénéneux.

Cassata trouve tant bien que mal un moyen de reprendre en main la discussion qui a mal tourné. Profitant d'une brève absence de Zuccolin, il verse dans son vin une méchante mixture composée de sel, de poivre et de vinaigre.

Chut ! Zuccolin revient.

Il se rassoit ; au bout d'un moment, il prend enfin son verre et se met à boire.

Rien. Il boit son verre jusqu'à la dernière goutte, sans broncher.

Pour nous consoler, nous lui faisons la liste de tous les ingrédients mélangés à sa boisson.

« Il y avait du sel, du poivre, du vinaigre...

– Des morceaux de verre, fait l'un.

– De la semelle de chaussure », renchérit un autre.

Zuccolin n'interrompt pas son repas ; il se contente de dire :

« Moi, j'gobe pas ça. »

Durant cette période de repos, j'ai passé mes journées enfermé dans un grenier aussi rempli d'images pieuses qu'une niche de sanctuaire, parce que le capitaine A. a cru bon de mettre aux arrêts, à tour de rôle, tous les officiers du détachement, avec une attention particulière pour ceux de sa compagnie : l'ordre de départ m'a délogé de là.

Nous ne connaissons pas notre destination. Le lieu est tenu secret. Mais la route prend la direction du Karst, et sur la colonne en marche, alors que chacun scrute avec anxiété, aux carrefours, la direction prise par le peloton de tête, pèse une angoisse muette, un âpre mécontentement qui explose par moments en jurons et disputes. On commence déjà à murmurer de sinistres noms – San Michele, Oslavje, Podgora, Doberdò – qui balaient l'air comme des étincelles et disparaissent dans un ciel d'orage sur fond de noirs sortilèges.

Au point de regroupement avec les régiments descendus de tous les secteurs de ce front, nous avons échangé les mêmes informations et nous savons maintenant qu'ici, la guerre présente partout la même physionomie de souffrance et de massacre.

Tout à coup, la tête de la colonne prend la direction du nord. Une ivresse enfantine se propage à travers le long nuage de poussière, sur les bords mouvants qui longent la route d'un côté et de l'autre. Une information passe, un nom inconnu se répète et se prolonge comme le crépitement d'une girouette.

« Santa Maria !

– C'est où Santa Maria[1] ?

– Je sais pas. À Tolmin je crois.

– Ohé, est-ce que quelqu'un sait quelque chose ?

– Comment c'est là-bas ?

– Sans doute pas mal du tout, avec un nom pareil, c'est le paradis !

– Mais qu'est-ce qu'on en sait ? En tout cas c'est pas sur le Karst, c'est tout ce qui importe.

– On ne pourra pas tomber pire que sur le San Michele.

– Santa Maria ! Vive Santa Maria ! »

Une sorte d'extase attise les esprits et redresse la courbure des dos voûtés.

Santa Maria ? Et tous de se mettre à chanter, au premier signal, les uns après les autres.

> *Oh mon enfant*
> *où es-tu parti ?*
> *Trente-six mois*
> *parmi les soldats !*
> *Trente-six mois*
> *à manger des pâtes,*
> *comme c'est dur*
> *d'être soldat !*

Chanter nous fait du bien, crénom de Dieu, parce qu'on a un peu l'impression d'être en permission et de pouvoir enfin rendre des comptes à nos mères toujours inquiètes.

---

1. Le mont Santa Maria (aujourd'hui Mengore en Slovénie) se trouve sur la rive occidentale de l'Isonzo (Soča) au sud-ouest de Tolmin.

Oh les congédiés
un pas en avant
celui qui veut s'enrôler
une nouvelle fois.
Mais fi des enrôlements
et des firmaments,
maintenant voilà
on retourne chez soi.

Comme cette guerre de malheur ne veut pas finir, chanter nous donne l'illusion d'être enfin congédiés. Et c'est au tour des nouvelles recrues maintenant.

Triste bleu,
présentez armes !
reposez armes !
Tu ne sais pas,
ne sais pas faire
comme il est prescrit,
triste conscrit
Fais-toi donc tuer.

Elles sont vieillottes ces chansons, mais on ne pense même pas à les reformuler parce qu'on s'y est attaché désormais, et qu'elles nous rappellent le temps où nous étions de vrais soldats en garnison, avec une chemise propre et des chaussures aussi brillantes qu'une ampoule électrique ; et elles nous parlent de trains et de départs, à nous qu'on envoie toujours au diable et qui n'allons nulle part.

Quand on part
de la gare,
l'artillerie
tire le canon.
C'est la joie
des vieux soldats,
la mélancolie
des petits bleus.

Puis on se met à parler de filles et les gros mots arrivent. Mais le chant des soldats rend légers les mots les plus grossiers. C'est aussi l'avis de l'aumônier du régiment, un lambin qui, maintenant qu'il est en uniforme lui aussi, n'est pas le dernier à chanter et y va même de son petit couplet de premier choix.

> *Si tu la voyais quand elle est en culotte*
> *quelles belles jambes, belles jambes,*
> *sitôt j'en tombe amoureux !*

Et le chœur, long, solennel, comme un chant liturgique.

> *Je t'aime,*
> *Je t'aime !*
> *Fais-moi voir tes petits têtons têtêtons*
> *que tu as là sous le menton !*

La logique, la rime, la grammaire ont été sévèrement bannies de ce domaine qui est le nôtre ; et malheur à qui essaierait de corriger les fautes.

Tiens, qu'est-ce qui leur prend à ces femmes de Cividale penchées à leur fenêtre, et à celles-ci au seuil de leur maison ? Pourquoi se frottent-elles les yeux avec leur mouchoir et nous font-elles de drôles de signes comme si nous allions à la potence ?

Elles nous portent malheur. Nous, en fin de compte, on ne fait qu'aller à Santa Maria, et c'est sûrement pas le San Michele.

Le chant s'atténue, vacille, hésite, mais une fois passées les maisons, il reprend de plus belle.

> *Et on saluera bien*
> *le major aussi,*
> *qui commandait le bataillon,*
> *et inspectait chaque bouton,*
> *c'en est fini, c'en est fini.*

On continue d'avancer dans un gros nuage de poussière, les yeux embués et la gorge rouillée comme une serrure du XVIIIe siècle.

Et on saluera bien
le maréchal aussi,
qui commandait avec un manche à balai,
et nous frappait pour la moindre futilité !
C'en est fini, c'en est fini.

Les soldats avancent péniblement avec leurs fusils enfilés dans le sac, ficelés de sangles comme des malles, ployés sous leurs fardeaux de bohémiens, qui balancent à chaque pas d'un côté et de l'autre.

Et on saluera bien
le sergent aussi,
qui commandait les latrines,
et s'y rendait comme à matines,
c'en est fini, c'en est fini.

La nuée fourmille et enfle au-dessus de la colonne qui marche sur la route sans fin.

Et on saluera bien
le caporal aussi,
qui commandait le crachoir,
et l'inspectait tous les soirs,
c'en est fini, c'en est fini.

Halte. Presque tous s'écroulent lourdement sans ôter leur sac à dos, comme s'ils venaient d'effectuer la dernière foulée dont ils étaient capables, et ils restent sur le dos, vissés à leur socle comme à un billot. Quelques-uns s'écartent de la route, en quête d'un peu d'ombre.

Une sorte d'alarme court parmi nous.

Tout au bout de la route, on commence à reconnaître le noir grouillement d'une troupe qui avance vers nous : ils viennent du front. De Santa Maria, peut-être. Ils chantent eux aussi.

Les voix deviennent plus distinctes.

« Ils arrivent de Santa Maria !

– Comment tu le sais ?

– Tu n'entends pas ce qu'ils chantent ? Santa Maria... on ne comprend pas bien.

– Tais-toi! »

Nous tendons l'oreille. Nom de nom ! Voilà ce qu'ils chantent :

> *À droite de l'Isonzo*
> *se trouve Santa Maria,*
> *si tu veux en finir avec la vie,*
> *viens, je te montre le chemin...*

Le lieutenant Carlo Salsa
avant son départ pour le front
en novembre 1915.

Carlo Salsa dans la tranchée.

Pages suivantes : les photographies, toutes inédites, ont été prises par l'auteur
au cours des dix-sept mois qu'il passa en première ligne (entre novembre 1915
et avril 1917). Elles fournissent, par leur réalisme cru et terrifiant, une vision de
la tranchée résolument antinomique des représentations officielles de l'époque.

Santa Maria

Du haut de la crête de Cappella Sleme[1], à travers un trou pratiqué dans une haie de camouflage, on m'a montré la montagne de Santa Maria.

Au creux de la vallée, dans l'ombre qui commence à s'épaissir dans le fond, on voit émerger deux cônes jumeaux, comme deux mamelons surgis de terre : un gouffre silencieux en surplomb, une fosse ouverte entre les montagnes comme une sépulture profonde, deux silhouettes accroupies, tenues en laisse par le collier serpentin de l'Isonzo. Il émane de ce paysage quelque chose de terrible et menaçant.

Santa Maria et Santa Lucia : deux tranchées, nous explique-t-on, qui remontent de chaque côté depuis le fond de la vallée pour aller s'accrocher sur les hauteurs.

La nuit commence à tomber ; la troupe, amassée sous le remblai de la route, reçoit l'ordre de se préparer.

Les soldats éreintés par la marche, fouettés par la tempête de neige qui a fait rage à l'intérieur de ces gorges et qui a tenté de nous repousser avec une véhémence aveugle, se lèvent avec la lourdeur douloureuse des bêtes de somme sous une volée de coups.

L'obscurité, qui pénètre le brouillard encore imbibé de neige, s'abat rapidement. Il fait nuit : en avant !

Au moment où nous passons de l'autre côté de la crête, nous perdons la dernière lueur que nous avions encore dans les yeux. On descend par le chemin qui devient caillouteux, fangeux ; nous reconnaissons bientôt le fond d'un torrent. L'eau commence à

---

1. Sleme se trouve à proximité du mont Mrzli, au nord de Tolmin.

ruisseler sous nos pieds qui s'aventurent ici et là, entre les pierres, et pataugent dans le noir compact.

Tout à coup, au-dessus de nous, résonne un formidable coup de gourdin frappé contre une paroi d'acier, qui nous fracasse le crâne. C'est l'artillerie, qui fait exploser dans la nuit sa colère.

Il recommence à pleuvoir. Nous nous laissons entraîner par l'inclinaison de la pente, aveuglés par les flèches d'eau qui nous transpercent le visage.

La marche n'est qu'un long éboulis d'hommes aveugles qui titubent sur un torrent de pierres à pic.

Un homme roule, se cogne, crie, jure ; un autre tombe en travers, les autres le piétinent, le soulèvent et le rejettent plus loin.

On descend, on ne cesse jamais de descendre. Cette coulée d'hommes semble ne jamais finir, comme le noir de la nuit, comme les gifles glacées de ce déluge.

Soudain, je m'arrête, épuisé, j'ai l'impression de chanceler ; une main s'appuie sur mon épaule, me soutient avec une sollicitude maternelle.

Je me penche en avant, je me laisse entraîner, passivement, par le tourbillon qui semble nous engloutir un à un.

De temps en temps apparaissent, entre les maisons écroulées, de rares ombres luisantes de pluie, d'éphémères éclairs de lumière.

« En avant ! »

Nous rasons les ruines, chacun de nous agrippé à la capote qui le précède dans un long chapelet d'ombres migrantes. Nous nous engageons sur une route de campagne, qui longe une file d'arbres mutilés.

Les coups de feu s'abattent sur nous à travers la pluie qui tombe, en trouant l'obscurité ; une branche, cassée par une balle, frappe mon visage d'un coup de patte humide.

« Voilà la Maison des cyclistes », m'avertit mon guide en me montrant du doigt une construction solitaire, qui se dresse au bout de la route.

De ce côté nous parvient un long hurlement, monotone, incessant, qui nous fend le cœur comme l'invocation d'un blessé.

« C'est un coucou, ou une chouette, je ne sais pas. Toute la nuit, c'est comme ça, il n'arrête jamais ce maudit oiseau. On dirait qu'il nous chante le *miserere* pour nous accompagner dans la tranchée. »

Sans que je sache pourquoi, cette voix nocturne me procure une vague sensation d'épouvante, mais elle a l'insistance d'un avertissement, la tonalité extrême du désespoir, la mélancolie d'un pleur humain : c'est l'unique voix vivante parmi les bruits stridents qui explosent simultanément de la terre et du ciel.

Le guide s'arrête, et se baisse.

« C'est ici, dit-il. C'est le boyau couvert. »

Une petite grotte au plafond bas s'ouvre dans le remblai de la route. Je m'arrête et j'attends que tout le peloton pénètre dans cet antre. Le dernier homme est en retard.

« Qui es-tu ?

– Gallo. »

Il doit monter avec mon détachement pour recevoir des consignes. Nous nous glissons dans le boyau, nous avançons courbés pour ne pas nous cogner la tête contre les poutres, prudents, à tâtons, comme dans un labyrinthe ; au bout d'un moment, le boyau se resserre, sans doute démoli par un obus : il faut que nous nous faufilions à quatre pattes dans ce conduit et que nous poursuivions ainsi, comme des taupes. La fatigue me mord les tendons à chaque pas de ma course infinie, instinctive.

Nous sortons soudain à l'air libre, dans une petite conque que la neige a entièrement blanchie.

La désolation a marqué d'un sillon le fond de la petite vallée. Nous avons perdu la liaison ; les soldats ont disparu de l'autre côté de cette plaie colmatée de ouate.

Nous sommes infiniment seuls dans ce silence, transpercé à de rares moments dirait-on, par les échos de mondes disparus.

Nous nous regardons, hésitants.

« Où va-t-on ?

– Essayons de grimper. »

Gallo me précède ; au-delà de la conque, nous escaladons au hasard.

« Qu'y a-t-il ici ? »

Des abris délabrés affleurent sous la neige : à travers les ouvertures, nous entrevoyons des intérieurs encombrés. Une puanteur de pourriture et de corps en décomposition nous coupe le souffle.

Les coups de feu proches et la pluie neigeuse font entendre durant les pauses un bruissement de pas. Chacun de nous garde en mémoire le récit d'une attaque surprise menée durant la nuit d'hier par des fantômes enveloppés de blouses blanches.

« Ça ne peut pas être par là. Il faut faire demi-tour », murmure Gallo, d'une voix encore prise par ce souvenir.

Une fois redescendus dans le vallon, une ombre glisse sans bruit le long d'une pente enneigée, comme une goutte d'encre sur du verre dépoli. Elle nous appelle.

« Par ici, mon lieutenant ! »

C'est un guide qui vient nous chercher.

Nous franchissons une petite colline et nous nous enfonçons dans un autre vallon, peuplé de balles de linge usé et d'abris rapidement creusés : tous mes soldats sont là. Ils attendent, couchés dans la boue.

« Où est le commandement de la ligne ?

– Là-bas, dans cet abri », dit quelqu'un.

En y entrant, je tombe sur Giubo.

« Comment ça se présente ?

– Hum ! Mal.

– Tu as déjà pris les consignes ?

– J'y vais maintenant avec mon peloton pour occuper la ligne. Le capitaine s'est déjà réfugié dans cet abri là-bas et rien ne le fera bouger de là, pas même les coups de canon. Il faut nous débrouiller tout seuls. »

À l'intérieur, dans un halo de lumière pâle, sont couchés deux officiers couverts de loques et barbe longue, comme deux bohémiens.

« Vous voilà enfin ! »

Ils me donnent quelques informations sur le secteur.

« À Santa Lucia, c'est pire, conclut l'un des deux. L'hiver a paralysé les actions. Mais il y a encore quelques jours, les attaques se succédaient l'une après l'autre, en différents endroits. À Santa Lucia, on est collé aux Autrichiens, à deux pas d'eux. Des bataillons entiers sont regroupés entre notre ligne et leur défense. Nous sommes dans ce secteur depuis dix mois, enterrés, oubliés, sans cesse repoussés contre ces rochers qui ont pris la teinte gris-vert de nos uniformes. »

Je sors faire un tour de reconnaissance, j'observe que des segments de tranchées bordent des petites vallées ouvertes comme des cicatrices sur les flancs de la montagne : entre une tranchée et l'autre, de nuit, sont déployés des petits postes de liaison, qui seront démontés à l'aube.

On sent partout une puanteur d'égout et d'abattoir.

J'aperçois, droites et immobiles, les sentinelles, positionnées à découvert derrière les barrières de barbelés comme derrière des rideaux d'ombre.

« Sergent Piccinini !

– À vos ordres !

– On y va ?

– Les bersagliers sont en train de descendre, mon lieutenant. Il faut attendre qu'ils soient passés. »

Un peloton de bersagliers défile dans une procession d'ombres bruyantes.

« Ohé, bersagliers ! lance une voix.

– Mais que racontes-tu ? Nous sommes tous des fantassins maintenant, bougonne l'un d'eux, en soulevant de la boue à chaque pas et brinquebalant et sonnant comme un fourgon de vieille ferraille.

– Et vos plumes ? Qu'avez-vous fait de vos plumes ?

– Les Autrichiens nous offraient des roulements de tambour ! Un vrai traitement de faveur ! » fait un autre.

On entend le balbutiement d'une mitrailleuse, interrompu par des pauses mesurées : nous reconnaissons, dans son rythme monotone, la cadence de la marche.

« Ah, ils savent bien quand on fait la relève. Ils nous souhaitent la bienvenue et nous saluent toujours de cette façon, explique un gradé, en s'arrêtant un moment. Tout à l'heure ils nous ont demandé d'être plus discrets, sinon ils étaient obligés de tirer. Ils ont bien le temps de plaisanter, ceux-là ! » »

Une fois l'avalanche passée, nous nous mettons en route nous aussi : nous devons regagner nos positions à découvert, et atteindre les trous des petits postes.

Nous grimpons, courbés en deux au milieu des coups de feu qui ne cessent de tisser leur trame aveugle dans l'obscurité. Nous arrivons au premier poste : deux sentinelles, couchées sur leur fusil, s'arrachent péniblement à la boue et deux de mes soldats s'installent, accroupis, après avoir fixé leur baïonnette.

Le peloton s'essaime le long du trajet ; lorsque nous sommes au dernier trou, Piccinini murmure à mon oreille :

« Voici l'autre tranchée. Il faut aller établir la liaison. »

Nous parvenons jusque-là. Nous franchissons d'un bond une barricade de sacs pourris, nous retombons au fond de la tranchée dans une boue épaisse.

Une voix éclate, impérieuse, dans l'obscurité.

« Qui va là ?

– C'est la liaison, dis-je.

– Mot d'ordre ! »

Voilà qu'il me demande le mot d'ordre que je ne connais pas, parce qu'on a oublié de me le communiquer.

« On est du 68ᵉ ! On est italiens !

– Mot d'ordre ! Ou vous ne passez pas !

– Je l'ai oublié le mot d'ordre, bon Dieu !

– Le mot d'ordre ou je tire ! » m'intime cette tête de mule, d'un ton terriblement déterminé.

Nous sommes plaqués contre la paroi du fond de la tranchée, sans issue possible : un point lumineux brille à deux pas de nous, par-dessus le canon du fusil pointé.

« Crénom de Dieu ! Il va vraiment tirer ! » me susurre à l'oreille Piccinini avec le tremolo de sa voix vacillante.

Nous lui offrons un échantillon des plus beaux jurons de tous les dialectes de la péninsule pour lui faire comprendre que nous sommes italiens.

« Faites-moi voir votre fusil ! nous accorde la sentinelle après quelques instants d'hésitation. Ne bougez pas ! Passez-moi votre fusil par le canon. »

Nous tendons notre fusil : nous sentons qu'il le vérifie en manipulant la culasse.

« 91 ! Tu ne vois pas que c'est un 91, bougre d'imbécile ? On peut passer ? »

Sans attendre la réponse qui ne vient pas, nous nous avançons jusqu'à la sentinelle qui nous examine avec circonspection de la tête aux pieds.

« Nous venons de relever les sentinelles des petits postes. »

Je ne veux pas repartir sans connaître ce maudit mot d'ordre. Je demande :

« Quel est le mot, cette nuit ?

– Je ne peux pas le dire.

– Je suis un officier, tu peux me le dire, insisté-je.

– Excusez-moi, mon lieutenant, mais c'est la consigne, et le mot d'ordre, je ne peux le communiquer à personne, rétorque l'autre, inflexible.

– Va au diable ! » lui crié-je en pleine face.

Mais ensuite, je suis revenu sur mes pas et je lui ai serré la main à cet imbécile.

Je me couche à plat ventre entre deux sentinelles ; la pluie drue recommence à nous fouetter : une rafale de vent souffle en hurlant et s'abat sur nous dans un violent battement d'ailes.

Ainsi empaquetés dans nos couvertures trempées et dans nos tentes, qui tour à tour se gonflent et se vident sous les claquements du vent, nous ressemblons à des êtres diluviens hypnotisés par toutes les petites flammes qui fusent sous nos yeux, dans l'obscurité.

Nous veillons immobiles dans nos flaques, devenus insensibles aux provocations des balles, à l'eau qui ruisselle tout autour, aux rafales qui nous fouettent par le côté ; notre seule lutte est contre le sommeil, qui nous frappe la nuque comme le battant d'une pendule. Un pan de la toile de tente, qui se décroche par moments, effleure mon épaule, comme une main qui veille sur moi et voudrait m'empêcher de dormir.

« Qu'est-ce qui se passe, maintenant ? » grogne quelqu'un, empêtré dans la boue.

Là-haut, de l'autre côté de la vallée, sur le Mzrli, une fusillade gronde, de plus en plus intense, de plus en plus ample. Des fusées surgissent dans le noir, d'abord éparses, puis en grappes, dans un tumulte fébrile qui déploie dans la nuit une immense scène incandescente. À présent, c'est le tour de notre artillerie. Quelques coups donnent l'alerte, longs, profonds, funèbres comme le tintement d'un glas ; on entend un projectile traverser l'espace en émettant un étrange roulis de wagon lancé sur des rails aériens. En peu de temps, tout le Kovačič se couvre de brefs éclairs, et là-bas, contre les pentes du Mzrli, s'ouvrent de longues fissures de lumière.

Ici aussi les tirs font rage : on dirait que l'effervescence se propage d'un secteur à l'autre comme une vibration sur la corde d'un arc.

« Nom de Dieu ! C'est le déluge là-haut, fait Piccinini qui revient, plié en deux, d'un tour d'inspection. Une attaque en force, c'est sûr. »

À chaque obus se dressent de longs mâts de fumée sur les plaques de roches, dans une clarté enchanteresse.

De part et d'autre d'une tranchée dont la ligne saillante se découpe sur la montagne et qui est sûrement la cible des attaques, des déchirures rouge sang se multiplient, en zigzag. Il nous semble apercevoir, sur la superficie métallique de la pente, un extraordinaire fourmillement de microbes.

Nous assistons, sans comprendre, à la tragédie en train de s'accomplir là-haut et qui ne renvoie qu'un écho nocturne et cette lueur de point du jour.

« D'ici peu il fera jour ! » annonce Piccinini dans un bâillement, tout en humant l'air de la nuit.

Le ciel lointain se frange de reflets. Il faut rentrer et défaire les petits postes, tous en vue de l'ennemi, qui à la fois nous fait face et nous guette depuis l'arrière, du pain de sucre de Tolmin.

Nous nous extirpons de notre abri fangeux pour essayer de dégourdir nos membres ; la lame de lumière qui ourle l'horizon nous transperce les yeux, douloureusement.

Nous rassemblons les sentinelles disséminées par deux ici et là, nous rejoignons le vallon qui est le quartier général des renforts. Les soldats sont répartis par petits groupes dans les nombreux abris de fortune aménagés dans les remblais.

La petite baraque des officiers est pleine à craquer de corps pêle-mêle endormis ; je me pelotonne à terre, sur le seuil de la porte, enveloppé dans mes haillons, en essayant de me protéger de la pluie qui dégoutte continuellement.

Ma tête s'écroule de fatigue contre mes genoux repliés.

Deux ou trois heures ont passé. Le capitaine A. a excellemment dormi et me fait appeler. Il me donne l'ordre de réunir le peloton et de pourvoir à la construction d'un escalier au fond du vallon. Les soldats sont épuisés à cause de la marche d'hier et de la veille nocturne. Il n'y a pas le moindre outil pour effectuer quelque travail que ce soit. La nature friable et souple du terrain rend toute tentative vaine. Mais il faut se débrouiller. Toute la journée, mes soldats bêchent et creusent comme ils peuvent avec leur pelle de tranchée ; quand le soir tombe, on les fait sortir, dehors, jusqu'aux petits postes, et ils y restent jusqu'à l'aube sous des déluges de pluie et de tirs.

À notre retour, le matin suivant, le capitaine A. nous réveille de nouveau. Deux pelotons sont descendus précipitamment pendant la nuit et le travail accompli par mes hommes a été démoli. Le capitaine me dit, en plissant ses yeux bridés et en faisant gicler ses mots rageurs au travers de ses mâchoires disjointes :

« Vous n'avez pas exécuté mes ordres. Vous garderez les arrêts, de rigueur bien sûr. »

« Nom de nom ! Les rats maintenant ! » hurle Cassata en se redressant comme un aspic sous un empilement de couvertures, la figure contractée dans une grimace de dégoût.

À côté de Cassata, impossible de dormir. Il fait toujours ça, le délicat. Nous, les rats, nous les laissons faire : nous nous enveloppons aussi sûrement que des plis cachetés dans nos couvertures et nous les laissons passer et repasser et mener sur tout notre corps leurs rondes rituelles.

À quoi bon s'agiter comme un beau diable, en secouant tous ces chiffons dans les airs comme pour envoyer des signaux à distance ?

« Il t'a pris pour une sage-femme ! » plaisante Giubo.

Nous nous asseyons pour mieux voir, curieux. Parmi les couvertures abandonnées par terre, il y a trois ou quatre choses tendres, roses, palpitantes : des rats nouveau-nés.

« Maintenant tu vas devoir les reconnaître ! lançons-nous à Cassata, qui observe la scène ébahi, comme s'il craignait que cette naissance puisse lui être imputée.

– Attention, voici la mère légitime », avertit une voix.

Un rat énorme descend avec hésitation le long d'une poutre : il nous toise, nous surveille, puis il continue à descendre. Il passe entre nous, qui l'observons en silence, saisit entre les dents une de ces membranes flasques, l'extrait hors du tas et s'enfuit. Cet instinct de maternité animal nous désarme.

« Tant mieux ; il fait un peu de ménage », se rassure Cassata, qui a retrouvé son calme.

En trois ou quatre trajets, le nid est vide.

Nous sommes avec nos trois pelotons de renfort, à la Maison des cyclistes : la troupe est regroupée dans la pièce du rez-de-chaussée et à l'étage supérieur, à moitié démoli par les obus. Personne ne peut sortir parce que la maison, entièrement en vue de Santa Maria et de Tolmin, doit avoir l'air déserte.

Nous jetons un œil par une ouverture : ils tirent sur les nôtres depuis le pain de sucre ; juste en face de nous, la ligne italienne dessine une entaille sur la montagne. Les tirs pénètrent nettement dans le sillon. Chaque obus qui explose provoque des éboulis de terre ; on croirait des légions de rats en fuite.

« Maintenant ils tirent sur nous aussi ! » crie Cassata.

Un projectile vient de tomber en sifflant. Il s'est abattu sur le toit, dans un fracas sinistre.

« Personne ne bouge ! » hurlons-nous.

Cassata et Giubo courent à l'étage supérieur pour maintenir l'ordre. On entend des coups de feu tirés depuis les tranchées.

Un autre obus s'abat sur nous. Le mur semble sur le point de se fendre sous le poids du choc ; des bouts de crépis et de mortier s'en arrachent.

Les hommes ont une impulsion de fuite instinctive. Ils se précipitent vers la sortie comme de l'eau qui reflue.

Me frayant un passage à travers eux, je me dirige vers l'entrée, un pistolet au poing. Sortir signifie s'offrir pour cible aux tranchées ennemies qui cisèlent Santa Maria comme les traits d'une enluminure. Et si les Autrichiens s'aperçoivent que la maison est pleine de soldats, ils vont la faire sauter pour de bon.

Un soldat rapporte que, après le premier obus, plusieurs d'entre eux ont tenté de se jeter par les fenêtres et sont restés accrochés sur le rebord, atteints par les tirs que nous avons entendus tout à l'heure.

Un autre obus. Nous entendons le raclement qui s'approche ; dans cet instant d'attente, le cœur s'accélère comme une turbine.

Nous entendons, lorsqu'il explose, un bruit de pierres qui s'écroulent : un flot d'hommes épouvantés dégringolent l'escalier, dans un nuage de poussière.

Il faut rester ici à attendre la mort, à l'entendre arriver de loin, passivement.

La voici. Le coup nous frôle et explose au loin.

Nous attendons en silence : tous les yeux cherchent quelque chose dans la pénombre. Leur fixité a quelque chose de magnétique.

L'attente se prolonge. Peut-être ont-ils cessé de tirer. Ils ne tirent plus.

Je m'en prends ouvertement à l'idiotie de certains ordres, qui nous confinent dans de tels pièges, à la merci de l'ennemi, et qui nous enverront à nouveau ici, demain, tous les jours, quoi qu'il arrive, jusqu'à ce que ces murs se soient écroulés sur nos têtes.

Les soldats reviennent s'allonger sur le sol. Des formes empaquetées qui se balancent lourdement sont descendues par l'escalier. Ce sont les morts d'aujourd'hui, déjà recueillis dans leur terrible silence.

Je me couche à mon tour dans mon coin, sur les couvertures humides. C'est le moment où la douceur d'un foyer lointain nous tourmente en vain ; l'heure où notre misère et notre solitude nous emplissent de tristesse.

Mais la fatigue chasse ces pensées mélancoliques. Le sommeil finit par nous sembler l'unique bien accessible et nous nous abandonnons à cet oubli, que nulle autre chose ne peut compenser et pour lequel nous serions prêts à donner n'importe quoi.

Alors surgit une voix qui appelle :

« Mon lieutenant ! »

C'est un soldat avec un message : nous avons ordre de partir immédiatement, avec tout le peloton, faire le guet aux petits postes.

Il faut se lever, se rassembler, faire l'appel, et repartir dans le déluge et la nuit, le cœur lourd de désespoir.

17-19 mars 1916

Durant tout l'après-midi, arrosage persistant d'obus sur nos tranchées.

Des shrapnels éclatent aussi dans le vallon où nous sommes. Ils déposent sur la portion de ciel au-dessus de nos têtes des traces mousseuses de fumée, qui s'approchent pour nous débusquer.

Retranchés dans notre baraquement, nous suivons en silence les étapes de cette bordée inhabituelle qui semble vouloir prélever des échantillons ici et là, au hasard.

« Ça sent mauvais ! » gronde de temps en temps Passigli qui s'était fabriqué, pour tromper l'attente, un turban de maharadjah, panache compris.

Il y a avec nous un gros lieutenant des bersaglieri, aux joues rouges de bonne santé, débonnaire, flegmatique et aussi optimiste qu'un roi des Amériques, qui passe son temps à lire d'épais volumes de papiers chiffonnés et recouverts d'une calligraphie suspecte. À la façon dont il est couché, on devine sur le revers de sa veste un morceau de soie tricolore.

« C'est ma mère qui a voulu me coudre ça, parce qu'elle dit que ça me portera bonheur, explique-il de sa voix caverneuse.

– Un autre shrapnel », avertit Onorato.

Les billes d'acier tambourinent contre les sacs qui protègent le baraquement.

« Ce soir, attaque autrichienne, plaisante le bersaglier, comme s'il annonçait le plat d'un dîner.

– Qui te l'a dit ?

– Le planton du commandement de régiment. »

La source irréfutable de l'information met un terme au débat. On discute.

« Les shrapnels sont inoffensifs.

– Surtout quand on a trois rangées de sacs au-dessus.

– C'est sûr, c'est pas conseillé de rester dehors le nez en l'air pour regarder le spectacle. Il faut savoir éviter les balles.

– Il suffit d'un parasol pour se protéger.

– Du moment qu'il n'a pas de trous. Sinon t'es fichu.

– Le capitaine A. a un faible pour les shrapnels, hier il est venu faire la première reconnaissance dans la tranchée...

– Il a dû y être envoyé par lettre de huissier, après quinze jours que nous sommes ici.

– Les reconnaissances celui-là, il les fait jusqu'à notre tranchée et il prend soin de nous mettre aux arrêts quand on les fait jusqu'à la tranchée autrichienne.

– Il est donc venu dans la tranchée ! Il m'a aussitôt demandé s'il y avait du nouveau. Moi, pour m'en débarrasser, je lui ai dit qu'ils avaient envoyé des shrapnels jusqu'à maintenant. Et je vous le donne en mille ! Il a donné quinze jours de rigueur à un pauvre gars qui mâchonnait un bout de pain à sa meurtrière, pour fournir surtout la preuve à son commandement qu'il y avait bien mis les pieds dans la tranchée, et ensuite, le sac sur le dos, il est reparti avec ses gardes suisses, et on n'a plus entendu parlé de lui.

– Celui-là il marche toujours en sandwich : un sicaire devant et un autre derrière, on ne sait jamais.

– Hier je l'ai surpris dans le boyau, qui donnait l'ordre à un homme de son escorte de s'arrêter pour contrôler l'authenticité d'une boîte de viande abandonnée par terre...

– On n'est jamais trop attentif aux grenades...

– Votre capitaine, il me rappelle un officier de mon régiment qui, un jour, ici à Santa Maria, après une attaque, a fait mettre en ligne tous les prisonniers, et qui a déchargé les six coups de son Glisenti sur les six premiers malheureux, sans motif, par pure barbarie.

– Dieu du ciel !

– Eh, ici l'assassinat a été légalisé, et tous ceux qui n'ont pas pu s'exercer avant ont les moyens de se défouler maintenant : ils ont gagné le gros lot ! »

Une voix stridente, impérieuse, la voix du capitaine A. résonne dehors :

« Il y a ici un lieutenant des bersagliers ?

– À vos ordres !

– Sortez ! »

Le bersaglier, sur le seuil de la porte, répond quelque chose que je ne saisis pas. J'entends seulement le capitaine A. qui ordonne :

« Sortez ou je fais usage des armes ! »

Le lieutenant des bersagliers sort et se dresse en face du capitaine en se frappant le torse de son gros poing, dans une étrange attitude d'autorité et de défi.

« Montez à vos mitrailleuses !

– Je ne peux recevoir d'ordres que du commandement du secteur.

– J'entends. J'y veillerai. »

Le capitaine A. s'éloigne en sautillant sur ses petites jambes de gendarme de carton-pâte et le lieutenant des bersagliers rentre avec un air courroucé.

« Il commence à faire nuit. Il vaudrait mieux réunir les hommes », observe Giubo.

Nous sortons. Passigli monte dans la tranchée, Giubo va au commandement pour prendre les ordres, moi je descends jusqu'aux abris, en me frayant un passage entre les soldats qui fument et qui conversent, couchés au fond du vallon.

Le soir engourdit l'air. Dans le silence démesuré flotte je ne sais quel obscur présage de tempête.

Nous sommes à une centaine de mètres derrière la première ligne.

Tandis que je réunis les soldats, quelques coups de feu retentissent soudain.

« Ça doit être une patrouille, fait quelqu'un.

– Écoute les blessés comme ils hurlent ! » lance une voix, derrière moi.

J'écoute.

Soudain, une clameur proche, puissante, féroce, s'élève des pentes du vallon, au-dessus de nos têtes, et nous emplit d'épouvante.

« Hourra ! Hourra ! Hourra ! »

Aussitôt, un crépitement intense de coups de feu et un grésillement de mitrailleuses éclatent.

Les Autrichiens sont ici, sans que la première ligne ait donné l'alarme, sans aucun préavis d'aucune sorte ! Nous voici attaqués à l'intérieur de cette conque sans possibilité de nous défendre, déjà encerclés et asservis, comme ça, comme un troupeau à égorger !

À cet instant précis, je perçois l'invincible atonie de la terreur.

Je vois, dans un halo irréel, là-haut, le lieutenant des bersagliers qui se débat et lutte comme un titan, au milieu d'un groupe d'hommes, dans un tumulte de lames qui fendent l'air, quelqu'un s'écroule à ses côtés, une sorte de scorpion géant s'agrippe à sa gorge ; j'aperçois, distinctement, ce grand corps dressé d'un seul coup s'effondrer.

Un ébranlement soudain de ma volonté semble étouffer en moi toute capacité de réagir.

Mes soldats se sont engouffrés pêle-mêle dans l'abri ; ils ne bougent plus, terrorisés. Je les chasse dehors un à un en criant.

« Mon lieutenant, je suis blessé, pleurniche l'un d'eux.

– Où ?

– Je ne sais pas. »

Je le chasse lui aussi. Une grenade explose à quelques centimètres de ma tête, contre les planches disjointes du baraquement. La flamme, derrière les barres d'ombre, m'aveugle. Je ne comprends pas comment j'ai pu l'éviter.

Les hommes à présent sont adossés contre la pente du remblai et ils attendent. Ils me regardent de leurs yeux blancs. Dans tout le vallon descend une brume dense, qui tournoie là-haut comme un nuage de poussières d'incendie.

Les coups de feu continuent de pleuvoir au-delà des bords de la conque, mais la clameur s'est éloignée ; d'en bas, nous parvient une vocifération barbare :

« Hourra ! Hourra ! »

Peut-être sont-ils passés de l'autre côté, sans se soucier de nous, qui sommes pris au piège sans possibilité de fuir.

Je me lance vers l'abri d'un capitaine, situé à quelques enjambées, le long de la pente opposée du vallon ; la rapide traversée est accompagnée de tirs en tous sens. Je trouve le capitaine replié en pelote compacte dans un coin.

« Mon capitaine, quels sont les ordres ?

– Restez là pour faire barrage », balbutie-t-il.

Je reviens près de mes hommes en sautant et en zigzaguant comme une fusée, je les place sur toute la largeur du fond du vallon, couchés contre le sol.

La pénombre s'est épaissie. Sur les côtés, des ombres courbées se dessinent comme des apparitions de gnomes surgies de terre.

« Qui va là ? » hurlons-nous.

– 68ᵉ ! Italiens ! » nous répond-on.

J'ai vu une des ombres esquisser un geste contre le ciel blafard : une grenade vient d'exploser entre elle et moi.

« Feu ! »

Sous la rafale des coups, ces ombres se rétractent immédiatement.

Dehors, sur la pente extérieure, les mitrailleuses récitent leur litanie arrogante et bavarde. J'escalade la paroi pour me rendre compte de ce qui se passe ; le caporal Pagani me suit.

Je tombe sur deux yeux éteints de morue, grands ouverts, dans le noir, fichés au milieu d'une figure profondément troublée.

« Qui es-tu ? »

Il est niché là, dans une fissure transversale de la roche, comme un lézard embaumé.

« Que fais-tu là ?

– Mon lieutenant, j' suis tout secoué ici, qu' j'en ai mal là. »

Nous nous employons à extirper cet embusqué de sa crevasse, nous le faisons rouler à terre comme une botte de paille.

Arrivé au sommet, j'observe : des silhouettes noires se détachent contre le décor nocturne, des étincelles jaillissent des buissons épars. Deux hommes qui descendent la pente en courant, s'arrêtent d'un seul coup : l'un d'eux, avec une bosse étrange sur le dos, s'affaisse comme un automate. De son chargement jaillissent des éclairs rapides, fébriles, rougeâtres.

Je tire tous les coups de mon pistolet, puis je me baisse pour chercher un fusil.

« Laissez-moi voir », murmure le caporal, en se hissant jusqu'à mon poste d'observation.

Tandis que je parlemente avec ceux d'en dessous, je sens quelque chose heurter ma cuisse ; je n'y prête pas attention, mais les coups me frappent plus fort, avec insistance.

En me retournant, je me rends compte que le caporal Pagani s'est écroulé sur moi, sur le dos : un râle très faible exhale de ses lèvres ; je vois entre ses dents serrées le trou précis d'une balle. Je le tiens dans mes bras, le cœur déchiré de ne pouvoir rien faire, je le regarde mourir avec ce râle qui s'enfonce au-dedans de lui jusqu'au cœur et ce regard effrayant qui implore une grâce impossible.

Je redescends : d'un côté, des blessés émettent de longues plaintes, de l'autre, des sentinelles sont tapies derrière les abris, partout autour jaillissent les étincelles des balles qui s'écrasent contre les rochers avec un claquement de fouet.

J'ai tout à coup la sensation d'être blessé, de ne plus pouvoir bouger ma jambe : non, ce n'est rien, peut-être le choc d'un éclat, peut-être seulement une suggestion nerveuse.

D'un nuage rougeâtre qui tourbillonne au loin, surgissent, encore indistinctes, deux silhouettes qui font des grands gestes.

« Qui va là ?

– Capitaine A. ! » hurle une voix.

Le capitaine A. arrive, ouvrant grand ses yeux obliques sous un masque cadavérique.

« Nous sommes encerclés ! dit-il haletant.

– Je ne crois pas. Le boyau doit être dégagé.

– Restez ici pour faire barrage », m'ordonne-t-il, et il file en un éclair vers le boyau qui descend à la Maison des cyclistes. C'est à nous, sous-lieutenants dressés pour être des machines de guerre, de rester sur place.

Les heures passent, où s'alternent fébriles moments de pause et de combat. Nous ne savons pas ce qui s'est passé, ni ce qui se passe autour de nous.

Un détachement de la troupe a remonté le boyau et débouche enfin dans notre conque aussi enfumée et brûlante qu'une rôtisserie.

Une voix m'appelle : c'est le lieutenant Ventura.

« Qu'est-ce qu'on fait ? demandé-je.

– J'ai des hommes avec moi : les restes de la compagnie que j'ai pu trouvés ici et là. Les Autrichiens sont à la Maison des cyclistes, mais ils vont être chassés par les renforts. Nous, entre temps, nous pouvons essayer de reprendre la Tranchée des sacs. »

Il se lance en tête et tous les autres derrière lui. Nous remontons le vallon.

Attention ! Un homme dégringole le remblai, le fusil en joue. Ventura le réceptionne sur la pointe de sa baïonnette : le forcené s'écroule d'un seul coup.

En haut se profile la Tranchée des sacs.

« Savoie ! »

Le troupeau s'élance, piétinant le sol et pataugeant dans la boue : nous voyons entre les reliefs de la tranchée un tumulte d'ombres frénétiques. Un bref échange de tirs, quelques explosions de grenades, des hurlements, des corps qui tombent et nous sommes dans la tranchée.

Un pachyderme est sur moi, les bras en l'air, comme s'il voulait me plaquer au sol ; il souffle sur mon visage son haleine d'alcool :

« *Bosniac* ! *Camarad* ! »

Je l'enferme immédiatement à l'intérieur d'un réduit, pour le faire taire.

Les Autrichiens ont fui, abandonnant, en même temps que leur tranchée dévastée, et leurs morts et leurs armes.

L'aube jette une patine livide sur nos visages couverts de crasse.

« On y est ! me dit tranquillement Ventura. Ils étaient tous saouls ces idiots, et ils ne se sont pas trop fait prier, pas vrai ? »

Il s'en va et se mêle aux soldats qui déblaient la tranchée et pansent les blessés.

Un ronflement de dormeur attire mon attention. C'est un gigantesque Bosniaque qui agonise ; on dirait qu'il me dévisage et qu'il rit.

Un râle monotone, qui semble ne jamais devoir finir, gonfle et comprime en rythme ce grand corps qui ne veut pas mourir. Plus loin, deux soldats de notre compagnie sont étendus sur les rochers comme deux chiffons sales.

Je me mets moi aussi à rafraîchir la tranchée : je vois deux grosses chaussures cloutées dépasser du toit d'un réduit d'officier. Il y a un Autrichien là-haut ; il semble crucifié. Je le tire par les pieds, il tombe entre le réduit et la paroi, les bras levés, comme une poupée figée dans une mimique clownesque. Un tube d'acier brillant lui échappe d'une main et vient rouler entre mes pieds : une grenade. Le visage de ce malheureux est contracté dans l'effort ; on dirait qu'il essaie, en vain, de lancer le projectile que son autre main tient encore.

Nous avons remarqué qu'il y avait, là-haut, au-dessus de la tranchée, couché derrière un sac, un blessé qui s'agitait et se contorsionnait de temps en temps comme une couleuvre à moitié écrasée. Nous l'avons appelé, nous lui avons fait des signes, l'invitant à se laisser rouler jusqu'à nous pour que nous le récupérions.

Le blessé a hissé hors son abri son visage écorché, barbouillé de sang caillé : les étoiles sur son col nous ont fait comprendre qu'il s'agissait d'un officier. Nous avons renouvelé nos signaux, et cette figure inhumaine, dans une grimace, a crié :

« Pfutt ! »

Je n'ai pas voulu tirer. C'est une sentinelle, un peu plus loin, qui a tiré.

Maintenant, ce héros que nous avons puni de mort nous fixe désespérément, le menton planté dans un sac déchiré ; mais il ne peut plus parler, emprisonné dans sa muselière de sang.

Le capitaine A. a rejoint la tranchée vers midi avec la plus grande prudence. Il s'est aussitôt réfugié dans son réduit.

Il me fait appeler, il m'informe que cette nuit des détachements chercheront à reconquérir les autres tranchées. Afin de détourner la vigilance ennemie, il s'agira de faire diversion en y conduisant une patrouille et des soldats devront faire sauter des tubes sous les barbelés ennemis.

« Je vous ordonne de rester à la meurtrière durant cette dernière opération et de tirer contre ceux qui voudraient faire demi-tour avant que les tubes n'aient explosé », ajoute-t-il d'un ton tranchant ; on dirait que la pensée de pouvoir liquider des hommes comme des poux, par sa seule volonté, l'excite.

Pendant toute la nuit, ce ne furent qu'effervescence, coups de feu, énormes éruptions de tubes explosifs dans l'obscurité, courses folles de projectiles égarés, averses de méduses aériennes et lumineuses comme la neige.

Sans oublier, toutes les deux heures, de pénibles trajets jusqu'au commandement de ligne pour rapporter les dernières nouveautés à l'ordonnance du capitaine A., gardien des siestes de son maître.

Au matin, une estafette rapporte l'issue des opérations : nous avons perdu l'unique tranchée qui nous protégeait sur les flancs.

Maintenant nous sommes seuls, accrochés à cette ultime barricade, pris en tenaille par un ennemi qui ne nous laissera aucune chance.

Je ne dors plus depuis deux jours et la fatigue enfle mes yeux de fièvre. Le bombardement qui commence à gronder nous avertit que, ce soir, la réaction ennemie se déchaînera sur nous pour défaire notre ultime folle résistance.

Je ne sais pas où je trouverai, cette nuit, l'énergie pour résister à la tornade que chacun de nous pressent. Étant donné que la ligne est fournie en troupes et en officiers fraîchement arrivés, je demande au capitaine A. la permission de pouvoir me reposer dans la tranchée, deux ou trois heures. Je n'obtiens pour toute réponse qu'un refus et quand j'essaie de répliquer, il me lance :

« Taisez-vous ! »

Mon visage impassible et mon tranquille mépris font naître dans ses yeux de perroquet en colère une lueur sinistre.

Je reviens parmi mes soldats. Nous attendons sereinement d'y laisser notre peau nous aussi, comme tous ceux que nous avons vu mourir. Nous sommes conscients et apaisés, de simples hommes qui obéissent.

Pour la première fois, j'ai en moi l'intuition transparente que cette fois-ci sera la dernière.

Le capitaine A., qui a flairé dans l'air quelque odeur de sang, est aussitôt descendu de dieu sait où, pour un motif que j'ignore.

Une grenade – un de ces barils chargés de poudre et de ferraille – s'est écrasée sur le réduit du capitaine Barbieri et du lieutenant Quinterio. Du capitaine, on n'a plus rien retrouvé, c'est comme s'il s'était dissous en atomes dans l'atmosphère. Quinterio a été transporté sur une civière, avec deux jambes réduites en bouillie : il hurlait et suppliait qu'on l'achève.

La ligne est maintenant sous les ordres du lieutenant Ventura. Celui-ci a installé son poste de commandement au centre de la demi-lune de sacs qui couronne le petit vallon.

Je suis à ses côtés. Le soir s'assombrit, plein d'un calme sinistre qui amplifie les rafales soudaines.

Ventura tend un ordre écrit à Valletti, l'estafette qui le suit partout comme une ombre.

« Au lieutenant Giubo », dit-il brusquement.

Valletti s'achemine de son pas boiteux par le sentier latéral qui conduit à l'autre extrémité de la tranchée : il fait à peine deux ou trois pas qu'il tombe en arrière, sans un cri, et reste à terre, raide, le billet serré dans son poing levé. Une fusillade est partie du haut de la colline en surplomb.

« Malédiction ! Ils sont déjà là », fulmine Ventura en tressaillant.

En trois bonds, je suis dans la tranchée, où un mur de sacs a été élevé dans notre dos aussi, pour nous protéger contre les coups qui viennent du pain de sucre.

Les soldats sont aux meurtrières, pressés les uns contre les autres dans le couloir étroit.

On veille et on attend ; soudain un obus s'abat derrière nous, il défonce le mur postérieur et vient se ficher à deux pas de moi dans les sacs, sans exploser, avec un souffle titanesque.

Le crépitement des mitrailleuses traverse le silence. Nous entendons le choc des balles contre les meurtrières, nous nous baissons en attendant que la rafale cesse. Mais aussitôt se déclenche un intense lancer de grenades qui explosent sur le parapet avec des éclaboussures rouges et cherchent à pénétrer dans la tranchée.

Dans la pénombre, sur toute la pente, une enfilade de paquets alignés descend lentement vers nous, comme un collier d'énormes saucisses roulantes. Les Autrichiens descendent de cette façon, à quatre pattes, protégés par des sortes de boucliers qu'ils poussent en avant comme des rouleaux, tout en faisant pleuvoir sur nous tout leur stock de grenades. Soudain, la ligne entière s'embrase.

Une fumée épaisse nous emprisonne, traversée par le hurlement des ordres et par des plaintes monotones et sans fin.

Un soldat, après s'être frayé un passage dans la cohue en ébullition, arrive jusqu'à moi, et me crie à l'oreille :

« Le lieutenant Ventura veut vous voir ! »

Je me précipite : Ventura, très agité, congestionné, hurle en agitant son pistolet fumant sous mon nez comme s'il était possédé par une fureur homicide.

« Je t'ai envoyé trois estafettes, nom de Dieu ! C'est la retraite ! Il faut battre en retraite immédiatement ! »

Une ombre s'agite derrière une barrière d'hommes ; de temps en temps elle craque une allumette, allume la mèche d'une grenade SIPE[1] et lance le projectile en criant, comme s'il s'agissait d'un caillou.

---

1. Grenade produite pendant la guerre par la *Società Italiana Prodotti Esplodenti* de Milan.

Les soldats sortent de la tranchée un par un, derrière moi. Plus loin sur le passage, jeté dans un coin comme un paquet, Valletti pleure en silence d'être abandonné seul sur ces sommets.

C'est le moment de partir en suivant le fond de la vallée, sous les coteaux que nous imaginons pleins à craquer d'Autrichiens : c'est maintenant qu'ils vont nous abattre, comme ça, l'un après l'autre, comme du gibier que l'on tire au vol. Nous nous lançons par petits groupes, à l'aveugle, dans le noir. Des blessés roulent à terre, mais l'avalanche poursuit sa route, piétinant et renversant tout sur son passage, dans l'abrutissement de la terreur.

Tandis que nous remontons peu à peu dans le noir ce long torrent d'hommes, prêts à renflouer le front et à défendre les nouvelles lignes arrière, Levi se confie à moi.

« J'étais encore à moitié endormi dans mon sac de couchage quand j'ai entendu, à l'extérieur du réduit, des hommes qui parlaient fort et qui se bousculaient, comme au moment de la relève. Je me demande ce qui se passe ; je ne comprends pas. Je m'extrais de mon sac de couchage, mais au lieu de sortir, je reste figé contre les sacs comme une poupée de chiffon : là-dehors, ou c'est la confusion des langues comme dans la tour de Babel ou bien, ce sont des Autrichiens ! C'étaient vraiment eux, arrivés ici à l'improviste d'on ne sait où, sans que personne ne donne l'alarme, comme un nuage de sauterelles... »

Le capitaine A. nous rejoint et nous dépasse : nous le reconnaissons au ton de la voix avec laquelle il se fraie un passage dans la cohue des ombres en marche.

Bientôt, je le vois s'arrêter devant une masse qui lui fait obstacle et qui ne semble pas décider à bouger.

« Laissez le passage ! Je suis capitaine ! Poussez-vous ! »

Il n'obtient aucune réaction.

« Poussez-vous ! Dégagez ! gronde-t-il en faisant mine de lever son bâton.

– Mon capitaine, c'est un mulet », l'avertit avec beaucoup de respect un garde de son escorte, tandis que le capitaine fait un pas en arrière, fouetté par le balai de la queue de l'animal.

« Il y a un tel remue-ménage dehors, poursuit Levi, on dirait un jour de marché. Que puis-je faire ? Rien. Je me couche dans un coin, dans le noir, en attendant que ces messieurs se décident et m'emportent comme un sac de nourriture, ou bien que les renforts viennent me libérer. Le chahut se poursuit, mais personne ne se donne la peine d'entrer. Au bout de quelques heures seulement un grand échalas maigre comme un clou vient jeter un œil, en balayant l'intérieur du faisceau de sa lampe électrique. Il m'aperçoit et marmonne quelque chose, d'un ton sympathique, comme si nous étions des amis de longue date : peut-être m'a-t-il pris pour l'un des siens ou pour un prisonnier installé là provisoirement. Moi, je me tais. Que pourrais-je bien dire à un homme que je vois pour la première fois ? Mais lui, au lieu de s'emparer de moi, il s'empare de ma fiasque de Marsala, la met sous son bras et s'en repart très content, de l'air de celui qui a fait une bonne affaire. Je suis donc resté là, seul, jusqu'à l'aube, jusqu'au moment où les renforts ont contre-attaqué et ont fait fuir cette caravane en villégiature. Je me suis retrouvé libre d'un seul coup, comme j'avais été d'un seul coup fait prisonnier quelques heures auparavant. Je crois bien que je me suis fait quelques cheveux blancs. Tu sais comment ça se passe : quelqu'un arrive et te serre la main en bon camarade, il en vient un autre et il t'enfonce son tourne-broche dans l'estomac. Question de tempérament ! Bref, ce fut une aventure très peu amusante et plutôt effrayante, tu peux me croire.

» Je suis descendu à Volzana[1] avec de l'huile sainte dans ma giberne, je prévoyais des interrogatoires, des ennuis, des rapports, des embêtements. Le général se tenait sur le seuil du poste de commandement, il est venu vers moi. "Je suis fait !" me suis-je dit. Mais pas du tout. Il voulait seulement m'embrasser : il m'a dit que j'étais un héros parce que j'étais resté à mon poste sans bouger et il m'a promis de me citer pour une médaille. Tu sais, je n'ai pas voulu argumenter très longtemps, parce que quand tu risques vraiment ta peau, tu t'en moques bien des médailles... »

Nous arrivons au col de Cappella Sleme ; une aube jaunâtre, lacrymale, comme défaite par l'enfer nocturne, pulvérise la chape de nuages en une mosaïque de lapis-lazuli. Nous restons sans rien dire, scrutant dans le lointain, au plus profond de la tourmente, les

1. Aujourd'hui Volče, en face de Tolmin, sur l'autre rive de l'Isonzo.

deux sommets menaçants, immobiles sous des lanières de fumée, qui grognent encore. Puis, les yeux ourlés de fièvre et pleins d'une même stupeur, nous nous regardons sans rien dire, comme deux survivants.

Nous avons travaillé jusqu'au petit jour pour rassembler tous les hommes dispersés et les presser dans des baraquements pleins d'une paille pourrissante qui déborde par toutes les ouvertures.

Et puis nous aussi enfin, sous-officiers tâcherons, avons pu jeter nos os disloqués sur la litière humide. Mais à présent que nous sommes dans un angle mort, le capitaine A. reprend ses fonctions de contrôle et de commandement. Il procède à l'inspection des baraquements : il nous fait appeler, invente une punition pour un motif de caserne quelconque et nous flanque aux arrêts tous les trois.

Le lieutenant-colonel qui commande le détachement, en rédigeant ma punition, m'a regardé de ses yeux clairs et m'a dit d'une voix empreinte d'une irrémédiable sympathie :

« Je regrette, parce que je sais que vous, ces derniers jours, vous avez fait votre devoir... »

Déménagement. Changement de front. On va sur le Mzrli.

Mélancolie des vallées qui concentrent le souvenir des choses lointaines. La gorge se serre soudain à la vue des premières maisons habitées, les yeux brûlent devant les perrons garnis de fleurs et de jeunes filles qui nous tendent, pour s'amuser, de cruelles embuscades amoureuses. Marche de nuit interminable, sous un déluge de pluie ; brèves haltes durant lesquelles nous nous écroulons de sommeil, couchés sur les pierres ou dans la boue, comme des bêtes.

Nous arrivons à l'aube au pied du Mzrli, qui dresse au-dessus de nous une masse austère tailladée d'arêtes rocheuses, entièrement creusé à son sommet de longues galeries d'insectes.

Le commandant de bataillon nous regarde passer, assis sur un tronc renversé. Nous défilons lentement devant ce vieillard qui, frappé par la fatigue comme par un coup de feu, tient sa tête sur la poitrine, recroquevillé sur lui-même comme un fœtus.

Mzrli – Vodil

Nous montons, pour la première fois, dans les tranchées du Mzrli. Nous allons relever les Alpins qui sont perchés là-haut comme des aigles. J'ignore depuis combien de temps.

Les soldats sont optimistes. Quand on change de front, les soldats sont toujours pourvus d'une masse d'informations secrètes et animés par une foi inébranlable ; bientôt les illusions disperseront, dans toutes les tranchées, la poussière labile de leurs ailes.

On grimpe par un sentier abrupt qui s'enfonce dans la masse boisée avec mille contorsions de reptile.

« On nous a envoyés en villégiature !

– Attends un peu !

– Tais-toi, tu vas nous porter malheur ! T'as déjà vu, toi, un front comme celui-ci ?

– Mais on l'a pas encore vu le front !

– Ce matin, on entendait les coups de feu des artilleurs qui vont chasser sur le Kovačič !

– Les gars de l'artillerie, ils peuvent se la couler douce, c'est pas des miséreux comme nous. Eux ils n'ont pas à se soucier des balles, là-haut !

– Ni des grenades, ni des gaz, ni des attaques...

– Et la nuit, ils dorment, avec une seule sentinelle pour veiller sur leurs canons.

– C'est vraiment des embusqués, ces gars-là !

– Pourquoi n'emmènent-ils pas leurs fiancés avec eux ? Dans leurs cavernes, ils pourraient même vivre avec toute leur famille.

– Et ils dormiraient peut-être un peu moins la nuit, s'ils avaient leur femme.

– Vous avez vu comme ils sont élégants. Ils ont même des petits rubans.

– C'est quoi, ces rubans ?

– Les rubans des campagnes, imbécile. Nous devrions en porter nous aussi. Nous y avons droit comme eux.

– Personne ne porte de petits rubans, ici. Nous ne savons même pas ce que c'est.

– Si tu vas en permission sans rien, ils te traiteront d'embusqué, parce que les gens, avant de regarder tes galons, ils regardent tes rubans.

– Moi, quand je suis allé en permission à Venise, j'en ai vu de ces soldats qui passent leur temps à observer le ciel en attendant qu'un obus tombe, entre une partie de pétanque et une course aux jupons. Ils n'avaient pas l'air vrai... »

Un chant lent monte derrière les arbres, accompagné d'un tambourinement monotone.

Un Alpin assis sur le bord du sentier, jambes pendantes, frappe imperturbablement des petits coups sur sa baïonnette, il chante :

> *Dans mon secteur il y a un galonnard,*
> *il sort le soir*
> *et appelle l'officier,*
> *pour lui flanquer des punitions et des arrêts*
> *pour lui casser les couilles.*
> *Il demande le lieutenant, où est-il ?*
> *Et l'ordonnance répond : Dans son lit.*
> *« Réveille-le, je veux lui parler.*
> *Couillon ! Qui fait le guet ? »*

Je me renseigne. L'Alpin me regarde et voyant qu'il a à faire à un officier, il se met debout, en tapant furieusement du pied contre les cailloux comme un étalon.

« Il faut combien de temps pour arriver au commandement du bataillon ?

– Dix minutes, mon lieutenant. »

Il salue et il retourne s'asseoir, en reprenant, tandis que nous nous éloignons, son tambourinement et sa chanson :

Le major Campini
a répondu au colonel :
« Je suis pas assez fou,
moi, pour aller là-bas !
Si t'as envie d't'faire calancher
vas-y toi-même ! »

On monte, on monte, haletant, dos courbé.

« Cet abruti d'Alpin a dit dix minutes. Ça fait une heure qu'on monte. Ça ne finira jamais !

– Si je remets la main sur celui-là, je le lui fais faire en dix minutes ce chemin de malheur !

– Mais il voulait dire dix minutes en descente, faut pas confondre !

– On y est. »

Une baraque transparaît à travers les feuillages. Des cuisiniers sont en train de travailler, ils transportent torses nus des marmites remplies d'une bouillie noirâtre.

« Les voilà les embusqués !

– Il y a un peu de café pour nous ?

– Ils ont tout gardé pour eux.

– Ce serait dommage de mourir quand on a de telles richesses, hein mon prince !

– Où est le commandement de bataillon ?

– Droit devant vous, répond un cuisinier, impassible face aux provocations qui fusent.

– Comment ! On n'est pas encore arrivé ?

– Combien faut-il encore ?

– Une bonne demi-heure. »

Certains accusent le choc, d'autres fulminent. Tous finissent par se résigner à reprendre la route et à se remettre en rang. L'optimisme commence à s'évaporer.

Après une nouvelle escalade, on rencontre un autre Alpin ; à notre grande surprise, d'après les renseignements que nous recueillons, la demi-heure n'augmente pas.

Nous ne demandons plus rien à personne, par mesure de prudence. Le soir pèse sur tous les esprits : la colonne s'allonge, rendue soudain muette par les coups de feu sourds qui commencent à traverser l'air silencieux et qui nous replongent dans des souvenirs imprégnés de sang.

Nos tranchées, comme toutes celles que nous avons connues jusqu'ici, sont creusées en contrebas des tranchées ennemies qui les surplombent et les compriment. Elles sont harcelées et ravagées nuit et jour par les attaques, aisément conduites depuis les hauteurs, que nous sommes contraints de subir impuissants. L'intervention de l'artillerie, qui pourrait nous assister et nous protéger, est entravée par la bureaucratie de commandements engourdis de préceptes et de règlements irrévocables, appliqués avec la plus grande rigidité et sans la moindre once de bon sens.

Quand les Autrichiens déversent sur nous leurs grenades ou provoquent des avalanches de pierres, il suffirait d'une rafale de coups de canon pour les arrêter.

Nous téléphonons au commandement de bataillon qui demande au commandement de régiment qui doit en informer la compagnie qui, quant à elle, étudiera la question.

Ainsi, quand les canons commencent à tirer, l'action ennemie est déjà terminée depuis un bout de temps, et les Autrichiens, qui sont alertés, recommencent à tirer. En cherchant à les faire taire, on les incite à recommencer.

Nous changeons de secteur continuellement, soumis à des mouvements de relève incessants, en y laissant à chaque fois quelques-uns des nôtres. Il y a à présent dans l'air une rumeur d'offensive : on en parle de temps à autre, vaguement, comme d'un cataclysme sur le point de se produire. Le capitaine A. s'est débrouillé pour s'embusquer au commandement de la compagnie, d'où il fulmine contre les détachements de soldats qui reviennent des tranchées loqueteux et décimés, et où il passe son temps à distribuer des arrêts et à échafauder on ne sait quel plan d'attaque pour le soumettre au général, qui se fiche bien de stratégie et qui a l'air d'une poule égarée sous l'aigle qui décore sa casquette.

Ventura a été transporté à l'hôpital avec la tête fracassée. On vient d'envoyer un lieutenant du 156e pour assurer provisoirement le commandement du bataillon.

Nous nous sommes regardés la première fois avec hostilité, sans savoir pourquoi. Probablement parce qu'un commandant de bataillon aussi jeune n'est jamais du goût d'un sous-lieutenant, et un sous-lieutenant contrarié n'est pas non plus du goût d'un commandant de bataillon.

Nous nous sommes serrés la main et il a simplement prononcé son nom, un peu froidement :

« Dossena. »

Puis chacun de nous a feint d'ignorer l'autre dans la bruyante agitation du mess.

Mais j'observais furtivement ce visage un peu défait, fendu par une bouche d'une mollesse féminine, et animé par deux yeux dilatés, fébriles, pleins de bonheur et d'amertume. Il y a dans son rire simple et immédiat la tristesse inconsciente de celui qui accepte n'importe quel destin, en sachant qu'il ne pourra pas être pire que celui qu'il fuit.

Tous les soirs, aux premières notes du concert nocturne, Molon vient me rendre visite dans mon réduit ; j'entends dehors le bruit de ses grosses chaussures élimées qui s'impriment dans la boue et les réparties bougonnes qu'il lance à ses camarades gênés par les éclaboussures et qui protestent tout bas.

« C'est moi, mon lieutenant. »

Il relève avec soin la toile de la tente frangée de boue et il passe sa grosse tête de bélier par la fente ; il m'examine pendant un moment avec ses yeux d'anis et d'eau, éblouis par la lumière.

« Quels sont les ordres ? »

Il pense s'en tirer de cette façon, sans aucun doute, avec cette obséquiosité sommaire ; mais je le retiens d'un signe de la tête. Sinon je sais que je ne pourrai plus mettre la main sur lui jusqu'à l'heure de la soupe et qu'il serait capable d'aller se fourrer je ne sais où et de semer la pagaille sur toute la ligne.

« Entre, bougre d'andouille ! »

Garni de gibernes et les poches remplies à ras bord, il s'introduit à grand-peine dans la tente.

« À vos ordres, mon lieutenant. »

Il se tient debout devant moi, dégoulinant, il attend.

« Assieds-toi et tiens-toi tranquille.

– Oui, mon lieutenant. »

Il s'assoit dans un coin et attend avec le casque de travers, il observe tous les détails des lieux. Une fois sa revue terminée, il déboutonne sa casaque usée jusqu'à la corde, sort un paquet de lettres et se met à lire. Puis il s'interrompt et lève les yeux, en faisant un signe tacite de la main. Il a flairé quelque événement extraordinaire.

« Qu'y a-t-il ?

– Une grenade. »

Quand elle éclate, Molon remet son casque, sangle le ceinturon de ses gibernes et se lève d'un seul élan.

« Qu'est-ce que tu fais maintenant ?

– C'est mon affaire. »

D'une taloche, je l'oblige à se rassoir, en silence.

Dehors les fusils commencent à entonner leur cancan.

De temps en temps, un gradé passe sa tête dans le réduit et apporte les informations habituelles : quelques blessés, qu'il faudrait tout de suite accompagner ou transporter en bas au poste de soin des Mulini di Gabrie.

« C'est mon affaire », dit Molon.

Résigné à l'immobilité, après avoir cherché longtemps dans sa musette, il sort l'une de ses vingt-deux pipes et se met à racler le fourneau avec la pointe de sa baïonnette ; il chantonne pour lui-même, à voix basse :

> *Derrière le pont y'a un cimetière,*
> *un cimetière pour nous autres soldats,*
> *Pan pan pan*
> *Pan pan pan !*
>
> *Quand tu es derrière le muret,*
> *petit soldat tu ne peux plus parler,*
> *Pan pan pan*
> *Pan pan pan !*

Il verse la chique dans le creux de sa main pour en faire une boulette, qu'il place avec beaucoup de précaution dans sa bouche. Parfois, lorsqu'il parvient à collecter, du fond de toutes ses poches, un peu de tabac et quelques miettes d'origines diverses, il allume sa pipe : dans ce cas, il faut mieux lui donner la permission de libre sortie, si on ne veut pas finir asphyxié.

« Molon !

– À vos ordres, mon lieutenant !

– Va voir si le rata est arrivé.

– Tout de suite, mon lieutenant.

– Les tireurs, t'en occupe pas.

– Pour sûr, mon lieutenant. »

Il patauge un bon moment dans la boue de la tranchée. Ensuite, pour aller plus vite et éviter les questions de ses camarades entassés dans ce couloir graissé à la glaise, où il faut donner du coude et du juron dans l'obscurité, il grimpe sur le bord de la tranchée et s'en va où bon lui semble.

Il ne cherche même pas à se protéger lorsque s'ouvrent, au-dessus de lui, les méduses malignes et ondoyantes des fusées : on dirait que ça l'arrange, cette lumière qui lui éclaire la route.

« Molon !

– Attention, eh, abruti !

– Y m'auront pas. »

Cette ombre ambulante finit par provoquer une gerbe de fusées et, aussitôt, plusieurs grenades sont lancées : elles sifflent dans l'air et s'abattent en soulevant des gerbes d'éclaboussures dans une fumée rougeâtre et opaque.

Molon n'est en rien affecté par la chaleur : il file droit devant lui jusqu'au réduit de Duccoli, et là il se fait donner une ration de tabac et une douzaine de grenades. Il déclare, d'un ton naturel :

« Il faut que j'en tue un ou deux. »

Debout derrière la pile de sacs, il décide d'ouvrir les hostilités. Les autres rétorquent depuis là-haut. On entend quelques ricanements et des interjections lugubres, qui font courir un frisson dans le dos ; les coups de feu s'intensifient, une mitrailleuse commence à balbutier quelque chose, par à-coups, en essayant d'imposer le silence : des signaux rouges et verts tombent du ciel obscur dans un halo stupéfait, en scrutant le terrain. Des éclairs enfin s'embrasent au-dessus du mont Kuk et de la cote 188 ; de longs raclements furieux strient l'air.

Mais pour qu'il arrête, je dois aller moi-même l'attraper par le col. Une nuit, un obus, qui venait de décoller la tête d'un pauvre malheureux, est tombé sous son nez sans exploser et il n'a pas bougé un pas !

Un sacré bonhomme, Molon, avec sa mine tranquille, ses yeux de poupon et ses cheveux qui dégoulinent sous son casque de guingois.

Dès qu'il descend à Volarje[1], il s'enivre. Quand il quitte la ligne, il se débarrasse de son fardeau de loques dans un coin du baraquement, il se fait verser sa solde par le fourrier et s'en va raconter ses tribulations au cantinier ; il en revient d'ordinaire de bonne humeur, avec deux grosses fiasques de Chianti sous le bras.

Il s'installe un peu à l'écart avec Duccoli et Cuccuru et, assis autour des fiasques, ils sont prêts à discuter. Quels chœurs ils entonnent à gorge déployée, certains soirs, derrière le muret ébréché du cimetière ! On ne pense plus à la tranchée et on ne prête même plus attention au bruit lointain des obus qui, de temps en temps, heurtent le sol et s'enfoncent sous terre.

> *Quand on est redescendu de la montagne,*
> *bataillon, tu n'avais plus aucun soldat.*
> *Pan pan pan*
> *Pan pan pan !*
>
> *Un bataillon, rien que de morts,*
> *Mais à Milan, rien que des embusqués !*
> *Pan pan pan*
> *Pan pan pan !*

Ils rentrent tous les trois à la nuit tombée, bras dessus, bras dessous, et ils se prennent une punition de la part de ce lieutenant trop tatillon, qui est vraiment insensible à certaines choses.

Et il faut se saouler encore, le lendemain, pour oublier.

Quand vient l'appel, deux ou trois plaisanteries, sac au dos, et c'est reparti pour la tranchée, les gars ! Et alors c'est une autre histoire. Là-haut dans la tranchée, Molon est un bon soldat. S'il faut

---

1. Ville située sur la rive orientale de l'Isonzo, au nord de Tolmin.

faire une patrouille, confisquer une mitrailleuse, y laisser sa peau, Molon vient me trouver et me dit, d'un air très sérieux :

« C'est mon affaire. »

Toujours sans le sou et dépenaillé, il vagabonde toute la journée d'un bout à l'autre de la ligne, en quête d'un quart de pain ou d'un mégot.

Mais il est capable d'en faire voir de toutes les couleurs à ceux d'en haut quelquefois, parce qu'il a un vieux compte à régler avec eux et qu'il a toujours envie d'en tuer un ou deux. Un coup bas qui lui est resté en travers de la gorge comme une épine : ils ont liquidé Farinel alors qu'il se trouvait à deux pas de lui, il ne s'en est même pas rendu compte. Ce jour-là, il s'est réveillé et il l'a trouvé immobile, étendu de tout son long, comme un moineau en hiver ; il ne sait même pas ce qui s'est passé. Je le sais moi, parce que je les tenais à l'œil ces deux-là.

Ils étaient nichés au fond d'un trou fangeux derrière des sacs trempés : Molon dormait avec ses bras sur ses genoux, les mains ballantes et le menton collé contre sa poitrine. Farinel était là depuis deux heures, immobile, le regard fixe, perdu dans ses pensées, sans doute n'avait-il pas veillé la nuit précédente ou comptait-il dormir plus tard, en se cachant dans un coin. Il réfléchissait, avec une main dans les cheveux, depuis deux heures. Il avait peut-être des ennuis chez lui, des dettes, une fiancée qui ne lui écrivait plus et qu'il soupçonnait de faire les quatre cents coups loin de lui, le pauvre malheureux. Il bouge enfin. Il étire une jambe, met une main dans sa poche, en sort une pipe qui a l'air d'une carabine. Sans détacher son regard d'un point qui le magnétise, il se met à fumer lentement, avec sa tête de pendu. Une volute de fumée s'enroule, enfle et se perd en s'élevant au-dessus du sac crasseux sur lequel il pose sa tête : on dirait un signal.

Un coup de feu fend le silence, comme du cristal.

Sans un sursaut, tranquillement, la tête retombe sur sa poitrine, la pipe glisse de sa main.

Molon a continué à dormir : ils sont restés là dans la même position. Ils semblaient endormis tous les deux ; ils semblaient morts tous les deux.

Le jour de Pâques, c'est eux qui ont organisé la fête, de leur propre chef, sereinement, sans alerter personne.

Une loi d'armistice tacite était entrée en vigueur, comme cela se produisait à chaque célébration du calendrier; il y avait seulement eu un peu de tapage amical à minuit précis, avec grande parade de fusées, de coups de feu et de rafales de mitrailleuses, pour annoncer le début du jour de fête, un succédané de volées de cloches qui avait duré dix minutes, fanfare de l'artillerie incluse (pour répondre à l'hommage).

Durant toute la matinée, on aurait pu se mettre à califourchon sur le bord de la tranchée pour allumer une cigarette et la fumer jusqu'au bout sans être dérangé le moins du monde.

Le Mzrli se dressait, couvert de ruines sur sa cime, creusé par le labeur des hommes et les griffures de l'artillerie, trempé par le ruissellement incessant de la pluie. Dans ces sillons de terre spongieuse, des plaques de zinc et divers débris métalliques brillaient comme des minéraux.

En remontant le boyau inondé de flaques jaunâtres, Molon, plié en deux, accompagnait de quelques jurons sa progression difficile.

Une fois aux abris, il flaira les lieux en quête d'un peu d'espace disponible, avant de se faufiler comme une couleuvre dans une tanière étroite.

Un homme à l'intérieur fumait en silence. Un autre ruminait tant bien que mal un bout de pain qui sentait le moisi.

Une voix s'élevait :

> *Cimetière rien qu'pour nous soldats,*
> *Un jour peut-être te rendrai visite !*
> *Pan pan pan*
> *Pan pan pan !*

De lourdes masses de brouillard avaient commencé à s'agglomérer entre les cimes du Mzrli et on avait l'impression qu'elles voulaient se décrocher, prêtes à nous engloutir.

Un grand silence couvrait le chuintement liquide qui tombait du ciel ; un grand froid s'emparait des cœurs.

Soudain, un coup de feu fit résonner deux éclats rauques dans ce désert creusé de fosses, comme le son d'une cloche suivi d'un écho.

L'homme qui fredonnait interrompit son chant ; une note resta au fond de sa gorge.

L'autre homme cessa de mastiquer et jeta son morceau de pain au-dehors, dans une flaque de boue.

Molon regarda à l'extérieur.

« Nom d'un chien ! »

Il se plaça contre une meurtrière pour mieux scruter le terrain.

L'aube décochait à travers le brouillard ses traits de lumière glacée.

Dehors, il n'y avait qu'un tas enchevêtré de cadavres scellés dans la boue.

Molon, le nez fiché entre deux sacs, examinait attentivement une à une les meurtrières de la tranchée d'en haut pour découvrir quelque chose. Il resta longtemps ainsi, puis piétinant d'impatience, il eut ces propos définitifs :

« C'est mon affaire. »

Il quitta la meurtrière, fouilla ici et là dans la boue avec l'insouciance d'un homme ivre, en quête d'un fusil en état de marche.

« Molon, que cherches-tu ?

– Un fusil, mon lieutenant.

– Arrête.

– C'est eux qui ont tiré, mon lieutenant. »

Il s'était mis en tête de mener sa propre chasse à l'homme, cette andouille, et pour lui faire changer d'avis, c'était toute une histoire.

« Tu as compris, Molon ?

– Oui, mon lieutenant, mais c'est eux qu'ont tiré.

– C'est un soldat de la 9ᵉ qui a laissé partir un coup », intervint quelqu'un d'un ton grave.

Cette nouvelle parut calmer Molon, car il ne leur aurait sûrement pas pardonné de venir l'enquiquiner le jour de Pâques et de s'entraîner à faire leurs cartons un jour comme celui-ci. « Pâques ! » Lui, ce jour-là, il avait envie de rempocher son vieux ressentiment avec son mouchoir et peut-être même de faire une partie de tarot avec ceux d'en face, comme si de rien n'était. Mais les provocations, il ne pouvait les tolérer.

Il se cala dans un coin de tente pour allumer sa pipe, puis se laissa absorber par de mystérieuses pensées. Il était en train de

manigancer quelque chose, et comme d'habitude, cela ne manque-
rait pas de tourner au désastre.

Il attendit que le lieutenant se fût remis à écrire à cette fiancée
qui le mettait toujours de mauvaise humeur et il s'employa à mettre
son plan à exécution. Pris par un irrésistible besoin de sympathie,
il avait décidé de se jucher sur la pile des sacs pour transmettre, au
moyen de signaux internationaux, les vœux de circonstance à ces
messieurs du dernier étage.

Il grimpa sur le parapet. Mais tandis qu'il faisait des ombres
chinoises, perché sur un sac comme un hibou sur sa patte, on
vit émerger de la tranchée autrichienne un casque. Puis on vit se
dresser sous ce casque, avec circonspection, une figure hésitante qui
fit tout d'abord l'impression d'un pantin soutenu par un invisible
marionnettiste.

Mais non, c'était bel et bien un *kamerad*.

Le pantin, après quelques instants de perplexité, se mit à agiter
ses bras comme les ailes d'un moulin à vent. Il cria :

« Molon ! Ohé, Molon ! »

Mince alors ! Ils se connaissaient, ils étaient amis. Ils avaient
travaillé ensemble dans une usine de Bohème et ils se retrouvaient
le jour de Pâques, l'un en face de l'autre, ennemis.

Molon ne se le fit pas dire deux fois ; il sauta au bas du parapet
et se mit à remonter la pente en courant : celui d'en face, lorsqu'il le
vit arriver, se précipita vers lui comme une furie.

Plusieurs soldats, d'un côté et de l'autre, commencèrent à se
montrer, curieux de savoir ce qui se passait, et comme ces deux-là
s'entendaient à merveille, quelques-uns se risquèrent, de chaque
côté, à franchir les parapets.

La contagion se communiqua à tous. En peu de temps tous les
soldats, italiens et autrichiens, sortirent, sans armes, pour fraterniser
les uns avec les autres, comme deux groupes de randonneurs qui
se rencontrent par hasard. Pouvoir sortir son cuir de la tranchée,
gratis, ça n'arrivait pas tous les jours, mais comme c'était Pâques,
on pouvait fermer un œil. D'ailleurs ces impies des tranchées d'en-
haut portaient les mêmes habits usés que ceux que nous portions,
et sur leur pauvre chair endolorie se lisaient les signes d'une souffrance et d'un destin identiques aux nôtres.

Les officiers essayèrent d'abord de s'y opposer ; puis sous prétexte de devoir mettre un terme à ce scandale et rétablir un peu de discipline, ils finirent par sortir eux aussi.

Les sentinelles de l'artillerie découvrirent alors cet insolite tohu-bohu entre les deux lignes. Une tempête d'obus s'abattit soudainement, tonitruante, comme un châtiment.

La terreur dispersa ce troupeau d'hommes. La masse hurlante se précipita confusément vers chacune des lignes adverses.

Seuls deux hommes étaient restés en arrière, à l'écart du mouvement des fuyards.

« Molon ! Viens que je te salue encore ! »

Le souffle d'une explosion les terrassa comme ils étaient, embrassés, tels deux troncs abattus par une rafale d'ouragan.

Les chanteurs sont vraiment des raseurs : ils profitent de la moindre occasion pour vous infliger leurs rossignolades ou leurs terribles voix de basse qui ne vous intéressent pas le moins du monde.

Celui-ci, il venait d'intégrer le bataillon et après le mess il ne se fit pas prier très longtemps. On le vit tout d'abord déboutonner sa capote et se mettre à l'aise. Tout le monde pensait qu'il avait la louable intention de se mettre au lit ; tout au contraire, il resta là et nous infligea jusqu'à minuit ses ritournelles, et des braillements tels qu'on aurait cru qu'on lui arrachait les plumes. Quand ils s'y mettent, il n'y a vraiment plus moyen de les arrêter.

Il était nouveau, il n'avait jamais mis les pieds dans la tranchée ; nous nous disions en guise de consolation : « Quand il sera là-haut, il trouvera bien d'autres dièses et bémols à la clé ! »

Il est monté dans la tranchée, il y a deux heures à peine ; les Autrichiens avaient déjà commencé à faire résonner leur fanfare nocturne, à plein régime.

On l'a flanqué dans les petits postes, histoire de l'endurcir un peu.

Personne n'y pensait plus quand soudain, pendant une pause, on a entendu s'élever le son d'une voix extraordinaire. Que se passait-il ?

C'était bien lui : il s'était mis à chanter, comme s'il se trouvait sous la fenêtre d'une jeune fille, à gorge déployée. Dieu du ciel, avec toutes ces balles perdues, il ne s'en trouvait donc pas une, pas trop mauvaise, pour le faire taire !

Nous avons tendu l'oreille : c'était son morceau de choix.

> *Un jour, crois-moi, viendra mon tour,*
> *ce sera le dernier de mes tristes jours.*

Mais son tour ne venait pas ! Il continuait à chanter.

Tiens, on n'entend plus les Autrichiens : les tirs se sont éclaircis et maintenant, plus rien.

> *Un jour, crois-moi, viendra mon tour,*
> *ce sera le dernier de mes tristes jours.*

Le refrain était fini. Et là-haut, dans la tranchée autrichienne, ce furent un déluge d'applaudissements et des appels catégoriques :

« Bis ! Bis ! »

S'il n'accordait pas un bis, ils étaient bien capables de déclencher une attaque. La voix reprit sa mélodie, dans un silence enchanteur.

> *Si je pouvais attendre de toi un jour*
> *un seul signe de pitié enfin...*

Si seulement cela avait pu durer jusqu'au matin, on aurait pu risquer un petit somme.

> *Un jour, crois-moi, viendra mon tour,*
> *ce sera le dernier de mes tristes jours.*

Rideau. Vifs applaudissements.

Un instant plus tard, les tirs reprirent, secs, sonores et monotones.

En réponse à notre changement de programme, les Autrichiens mirent au point une variante dans le leur.

Au lieu de l'habituelle distribution d'obus, ils nous offrirent double ration de pierres. Nous les avons entendu rouler sur la pente comme une cavalcade infernale, puis nous avons vu les premiers blocs, énormes, passer par-dessus la tranchée en tournoyant dans les airs comme des saltimbanques ivres.

C'est un grand malheur que d'être né sans aucun don pour le chant lyrique. Nous avons dû endurer le spectacle en courant en tous sens, comme pris au piège, en ne songeant plus qu'à éviter les pierres. Quand leurs provisions furent épuisées, les Autrichiens crièrent :

« Oh ! *Fertig* ! »

Comme ils ont pris soin de nous avertir qu'ils en ont fini pour ce soir, je peux aller faire un brin de causette au poste de commandement de la compagnie, qui était celui de l'ancien commandement autrichien. Il est situé un peu en avant de la ligne, sous la terre ; on y accède par un boyau dont l'entrée est creusée dans la montagne et qui s'enfonce dans la terre comme une galerie de taupe.

Cette grotte cubique est extrêmement confortable : nous pouvons y laisser la lumière allumée comme bon nous semble et, si elle n'était pas infestée par les poux, les rats et un goutte-à-goutte d'eau fangeuse qui se met à couler parfois au rythme d'une clepsydre, nous aurions l'impression d'habiter une chambre meublée dans une métropole proche du Vésuve.

J'y trouve aussi Dossena, allongé sur son tapis de vieux sacs, qui examine son tricot de laine avec une sévérité toute sacerdotale.

Nous nous entendons à merveille. C'est un type bien Dossena, et j'ai beaucoup d'estime pour lui. Il a une façon de prendre les événements qui nous met toujours de bonne humeur et il réussit à s'entourer de la sympathie et de l'affection paternelles de chacun de nous. Quand il nous parle d'aventures ou de femmes lointaines avec sa passion désintéressée, il nous fait penser à ces flibustiers portant panache et justaucorps parmi les haubans d'un navire corsaire, ou à ces troubadours qui improvisent des chansons d'amour sous les créneaux d'un château, avec une épée de deux mètres sur le flanc et un luth de trois mètres en bandoulière.

Mais quand il parle, il lui arrive souvent d'achopper sur quelque consonne obstructionniste : alors il s'arrête et conserve, sur ses lèvres et dans ses yeux, son habituel sourire transparent et mélancolique, comme devant une calamité sans remède.

« Attention aux virages ! » l'avertit Giubo, d'un ton affectueux.

– Quand Dossena commence à parler, on est tranquille jusqu'à demain ! » conclut Brocchetti, spécialiste en matière culinaire, et paraphrasant une plaisanterie éculée mais qui acquiert de nouveau quelque actualité : « Cocozza a mis du riz à cuire. Quand viendra demain, le riz sera cuit ».

Dossena accepte sereinement cette difficulté ; il n'est vraiment embarrassé que lorsqu'il doit parler à la troupe, et ces discours se concluent parfois précipitamment, de façon catastrophique. Ici, avec nous, quand il pressent qu'il ne pourra pas porter un raisonnement à son terme, il va chercher sa vieille guitare, et il s'accompagne d'un accord en sourdine qui saura combler les vides quand il devra franchir quelque passage difficile.

> *Je t'ai demandé : « Est-ce bien vrai*
> *que tu pars demain ? »*
> *Tu as tant pleuré ce matin !*
> *Et tu es partie loin de Naples,*
> *et tu es partie loin de moi !*

Dieu du ciel, comment peut-on ne pas chanter en napolitain quand on a une guitare sous la main et un souvenir de femme dans le cœur ?

Il est soucieux à présent parce que, hier dans la nuit, une patrouille autrichienne est tombée sur un petit poste et elle en a extirpé deux soldats qu'elle a transportés là-haut, de force. Il craint les sermons habituels des commandements.

« Moi, ces deux-là, je les proposerais plutôt pour la médaille d'argent », rouspète-t-il sans lever les yeux de son tricot grouillant d'insectes de toutes sortes. « Motif : ils ont tout mis en œuvre pour pénétrer dans les tranchées ennemies. »

Je viens m'installer à ses côtés ; j'ouvre les colis de provisions du mess et mastique un morceau de cette viande froide et suintante que l'on nous fait parvenir jusqu'ici.

« Chut ! Un 305 ! » annonce-t-il d'un coup à voix basse en tendant l'oreille et en regardant en l'air, comme s'il percevait le tournoiement infini du projectile.

C'est une de ses spécialités, cette capacité à percevoir, en plein silence, de fantastiques cortèges de 305 à l'approche, lui qui sait demeurer impassible sous les bombardements, tout en écrivant des lettres d'amour, sans que rien ni personne ne puisse l'en empêcher.

« D'ailleurs, continue-t-il en replongeant son visage dans son tricot de laine, des médailles, j'en ai vues qui étaient données dans des circonstances bien plus absurdes. Je me souviens d'un capitaine de ma compagnie qui se jetait à terre à chaque balle qui sifflait et y restait collé comme un timbre-poste : il avait toujours de la boue sur le nez. Un jour, il a été légèrement blessé par un éclat : toute une histoire. Il voulait que nous le ramenions en bas, nous tous réunis en procession. Il se contenta d'une escorte de deux brancardiers. Mais dès qu'il fut dans le boyau, qui n'était pas assez profond pour le faire disparaître entièrement de leur champ de vision, les Autrichiens commencèrent à tirer. Il rentra ventre à terre dans la tranchée, le souffle coupé et il y resta jusqu'au soir avec une fièvre à quarante. Eh bien, on l'a décoré pour n'avoir pas quitté sa position alors qu'il était blessé.

– Et notre Torricelli ? intervient Giubo. À Santa Maria, pendant la dernière attaque, ceux de son peloton s'étaient carapatés à Volzana en descendant toute la montagne à découvert comme de jeunes faons. Sauve-qui-peut général. Torricelli ne pouvait pas avancer d'un pas parce qu'il avait les pieds gelés : les renforts l'ont retrouvé sur place. Il est maintenant promu pour mérite de guerre, pour le même motif.

– Le capitaine A. aussi, renchérit Gallo, il pourrait aspirer à une promotion pour mérite de guerre, en raison de l'habilité tactique dont il a fait montre dans l'art de s'embusquer.

– Celui-là, en matière de trouille, c'est vraiment le plus fort.

– Dès qu'il arrive en première ligne, il ne se soucie que d'une chose, faire construire des latrines, parce que c'est le seul secteur qu'il aille inspecter avec une certaine fréquence.

– Il a déjà réussi à se faire proposer pour la médaille d'argent, assure Dossena.

– Lui !

– Mais puisque je te dis qu'il a gagné le record au cent mètres !

– C'est parce qu'on l'a laissé gagner ! disons-nous d'une seule voix.

– Il aura vite fait de trouver une citation : encerclé par six Autrichiens, il en tua neuf et fit tous les autres prisonniers.

– Quelle escroquerie !

– Eh, c'est sûr qu'elles ne sont pas toutes aussi méritées que celle de Dossena !

– Un moment, rectifie Dossena, cette médaille on ne me l'a pas donnée pour le Mzrli, pas du tout. Quand je suis allé placer les tubes sous les barbelés, on m'a refusé la permission ; mais quand j'ai été affecté temporairement au commandement de division, les choses ont changé. Un jour, le général m'ordonne d'aller en première ligne pour faire un rapport sur le moral de la troupe. Le moral, moi, je le connais sur le bout des doigts : au lieu d'aller en première ligne, je suis allé rendre une visite de courtoisie à Caporetto[1]. Puis, au retour, j'ai rapporté au général une inspection menée sous un bombardement apocalyptique : des obus par dizaines, par centaines, par milliers. Le général en avait les larmes aux yeux. Et il m'a proposé pour la médaille à la valeur. Mince alors, je ne m'y attendais pas, mais je ne pouvais tout de même pas annuler un bombardement comme celui-ci sans autorisation ; l'un dans l'autre, une injustice en chassant une autre, on se retrouve à égalité. Mais si j'étais resté au commandement de division, je suis sûr qu'à l'heure qu'il est, je serais fiancé avec la fille du général, j'aurais déjà reçu une autre médaille et je serais chevalier et capitaine d'état-major pour mérite de guerre, comme quelqu'un que je connais. Tous ceux qui réussissent à s'embusquer sont faits chevaliers pour mérite extraordinaire. Mais nous qui sommes affectés aux services ordinaires, on se fait avoir.

– Ainsi va le monde ! soupire Gallo qui a un goût immodéré pour les conclusions philosophiques de haute volée.

– Et cette grosse légume qui commandait la batterie anti-aérienne près de Udine ? Médaille d'argent parce que, avec ses tirs de canon, il avait presque touché un avion ennemi.

– Celui-là il sera même décoré de la médaille d'or, pour le courage dont il a fait preuve en portant sa médaille d'argent ! assène Dossena.

– C'est fou !

– À l'asile, j'en ai vu des choses qui ne manquaient pas d'humour non plus. »

---

1. Avant de donner son nom à la célèbre débâcle italienne d'octobre 1917, Caporetto (aujourd'hui Kobarid en Slovénie) était une importante ville de garnison à l'extrémité de la plaine du Frioul, sur la rive occidentale de l'Isonzo.

Maintenant Dossena nous conte quelques bonnes histoires qu'il a rapportées de l'asile de fous, lors d'une de ses missions à Udine.

« Il y en avait un qui s'était mis en tête de jouer les fous pour s'embusquer. On en trouve beaucoup qui ont recours à cet expédient, mais quelques-uns finissent par parvenir à leurs fins. Celui-là, par exemple, simulait la manie des moustiques : avec une constance héroïque il passait des journées entières debout sur son lit, en chemise, en brandissant son pot de chambre dans tous les sens pour chasser les moustiques. La nuit, quand quelqu'un faisait le fou pour de bon, il se cachait sous son lit pris de panique et priait tous les saints qu'on lui laisse la vie sauve. Cette obsession du pot de chambre était corroborée par le projet d'écrire une tragédie intitulée *Le Moustique parlant ou Lucifer tombé dans le vase de nuit.* Or, voilà qu'un jour le médecin mord à l'hameçon et le déclare inapte. En sortant de la salle d'observation, cet abruti croise un type vêtu d'une grande blouse blanche, qui a l'air d'un pensionnaire de l'hôpital et, saisi d'un irrésistible besoin de se confier, il le prend par le bras et lui déballe par le menu toute l'astuce et le succès de son entreprise.

» Capperi était tombé, je vous le donne en mille, sur le médecin-colonel qui l'expédia rejoindre son régiment dès le lendemain sur le San Michele, pour le faire devenir fou pour de bon. »

Les tirs nocturnes se chargent de ponctuer fidèlement nos bavardages de tranchées. Une grenade explose juste au-dessus de nos têtes, en faisant tomber des plaques de terre du plafond.

« Une nuit ou l'autre on va se faire enterrer là-dessous ! » rumine Giubo, en examinant les dégâts.

Dossena s'approche de moi et me propose avec un ton excessivement naturel :

« Toi qui écris pour les journaux, tu dois m'aider à arranger une lettre pour ma fiancée. Tu sais, il faut toujours être trois dans les affaires amoureuses ! »

Les filles ne seront jamais aussi belles que dans nos rêveries d'exclus, avec des yeux qu'on ne saurait imaginer et des bouches appétissantes à en pleurer.

Tout à coup, nous entendons du vacarme dehors.

« Que signifie tout ce grabuge ? » demande Dossena en sortant.

Des hommes transportent par le boyau sombre une forme indistincte, ils le déposent sur les planches, au milieu de l'abri.

C'est un Autrichien ; du sang coule de son ventre déchiré. Il ferme les yeux et râle d'un rythme égal et terrible. Je remarque que ses doigts sont enveloppés de bandages.

« On a entendu un bruit qui ressemblait à un bloc de pierre qui tombe, nous explique un soldat, on croyait que c'était un rocher, puis on a entendu une plainte et on s'est aperçu qu'il était tout près de nous, adossé contre le parapet de la tranchée, ce pauvre malheureux. Qui sait comment il a pu dégringoler jusqu'ici ! »

Peut-être est-ce un déserteur poursuivi par la fureur des siens, peut-être est-ce le protagoniste de quelque drame obscur et mystérieux. Le souffle de la mort pénètre dans les entrailles de ce malchanceux, en faisant trembler tout son corps sanguinolent.

Nous décidons de le porter en bas, au commandement, après quelques premiers soins : Sangiorgi le charge sur ses épaules et se met en route.

Dossena téléphone au commandement de bataillon pour annoncer l'arrivée imminente d'un prisonnier blessé : au bout de quelques instants, l'appareil envoie quelques borborygmes, Dossena discute longtemps puis il repose le microphone et me regarde comme pour s'excuser de ce qu'il avait à dire :

« J'ai pris une punition, parce que j'ai annoncé un prisonnier blessé et c'est un prisonnier mort qui est arrivé. Ça les a contrariés. Ils doivent lui avoir collé une punition à lui aussi parce qu'il a eu l'indélicatesse de mourir sans autorisation. »

Cuccuru est un jeune homme bien bâti, un Sarde, avec une tête fière vissée sur des épaules carrées, et des yeux vifs et perçants comme deux pointes noires.

Je l'avais désigné un jour pour être mon ordonnance, sans raison, simplement parce qu'il était sarde.

« Vous voulez que je sois votre ordonnance ? Vous êtes sûr ? »

Il est toujours alerte et enjoué, mais dans les circonstances graves, il perd la boussole.

« À vos ordres, mon lieutenant, je ferai de mon mieux. Mais si vous ne deviez pas être content de moi, mon lieutenant... »

Il avait achevé sa phrase d'un geste : tu t'en chercheras un autre.

« Mais je veux du bon travail !

– Pour sûr !

– Vous savez vous occuper du linge ?

– Pour sûr !

– Vous n'êtes sûr de rien ! Vous ne devez pas répondre comme ça, c'est compris ?

– Pour sûr... Je voulais dire, oui, mon lieutenant ! »

Il commença son service ce jour-là, avec un zèle assidu, craignant toujours de ne pas faire comme il faut, ou de ne pas en faire assez, uniquement préoccupé de lire dans mes yeux quelque signe de satisfaction ou de contrariété.

Il ne me quitte jamais. Il dort au pied de mon lit de camp, par terre, comme un chien fidèle. Pour plaisanter, je l'appelle Fido.

Au cours de nos interminables après-midis, pendant ces heures rythmées par les souvenirs qui défilent lentement, il reste assis dans un coin de l'abri, à mes côtés, sans rien dire : par l'expression de son visage, il prend la pose de circonstance. S'il me voit absorbé dans mes pensées, il essaie de me divertir par quelques questions timides ou n'importe quel autre prétexte infantile. Il me fait sourire, son inquiétude disparaît alors d'un seul coup et il sourit lui aussi comme pour me dire : je plaisante ! Dans les premiers temps, il était d'une extrême gaucherie, même s'il ne prenait aucune initiative sans avoir demandé auparavant l'avis et le concours de son ami Maggiore. Une fois, il essaya de m'ébouillanter les pieds dans mon sommeil pour me protéger, m'expliqua-t-il ensuite, des gelées nocturnes ; une autre fois, en voulant rapiécer ma veste, et soucieux d'accomplir rapidement cette besogne, il cousit veste, gilet et tricot dans un enchevêtrement de fils noués ensemble ; ou bien, il me détruisait l'estomac avec certains plats dans lesquels il tenait absolument à ajouter la première épice qui lui tombait sous la main.

Je reste patient parce qu'il est attaché à moi, avec cette dévotion qui est un trait infaillible de tous les Sardes. Il surprend mon exaspération parfois, quand il me fixe de son regard droit et intense, et il en reste mortifié pour toute la journée.

Il ne parle que rarement, et seulement lorsqu'il y est obligé. Maggiore est la seule personne qui lui porte un peu d'affection, la seule qui passe volontiers un peu de temps avec lui et qui comprenne ses manières rudes. Il n'a aucune famille. Il est parti à la guerre sans le réconfort d'un souvenir lointain, ni le secours d'une gentille pensée qui lui vienne du passé, de temps en temps.

Une seule fois, il m'a parlé par allusion, du bout des lèvres, d'un amour douloureux, d'un geste violent, d'une fuite.

« Par saint Éphise, belle, sa bouche !... Et son visage, si beau !... »

Ses yeux s'étaient emplis de paysages lointains et de mélancolie.

Au moment de la distribution du courrier dans la tranchée, il se mêle lui aussi à la cohue. Sait-on jamais !

Puis il retourne s'asseoir, à l'écart, il regarde les autres lire, faire des commentaires en feuilletant leur courrier, et tandis qu'il les observe longuement, un impossible désir le dévore.

Dans les premiers temps, je lui demandais s'il avait reçu des nouvelles, il rougissait et répondait de façon évasive, quelques mots maladroits : il avait honte de ne pas avoir quelqu'un qui lui écrive.

Un jour, il est entré après la distribution du courrier dans mon abri, une lettre à la main, dénichée je ne sais où. Il s'est assis devant moi pour la lire. Il a fini par m'avouer qu'il ne savait pas lire.

Un matin, il vint me trouver, rayonnant, avec une enveloppe ornée d'une adresse kilométrique.

C'était une lettre pour lui : Cuccuru.

Le fourrier avait bien lu son nom : Cuccuru ! Il s'était d'abord senti gêné et n'avait pas osé la prendre. Il pensait que c'était une plaisanterie. Tout le monde avait ri.

« Mon lieutenant, voulez-vous bien me lire cette lettre ? »

Il buvait les mots sur mes lèvres, avec avidité.

C'était la lettre d'un soldat parti en permission.

Je lui demandai, remarquant sur son visage un signe de déception :

« Alors, tu n'es pas content ?

– Bien sûr.

– Que t'attendais-tu que je te lise ? »

Il devint triste et ne parla plus.

Il s'est attaché à moi et à tout notre matériel. Mon matériel est devenu « notre matériel ».

Il est content d'avoir quelque chose à conserver, un bagage de bohémien à surveiller, une petite habitation nomade qu'il considère un peu comme la sienne.

Il range immédiatement le désordre que je laisse derrière moi ; il nettoie, remet à sa place, prépare toute chose avec un soin méticuleux.

Quand la relève arrive, il charge son fardeau sur son dos et descend avant les autres. Il ne passe pas par le boyau, par crainte de tout salir à cause de la boue : il sort à découvert et marche sans se soucier des balles nocturnes, comme si la chose ne le concernait pas.

En bas, dans les villages détruits qui ne semblent plus qu'amas de ruines, il réussit toujours à trouver une chambre pour moi, à construire un lit de camp avec deux bouts de bois et un morceau de toile, à organiser avant mon arrivée un logement où toutes nos affaires trouvent une place quoi qu'il arrive, selon une disposition géométrique.

Quand je reviens en première ligne et que j'arrive harassé, haletant, couvert de boue jusqu'aux yeux, je trouve à chaque fois mon abri aussi ordonné qu'une vitrine. Il voit sur mon visage un signe de satisfaction qui le rend heureux.

Un jour que je me plaignais de n'avoir plus de cigarettes, seul antidote contre les désirs qui nous rongent sans relâche, il est sorti de mon abri sans rien dire.

« Où vas-tu ? »

Il est sorti sur le sentier découvert qui conduit aux baraquements, il a dégringolé de l'autre côté de la tranchée, aussitôt poursuivi par trois ou quatre coups de feu rageurs. Il est revenu une heure plus tard tout en sueur, dissimulant sous un mensonge l'imprudence dont il savait qu'elle lui aurait coûté une punition.

« Où es-tu allé, bougre d'andouille ?

– J'ai remonté la ligne pour trouver des cigarettes. Les voilà.

– Tu les as trouvées ici ?

– Pour sûr. »

Il avait répondu à mi-voix, en se mordant les lèvres, à cause de la réponse interdite.

Un soir, alors que je sortais pour mener une de ces patrouilles qui coûte toujours du sang et qui ne manque jamais de produire quelque catastrophe, je lui ordonnai de m'attendre à l'abri et de me préparer quelque chose.

Il me regarda avec anxiété. Il répondit :

« À vos ordres ! »

Je sortis avec mes hommes dans cet enchevêtrement de barbelés, de cadavres, et d'obus non explosés, qui recouvre d'une couche compacte tout le terrain, d'une tranchée à l'autre.

Nous sommes rentrés en courant, au beau milieu du fracas des explosions et sous une pluie de fusées. Je voulus, dès que je fus de retour, compter mes hommes ; il en manque toujours.

Diable, ce soir, j'en avais un de plus.

C'était une difficulté notable pour le compte rendu des pertes.

Je comptai à nouveau : un de plus.

L'obscurité ne me permettait pas de distinguer quoi que ce fût. Je pensai à quelque prisonnier volontaire. Je demandai à chacun son nom.

« Et toi, qui es-tu ?

– Cuccuru, mon lieutenant.

– Toi ! Mais que fais-tu là ?

– J'avais peur qu'il t'arrive quelque chose.

– Je vais te retirer la charge d'ordonnance.

– Oui, mon lieutenant.

– Tu es content.

– Non, mon lieutenant.

– Et là, qu'est-ce que tu as ?

– Rien.

– Fais-moi voir. Comment ça, rien ?

– Rien. Une égratignure de rien de tout. »

Ce n'est pas possible ! Il n'y a pas moyen de l'empêcher de me suivre !

Je ne peux que le laisser faire, ou bien le ligoter à un piquet à barbelés, parce que c'est un Sarde et qu'il est fait ainsi.

Quand son service d'ordonnance lui laisse quelque liberté, il se met à explorer la tranchée, sans se soucier des passages découverts et des tirs qui le prennent pour cible. Il ne pense qu'à dénicher des fusils autrichiens, dont on peut tirer un bon prix.

Contre le bord de la tranchée, un tireur était couché sur son fusil. Il avait été foudroyé au moment même où il tirait et était resté pétrifié dans sa dernière pose de vivant.

Il était là depuis longtemps ; il avait l'air menaçant.

Cuccuru en avait peur et il s'était mis en tête de s'emparer de ce fusil, dont la vue lui tapait sur les nerfs.

Il finit par sortir de la tranchée un soir, entre chien et loup, pour désarmer le cadavre. En rampant comme un lézard d'une pierre à l'autre, il s'approcha de lui très prudemment ; il arriva tout près, tendit la main pour saisir le canon du fusil et le tira à soi.

Les doigts du mort, figés sur la gâchette, firent partir un coup dont il sentit l'explosion sur son visage et qui lui brûla une mèche de cheveux.

Mais Cuccuru ne se soucie pas du risque ; il en tire au contraire une vigueur mousquetaire et virile, sans le moindre trait de jactance, qui l'illumine d'un sourire serein.

Durant les patrouilles nocturnes, j'ai trouvé la façon de le forcer à se taire et à être prudent.

Une nuit, il entendit s'élever de la tranchée autrichienne, alors qu'il faisait le guet derrière les barbelés, un accord de mandoline accompagné de murmures. Il vint me dire :

« Mon lieutenant, les Autrichiens se moquent de nous, ils chantent.

– Ah !

– Il se la coulent douce, eux. Et nous, alors ? »

Il sortit. Je ne parvins pas à savoir où il était.

Il revint le souffle coupé, une guitare sous le bras, enveloppée dans un sac.

« Mais où es-tu allé fourrer ton nez ?

– Aux baraquements, mon lieutenant.

– Qu'est-ce que tu as, là ?

– C'est une guitare pour toi. Les Autrichiens chantent, on va les accompagner.

– Tu es content de toi ? Et si tu avais rencontré quelqu'un ?

– J'ai rencontré le colonel dans le boyau.

– Ah bon ?!

– Oui, mon lieutenant.

– Avec ton paquet ?

– Pour sûr.

– Et il ne t'a rien demandé ?

– Si, mon lieutenant. Il m'a demandé ce que c'était.

– Bon sang !

– J'ai trouvé un prétexte. Je lui ai dit que c'était un jambon. Il n'a pas voulu me croire.

– Je pense bien ! Un jambon !

– Et puis il a éclaté de rire et il est parti. »

À présent, il passe son temps à chanter. Tous les soirs, tandis que le feu quotidien des canons répand encore mélodies et rugissements dans l'immensité du couchant, il sort de mon abri avec sa guitare désaccordée, et s'en va fredonner doucement ses cantilènes sauvages et tristes, empreintes de modulations pareilles au rythme d'un théorbe, d'où coulent, depuis d'insondables lointains, des flots de mélancolie, comme des fioles de poison.

> *Joli petit soldat d'où viens-tu ?*
> *D'où viens-tu,*
> *oh petit soldat,*
> *avec ce visage*
> *maintenant si pâle ?*

Il reste parfois jusque tard dans la nuit, sous le ciel chargé d'étoiles, au milieu des fausses notes âpres et impérieuses des coups de fusil.

On dirait qu'il chante sans rien entendre, enivré par les arômes de sa terre lointaine, l'âme égarée sous ces longues cadences ; il demeure ainsi, accompagnant le dernier accord de ses paupières mi-closes, pris par je ne sais quelles pensées, comme s'il attendait que son âme revienne habiter son cœur.

Il chante :

> *San Michele, San Michele,*
> *c'est toute ma vie que tu as trahie,*
> *car j'ai quitté mon amoureuse,*
> *pour venir te conquérir.*

Quelque chose apparaît devant lui, j'en suis sûr, sans contours bien définis, et emplit son esprit comme d'une brume légère pardessus les restes d'un naufrage.

Il ne chante plus.

Il reste là à marmonner des paroles sans queue ni tête.

Ses camarades, en riant, lui jettent des écorces de citron.

Alors il se lève, et après maintes révérences, il rentre dans son refuge, sa guitare sous le bras, absorbé dans ses pensées. Il est fou !

Ils sont assis là, en face de moi.

Tout le ciel n'est qu'un incendie qui s'étend de nuage en nuage.

Maggiore est joyeux et bavard : il a obtenu sa permission ! La joie brille sur son visage aussi rond qu'une tirelire, avec pour fente une bouche qui semble attendre qu'on y glisse deux sous. Sa tignasse d'étoupe dégouline sur son visage pour cacher une cicatrice qui a l'air de saigner encore.

Il a reçu un coup à bout portant au cours d'une action de nuit, par traîtrise, comme il dit : ce souvenir voile encore son regard, comme le sang, cette nuit-là, qui coulait de sa blessure.

Il a guéri miraculeusement parce que, dit-il, sa maman a déposé un baiser sur son front déchiqueté, mais tout doucement, pour ne pas lui faire mal.

On le croirait rembourré de chiffons. Mais il a deux yeux inondés de soleil et il est vif et fort, comme les chansons des vallées lombardes qu'il porte dans son cœur.

Ils sont toujours ensemble. Chacun parle à sa façon, et quand ils ne se comprennent pas, ils remplacent les mots par des gestes.

Les grondements se font de plus en plus rares.

Cuccuru écoute son ami, un peu pensif.

« Et toi, quand pars-tu en permission ?

– Aucune idée !

– Tu n'as pas envie ?

– Bah ! »

Maggiore parle de sa région, des personnes qui l'attendent. Il lit une lettre de sa mère. Il y a même, à la fin, des salutations pour Cuccuru.

Mais Cuccuru est taciturne, renfrogné, ce soir. Peut-être sent-il flotter, à travers le printemps vibrant de bonheur et d'énergie, le souvenir de ses ravins sauvages. Il regarde les nuages qui s'enroulent à l'horizon, et s'effilochent sur les cimes lointaines.

« Qu'est-ce que tu as, dis ?

– Je n'ai rien.

– À quoi penses-tu ?

– À rien.

– Pourquoi tu ne dis rien ?

– Sais pas ! »

Au fond de la plaine, l'Isonzo fait miroiter un trait de lumière. On dirait qu'un formidable artiste a trempé son pinceau dans cette veine serpentine pour orner le ciel de nuages bizarres.

« T'as qu'à parler, toi ! »

Maggiore imagine la scène de son arrivée en permission, élabore des projets, s'enflamme : là, derrière la haie du jardin, de nuit, avec une lune comme une tranche de melon, avec son Agnese...

L'obscurité remonte des conques. Elle commence à déborder sur les hauteurs et au-delà. Les dernières lueurs s'attardent sur les cimes comme sur de grands tas de charbon.

« Toi, t'es jamais allé en permission ? fait Maggiore.

– Non.

– T'as plus ta maman ? »

Cuccuru ne répond pas. Il se lève et regarde au loin, parce que ses yeux se sont emplis de larmes.

Ce soir, ils veulent vraiment nous mettre en colère ! Ça a commencé dès que le jour a baissé. Toutes les deux minutes, une grenade. Zut alors !

Il tombe une pluie fine, monotone, infiniment triste.

Je suis avec Cuccuru dans mon abri inondé d'eau.

On a toujours l'impression qu'elles tombent juste là, à deux pas de nous, ces marmites : nous nous jetons à terre, en atten- dant que la mèche ait fini de se consumer et que le maudit engin explose enfin. C'est qu'ils y accrochent une mèche interminable ces bandits !

L'attente se prolonge, rythmée par chacune de nos respirations.

« Elle n'explosera pas celle-ci, la mèche s'est éteinte, mon lieutenant.

– Tais-toi ! »

Le choc nous contracte les nerfs, les sacs de terre tombent sur nous.

« Pas de mal ?

– Tu parles ! »

Nous remettons les sacs en place, en attendant la prochaine grenade.

De temps en temps, Cuccuru sort, il remonte toute la ligne au pas de course entre les fusils, les casques et les caisses de munitions, s'enfonçant dans la boue jusqu'à la cheville, poursuivi par les imprécations des soldats rudoyés par cette incursion effrénée.

« Deux autres blessés, mon lieutenant. »

Quand cela va-t-il finir ?

« Où vas-tu encore ? demandé-je à Cuccuru qui s'apprête à sortir de nouveau.

– Je vais retrouver Maggiore qui fait son quart aux petits postes. »

Je sors à mon tour peu après lui. On marche au hasard dans l'obscurité, en tombant à plusieurs reprises dans la boue profonde, sous la pluie violente et la menace des coups intermittents : il y a dans l'air de sinistres effluves de putréfaction.

Le long de la ligne, les sentinelles sont alignées, pareilles à un cortège d'ombres. Il y a là un forcené, qui ne sait plus où donner de la tête et qui crie :

« Qu'est-ce que tu as, toi ?

– Je l'ai eu mon lieutenant !

– Un prisonnier ?

– Un rat, un rat gros comme ça, le voilà », me fait-il en me montrant une saucisse qui oscille comme un pendule.

Maintenant c'est le tour des grenades : elles éclatent par surprise ici et là sur le bord de la tranchée, au niveau des petits postes. Dehors les soldats veillent, deux par deux, sous le dais de leur tente, comme des animaux amphibies sous des champignons gigantesques.

« Qui va là !

– Rome.

– Roméo ! Passez !

– Du nouveau ?

– Rien de nouveau. Ça tire.

– Mauvais signe. Ouvrez l'œil, hein ?

– N'ayez crainte, mon lieutenant. »

Je reste là. La pluie de grenades fait rage : peut-être qu'un lanceur s'est posté hors de la tranchée, derrière un abri.

Je fais lancer une fusée ; j'observe. Des branches tournoient dans le souffle d'une explosion et semblent vouloir nous attaquer.

Là-bas au fond, on dirait qu'il se passe quelque chose.

J'empoigne un fusil, je fais lancer une autre fusée.

« Ah ! Je le vois ! »

Je tire et j'observe sans bouger. Il est tombé.

« Et d'un ! »

Une des sentinelles s'affaisse sur son fusil, d'un seul coup, sans une plainte.

Une sourde fureur m'agite, chassant de mon cœur toute pitié face à l'invocation désespérée que j'entends au-dessus de moi :

« *Mutter* ! *Mutter* ! »

Celui que je viens de toucher est en train de pleurer, désespérément. La pluie ajoute ses sanglots à toute cette souffrance.

« Mon lieutenant, écoutez comme ça chante là-bas ! Il doit y avoir d'autres lanceurs de grenades de ce côté. »

On entend là-bas, du côté où hurle le blessé, un bruit de pas précipités.

« Attends. Envoie une fusée. »

Je vois une ombre qui s'agite frénétiquement, indistincte : j'ai mon fusil en joue.

« Et de deux ! »

Cuccuru, me raconte Maggiore, était avec lui.

Ils se tenaient accroupis l'un près de l'autre, en silence.

Ils ont entendu soudain, près d'eux, une plainte. Le blessé, frappé par le premier coup de feu appelait ; on avait l'impression qu'il pleurait.

« *Mutter* ! *Mutter* !

— Tu entends ? avait demandé Cuccuru.

— Il doit être blessé. Bien fait pour lui.

— Il est sans doute venu ici pour lancer des grenades, comme d'habitude.

— Et il a été blessé.

— Il est tout près d'ici, il crie. Le voilà là-bas !

— Bien fait pour lui.

– Mais que dit-il ?

– T'entends pas ? *Mutter*.

– Qu'est-ce que ça veut dire *Mutter* ?

– Ça doit être un juron allemand.

– *Mutter*, ça veut dire maman en allemand », avait expliqué l'autre sentinelle qui avait l'air sûre d'elle.

Ils avaient replongé dans la boue. Dans les intervalles silencieux, il y avait cette voix, rien que cette voix, sa plainte indicible :

« *Mutter* ! *Mutter* ! »

Cuccuru avait continué :

« Il appelle sa mère.

– Eh oui, mais elle est bien loin sans doute.

– C'est un autre *Kamerad*, celui-là.

– Lui aussi, il se l'est bien méritée sa balle... Et puis ça aurait pu m'arriver à moi.

– C'est sûr, et cette balle n'y est pour rien.

– Qu'est-ce qu'on peut y faire ?

– Peut-être qu'il n'est pas gravement blessé.

– Mais il va perdre tout son sang et mourir ici. Qui ira le chercher maintenant ?

– Moi, j'y vais.

– Tu es fou.

– Il n'y a que deux enjambées à faire...

– Tu veux te faire tuer ? Reste ici, imbécile ! »

Cuccuru avait sauté dehors, plié en deux, sans répondre, et il avait reçu la deuxième balle que j'avais tirée.

Ils le transportèrent jusqu'à mon abri, la tête brisée, il ne parlait presque plus.

Quand il a su, il a levé vers moi ses yeux brillants, sans regrets. Il a dit :

« De toute façon, qu'est-ce que ça peut bien faire ? »

Avant de se laisser emmener, il appela d'un geste Maggiore, il lui fit signe de s'approcher de son visage. Ensuite, il me baisa la main.

« Au revoir, mon lieutenant, au revoir ! »

Je suivis la bannière pendant un long moment. Les quatre hommes devant, avec leur chargement qui se balançait d'un côté et de l'autre, et moi derrière. Tous baissaient la tête, silencieux, marchant dans le boyau sombre qui semblait descendre tout droit à une sépulture.

On parlait depuis longtemps de cette attaque. Le moment est arrivé.

Elle n'est pas pour nous. Ce sont les Alpins qui mèneront l'attaque contre le sommet et le 4ᵉ bataillon contre l'Éperon du Mzrli qui balaie de son œil mauvais toute la vallée.

Ça va être dur, surtout pour les Alpins. Plusieurs attaques ont déjà échoué contre ces nids d'aigle. Mais à présent, avec les renforts de l'artillerie, on pourra peut-être arriver jusqu'à l'Éperon.

Il règne parmi les troupes du secteur un état de tension extrême et silencieuse, une sensation de cauchemar : ceux du 4ᵉ bataillon, agglutinés dans l'attente, ressemblent à une masse de déportés. Ils savent qu'ils vont devoir exposer leur peau face à des tranchées bourrées de mitrailleuses, installées au sommet de pentes parfaitement lisses, protégées par le feu d'enfilade du pain de sucre. On sait bien comment ça se passe. Aucune illusion ne peut tempérer la noirceur de l'événement.

Même les officiers sont soucieux. Je suis allé au mess avec eux, tout à l'heure. Tous étaient pâles, en proie à de muettes réflexions ; aucun ne pouvait le dissimuler. Leurs visages étaient creusés, et leurs mâchoires serrées trahissaient comme un effort. On devinait, sous leur masque calme et triste, leur résignation, leur lucidité, les signes d'un adieu.

On n'a pas fait bombance, comme à l'ordinaire ; tout le monde est parti plus tôt que d'habitude, comme si chacun avait besoin de rester seul avec soi-même. On s'est échangé quelques regards, tout en sachant que peu d'entre nous se retrouverait là encore ce soir.

Tandis que je m'attardais à la porte du commandement de bataillon, j'ai vu passer une corvée chargée de paniers insolites, d'où émergeait le col doré de plusieurs bouteilles de champagne.

J'ai demandé au porteur ce qu'était cette marchandise.

« Les provisions du général, m'a confié le soldat. Il s'est choisi un abri creusé dans la roche et il suivra de là le déroulement des opérations. Ensuite, quand la tranchée autrichienne sera prise, ils porteront un toast pour fêter l'événement. »

C'est vraiment une belle idée de trinquer au champagne face au spectacle d'un champ de bataille qui ruisselle de sang.

Le porteur repart avec ses hottes pleines, en chantonnant :

> *Pour marcher à l'assaut,*
> *Il faut mettre un pas devant l'autre ;*
> *comme on est bien derrière le rocher*
> *à regarder tous les autres marcher.*

Les artilleurs ont ouvert le feu simultanément depuis le Kovačič ; ils ont fait résonner toute la vallée. La tranchée autrichienne, qui couronne la montagne et dont les dentelles et les trous de meurtrières se découpent dans le ciel, s'est mise à éructer comme une terre volcanique sous la force des coups. D'énormes fontaines de terre jaillissent par magie de cette longue plaie qui écorche le terrain, ouvrant par endroits des trous béants face au ciel.

Là-haut, depuis la Lunette, on a vu projeter dans les airs, dans la déflagration d'une explosion, un météore rouge sang : un tronc humain est retombé lourdement sur les sacs de notre tranchée et il est resté planté tout droit sur le parapet comme un monument macabre.

La terre entière semble vaciller, secouée de violentes déchirures. L'atmosphère est traversée de souffles, semblables à des rafales de vent.

Les Alpins ont commencé leur action sur le front supérieur de la Lunette. Mais, dès qu'ils ont tenté de sortir du bastion rocheux qui entoure le sommet à la manière d'une gigantesque couronne, en file indienne, par un passage pratiqué entre les sacs, on a entendu des coups de feu isolés : probablement une sentinelle cachée dans ce désert de cailloux. À chaque tir, un Alpin s'effondrait sous nos barbelés. Ils sont tous tombés l'un après l'autre dans ce goulot qui, en très peu de temps, fut obstrué par un aggloméré humain.

Il faut parcourir une pente de deux cents mètres pour arriver là-haut. Un plan vertical, droit comme un miroir de cheminée, et on ne peut même pas franchir la courte haie qui borde notre tranchée. Après avoir donné l'ordre d'interrompre cette première tentative, le commandant des Alpins, un major à l'allure et aux manières non dépourvues de noblesse, pâle, taciturne, sévère comme un ascète, a rapporté au commandement les caractéristiques du terrain et l'impossibilité de poursuivre l'opération. Le commandement, par téléphone, demanda à combien s'élevaient les pertes.

« Une trentaine d'hommes, répondit-il.

– Que l'on reprenne l'opération », ordonna-t-on aussitôt.

Trente hommes, c'est un chiffre trop misérable pour fournir la preuve qu'un assaut ne peut être mené.

L'opération fut à nouveau tentée, à partir de plusieurs passages, en masse.

Une mitrailleuse a commencé à se faire entendre là-haut, au niveau des abris creusés dans la muraille rocheuse.

Mais les Alpins, à quatre pattes, ont continué à sortir de la tranchée, impassibles. Il faut y aller, tels sont les ordres, chacun son tour : il n'y a donc plus rien à dire.

« On suspend l'opération ! » a de nouveau ordonné le major. Et il a de nouveau décroché son téléphone.

Après un conciliabule difficile, on le vit jeter le combiné et sortir du réduit. Il dit à son adjudant, d'un ton paisible, ces quelques mots graves et tristes :

« J'y vais. C'est le seul moyen pour faire cesser l'assaut. »

Il s'élança. Seul. Au premier coup de feu, il s'effondra pardessus le tas de ses Alpins.

Là-haut, on suspendit l'opération.

On a de nouveau tenté l'attaque préparatoire le long des flancs de la Lunette, avec un détachement d'infanterie aux ordres d'un capitaine, que j'avais déjà connu à Bosco Cappuccio : une espèce de gorille, à la voix colérique et stridente comme un raclement de lame.

Il s'est posté près du passage avec un pistolet au poing : il a fait sortir tous ses hommes un à un, en les menaçant.

Cette fois encore, chaque homme qui se jetait dehors était accueilli par une rafale tirée depuis la tranchée ennemie ; c'était comme une grosse pierre qu'on entendait rouler le long de la pente.

Le capitaine ne s'en souciait guère. Il n'était pas concerné puisqu'il devait diriger l'opération : il faisait sortir les soldats en pointant son revolver sous le nez de ceux qui hésitaient.

Au moment de s'élancer, un soldat lui dit :

« Je sors. Mais vous, mon capitaine, vous m'aurez fait tuer pour rien. »

J'ai descendu le boyau à toutes jambes pour rejoindre ma tranchée et mes soldats.

En passant devant le commandement de bataillon, j'ai vu le général courir à se rompre le cou le long du sentier qui descend aux baraquements situés un peu plus bas, suivi à quelque distance par son homme de corvée, chargé de paniers jusqu'à la tête.

« Un obus est tombé sur l'entrée de la grotte et a tué l'officier des bombardes, me dit le porteur de tout à l'heure. Ça sent le roussi. On a préféré déménager. »

Au-dessous de moi, la tranchée de barrage fait face à l'éperon et à la crête contre lesquels se déploie en ce moment l'attaque décisive ; entre les lignes adverses se creuse le vallonnement qui n'est en réalité qu'un torrent de terre et de cailloux épousant comme une tuile la pente du ravin ouvert sur Volarje. À partir de nos positions, l'attaque doit franchir cette cuvette et escalader la crête qui se dresse face au ciel.

Les positions ennemies semblent désertes après le cataclysme qui vient de se déchaîner. Personne ne semble avoir survécu dans cette dévastation muette.

Sous l'énorme masse rocheuse qui nous surplombe, la troupe attend ; les soldats se tiennent groupés. Leur attente a quelque chose de profond et de solennel. Une estafette revient du poste de commandement, en courant le long du sentier. Un frisson parcourt la masse d'hommes tout entière, comme une brise sur un champ d'herbes hautes.

« On y est ! » murmure un soldat qui se dresse sur la pointe des pieds et allonge le cou pour mieux observer le sergent qui déplie un feuillet sous son nez.

« L'ordre d'attaque est annulé ! » crie une voix tout à coup. Tous se retournent, cherchant d'où vient la voix inconnue.

« L'ordre est annulé, confirme un autre.

– Qui a dit ça ?

– Sais pas... Quelqu'un. C'est ce qu'on raconte.

– Mais qu'est-ce tu dis ? C'est impossible.

– Taisez-vous ! »

Le sergent dit quelques mots à son adjudant, puis fait signe aux officiers. On y va.

Les commandants de bataillon courent dans tous les sens, donnant du coude, distribuant des ordres et des consignes. La troupe s'ébranle sous une ramée de fusils, dans un ondoiement de dos courbés.

Les premiers détachements commencent à se mettre en marche le long de ma tranchée, en direction des brèches ouvertes pendant la nuit.

J'observe les hommes qui défilent devant moi, graves, sombres, le regard baissé, tel le cortège d'une procession.

L'œil collé à la meurtrière, je vois le long chapelet d'hommes, qui se déploie le long du sentier remontant lentement vers la crête.

Jusqu'à maintenant, depuis la tranchée pulvérisée, pas un seul coup n'a été tiré ; l'artillerie aussi reste muette. Ce silence absurde pèse comme un cauchemar.

Les hommes avancent presque en ligne, à quatre pattes, en rampant comme une multitude de reptiles aux aguets ; à présent, ils sont presque arrivés sous les rouleaux de barbelés, aussi enchevêtrés que des buissons de ronces déracinées. Ils ralentissent. Puis ce ruban humain s'arrête net, comme pris dans la glu.

« Mon Dieu ! Qu'est-ce qu'ils font ? Pourquoi s'arrêtent-ils » hurle le capitaine à la voix stridente et rageuse, venu jusqu'ici pour profiter du spectacle.

Je le vois qui saisit un fusil et se plaque contre un terre-plein constitué de sacs.

Il se met à tirer. Contre qui ?

Je me rappelle l'avoir entendu parler souvent, en prenant des airs, de son habilité à tirer ; il se vantait de passer ses heures de repos à faire des concours de tir et des paris avec ses camarades.

Je ne sais pour quelle raison, j'ai la certitude qu'il est en train de tirer sur ces cibles humaines accrochées là-haut, et qu'il expérimente l'efficacité de son infaillible fusil.

Le lieutenant-colonel qui commande le bataillon arrive tout en sueur, comme s'il était poursuivi par un homme qui voudrait l'étriper.

Il se colle contre une meurtrière, tout à côté de moi, et se met à scruter le terrain de son œil d'aigle.

La ligne d'en face est immobile. On voit un homme qui se détache du sol et qui rampe à quatre pattes le long des barbelés à la recherche d'un passage.

Des coups de feu éclatent tout à coup, en plusieurs endroits de cet amoncellement de ruines : une mitrailleuse égrène ses coups, par saccades, dans le silence. Alors, comme surgi des entrailles de la terre, courant depuis le sommet de la crête qui se découpe nettement dans le ciel limpide, un flot d'hommes se déverse le long de l'arête rocheuse, telle une soudaine apparition de spectres.

Ils s'essaiment le long de toute la ligne : les uns plongent derrière les sacs empilés, comme dévorés par des pièges, les autres, debout, lancent des grenades sur les attaquants d'un geste rapide.

Je me mets à tirer contre ces silhouettes dressées : j'en aperçois trois sur une ruine, qui s'agitent comme sur un bûcher ardent ; mais à cause de la précipitation et de la fébrilité extrême, mon fusil tremble entre mes mains, et les trois silhouettes sont toujours là, imperturbables, qui s'acharnent sur les nôtres.

C'est à ce moment que notre ligne cède. Les premiers soldats touchés commencent à dévaler la pente, ils roulent comme les perles d'un collier cassé. Puis ce long ruban d'hommes se défait peu à peu et se met à craquer morceau par morceau, à dégringoler comme un long éboulis de cailloux.

Je vois passer au fond du vallon, glissant dans le précipice comme de longues coulées de terre, des grappes de membres, qui tombent en continu, attirées par l'abîme.

Je continue à tirer des coups de feu contre l'unique survivant des trois là-haut, qui ne veut pas décamper.

Le lieutenant-colonel, recroquevillé contre la meurtrière voisine, me regarde alors de ses yeux atterrés et me crie :

« Arrêtez, bon sang, ils vont s'en prendre à nous. »

Les survivants rentrent par petits groupes, hagards, ne comprenant pas encore comment ils ont pu sortir de l'enfer.

Virtuani est blessé ; il s'en va à cloche-pied, pressant contre ses lèvres une petite médaille qu'il tient accrochée à son cou.

Deux soldats remontent en traînant le long du boyau un autre blessé.

« C'est grave ? » demandé-je à l'un des porteurs.

Celui-ci dépose son fardeau à terre en haussant les épaules et se penche pour regarder sous la toile de tente : j'aperçois dans la pénombre un visage de cire aux yeux scellés.

« Il doit être mort », me dit le soldat.

Le mort entrouvre à peine les paupières et dit, d'une voix d'outre-tombe :

« Va au diable ! »

Un groupe de fuyards s'arrête devant mon réduit.

« Quelle boucherie, fait l'un d'eux.

— Je ne sais pas comment j'ai pu m'en tirer.

— Ils y sont tous restés, ou bien ils sont tombés au fond du ravin.

— Une pagaille pareille, j'avais jamais vu ça.

— Vous avez des nouvelles de Brugnolin ?

— Moi, je ne sais rien.

— Il doit être mort, lui aussi.

— Et les blessés, qui va les chercher ?

— Stratta est mort lui aussi.

— Oui, je l'ai vu, pauvre gars.

— Il m'a donné son portefeuille avant de mourir.

— C'est moi qui lui ai pris, son portefeuille !

— Mais pas du tout, le voilà !

— Mon Dieu, mais ça veut dire qu'ils sont morts tous les deux ! » intervient un autre.

C'étaient deux frères, morts au même instant, sans doute.

Un autre blessé arrive, sur le dos d'un soldat ; sa plainte ressemble à un chant de lamentation arabe, il balance la tête sans arrêt, en essayant de se libérer par de soudains soubresauts. Il a été atteint, au moment où il rentrait, par un éclat tranchant comme un silex qui lui a brisé l'épaule.

Je demande qu'on le dépose à terre, en attendant que Sangiorgi revienne avec la trousse de secours : en quelques instants, l'endroit où il a été déposé se transforme en une flaque de sang. Soudain, le blessé se lève sur ses coudes et hurle : « Si j'entends encore quelqu'un crier "Vive la guerre" !... »

Puis il s'écroule à terre, sur ses haillons imprégnés de sang.

« Oh oui, vive la guerre !... » halète-t-il, avec le regard furieux d'une bête qui essaie en vain de bondir à nouveau.

Sangiorgi arrive en courant et soulève le blessé, en tentant de lui appliquer des pansements qui, immédiatement, s'auréolent de sang.

« Vive la guerre ! »

Il délire. Son agonie est tout entière suspendue à ces mots, qu'il répète invariablement comme les phrases insensées d'un homme en proie à une hallucination, avec le désespoir du dernier cri d'un naufragé.

Le lieutenant-colonel débouche de la tranchée et s'approche. Il observe le blessé en s'appuyant de ses deux mains sur ses genoux.

« Vive la guerre !... » crie encore le mourant.

Puis il s'écroule d'un seul coup, et demeure immobile.

« Il est mort ! » marmonne Sangiorgi, après un instant.

Le lieutenant-colonel se redresse et dit :

« Il est mort en héros, en criant "Vive la guerre !" »

Il est rentré tard dans la soirée, en dégringolant au bas du parapet.

« Encore un qui revient », m'ont averti les soldats.

D'abord, il n'a rien voulu répondre. Il s'est écroulé sur les sacs, la tête entre ses poings fermés, jusqu'à ce que ses poumons puissent avaler à nouveau un peu d'air.

« Je n'ai pas pu me tirer de là avant, a-t-il raconté ensuite. À la première rafale de mitrailleuse, je me suis jeté à terre, comme mort, près des barbelés. J'étais trop près pour pouvoir m'enfuir. J'ai fait semblant d'être mort. Mais à côté de moi, il y en avait un qui était en train de mourir pour de bon et qui à force de se démener a fini couché de tout son long sur moi. Mais lui, il continuait à s'agiter, bon sang, et les Autrichiens, eux, ils continuaient à lui tirer dessus ; et ils tiraient donc en même temps sur moi. J'ai essayé de le calmer. Rien à faire, on aurait dit la queue d'une couleuvre. Cela a duré quelque temps. Les balles pleuvaient autour de moi, je m'attendais à être touché d'un instant à l'autre. Il a fini par mourir le malheureux, et comme ils nous croyaient achevés tous les deux, les Autrichiens ont cessé de tirer. Je suis resté comme ça jusqu'à maintenant, avec ce cadavre sur le dos, comme un sac. Je ne pouvais vraiment pas faire un geste. Ensuite, dès qu'il a fait suffisamment noir, j'ai essayé de me lever, très lentement. Mais lui il s'est mis à rouler en même temps que moi, le long de la pente, comme s'il ne voulait pas me laisser partir ni rester tout seul là-haut. Quand je me suis retiré tout entier, il a chuté au fond du vallon, en faisant un vacarme du diable. Les Autrichiens se sont mis à tirer, mais j'étais maintenant hors de danger et je m'en suis tiré tout seul. »

Un petit groupe d'ombres silencieuses vient d'arriver dans ma tranchée. Elles se sont mises à converser en secret, comme une confrérie d'astrologues, tout en scrutant la nuit derrière une meurtrière.

Puis une voix m'a appelé.

« Il faut que tu ailles demain matin à l'aube conduire une attaque contre l'Éperon du Mzrli, mais il s'agit uniquement d'une opération de diversion. L'assaut véritable sera mené contre l'Éperon du Vodil, étant donné que ça s'est mal passé aujourd'hui. »

J'ai fait venir dans mon réduit les commandants de peloton, les sergents Piccinini et Duccoli et le caporal-chef Rossetti pour nous accorder sur la façon de procéder.

Grâce à Dieu, on ne nous a pas remis d'ordres détaillés ; aussi avons-nous les mains libres pour décider de la marche à suivre. Il sera donc peut-être possible d'éviter un désastre.

Nous avons décidé de sortir à la faveur de la nuit, et de nous trouver sur place dès l'aube, afin d'éviter une approche à découvert sous l'œil carré des meurtrières ennemies.

J'ai tenu le commandement informé de toute l'opération.

Les étoiles commencent à se voiler, enchâssées dans un métal opaque.

Je passe parmi les soldats qui s'affairent en silence, occupés aux préparatifs et aux dernières vérifications. L'un d'eux, dans un coin, essaie de rassembler quelques mots hâtifs, sur une carte en franchise, qu'il éclaire du faisceau de sa lampe de poche, insensible aux innombrables claques et coups de pied.

« On y va ? demandé-je au sergent Piccinini, qui a connu l'enfer du San Michele et s'en est tiré sans une égratignure. Allez, mon gars, aujourd'hui aussi tout se passera bien. Comme toujours !

– Eh, mon lieutenant, je sais bien qu'un jour ou l'autre... On ne peut tout de même pas s'en sortir à chaque fois ! » Il sourit, ce fier et rude Romagnol, avec la modération qu'il met dans tout ce qu'il fait, tout en esquissant un geste qu'il n'achève pas.

Le vieux Duccoli, bouillonnant et bavard, se campe alors devant moi et, sans préambule d'aucune sorte, dans son dialecte rehaussé d'accents exotiques, me déclare :

« Mon lieutenant, moi cette fois-ci je veux la décrocher ma médaille. Je suis un volontaire, après tout, non ? Et un volontaire qui rentre chez lui sans rien sur la poitrine, il passe pour un imbécile. »

Il a lissé de ses doigts ses moustaches de mousquetaire, qui pendent de chaque côté de sa bouche comme deux traits tracés au charbon, et a ajusté son casque sur l'oreille, comme il en a l'habitude dans les moments graves.

Le caporal-major Rossetti s'en moque, lui, du moment que sa pipe reste allumée.

Il passe en revue son troupeau de palmipèdes, donnant du bâton sur tous les casques qui se présentent :

« Allez les gars, j' veux plus voir ces trognes, que diable ! »

En corvée, en patrouille, à l'unisson des chœurs de seconde ligne ou en renfort des soûleries de l'arrière, il conserve toujours la bobine pacifique et optimiste de quelqu'un qui compte sur le concours avisé de la providence.

« Allez, on relève la tête ! »

À ce moment arrive une estafette.

« Mon lieutenant, le colonel l'attend au commandement de bataillon. Il veut vous parler immédiatement. »

Étant donné que nous aurions dû profiter de l'obscurité pour sortir en catimini et que c'est déjà presque l'aube, cet ordre, qui augmente notre retard, est conforme à l'esprit des choses et à la nature des événements.

Le commandement est à trois cents pas d'ici.

On m'appelle peut-être pour me demander des nouvelles du rata, ou bien pour préparer un tir au mortier depuis le Monte Rosso sur le sentier muletier, afin de surprendre la corvée.

Au commandement de bataillon, il faut attendre, parce que le colonel est occupé.

Puis, une fois à l'intérieur, un chapelet de questions sur le moral des troupes, sur les modalités d'approche, sur les critères de repli, bref sur tout ce qui a déjà été consigné dans le rapport par le menu.

Comme j'aperçois à travers les fenêtres les premières lueurs de l'aube, je dois user d'autorité pour obtenir mon congé.

Je sors, soucieux à cause du retard que nous avons pris. Maintenant, nous allons être obligés de mener notre approche à la clarté du jour, qui augmente rapidement sur le terrain découvert.

Sur le seuil de la porte, je tombe sur l'aumônier.

« Rappelle-toi, mon frère, que tu dois mourir », dit-il.

Il ne manquait plus que lui.

Ils tirent sur le sentier muletier avec ce mortier de malheur, qui fait tomber directement du ciel des météores hurlants, désespérés.

Je me précipite par le chemin à pic pour rejoindre mes soldats qui m'attendent. Ils m'envoient de loin des signaux sibyllins. Arrivé dans une concavité qui me soustrait aux regards, j'entends s'approcher de moi, progressivement, un mugissement aérien très rapide. Je me jette de tout mon long sur le chemin, contre le talus. L'obus tombe à deux pas de moi, sur la pente ; les éclats explosent en sifflant et un nuage de fumée tourbillonne tout autour de moi.

Je reprends ma course ; Sangiorgi accourt, dévalant le sentier comme un projectile, avec sa trousse de secours: je lui fais un signe et il s'arrête en me regardant d'un air heureux et ébahi, comme s'il avait en face de lui une apparition.

« Pas de mal ?

— Rien du tout ! Je l'ai entendu arriver !

— Personne n'a une meilleure oreille que vous, pas même Toscanini ! » m'assure-t-il, en faisant demi-tour au pas de course.

La troupe est alignée contre les réduits. Elle attend. Casques abaissés sur les yeux, lèvres serrées, silence : chacun me regarde comme si tout dépendait de moi.

Nous nous mettons aussitôt en route ; il fait jour désormais.

Par un passage ouvert entre les sacs, nous nous lançons sur le sentier qui croise plus haut un torrent de cailloux blancs coulant comme la lave sur le fond du vallon. En passant, j'y ai vu, à fleur de terre, des cadavres. Quelques masques effrayants, deux yeux extatiques, des doigts dressés : une puanteur violente, insistante, qui m'a fait détourner le visage.

Nous nous rassemblons là-bas, de l'autre côté du vallon, pour attendre les autres qui arrivent par petits groupes. Les Autrichiens nous ont découverts. Des tirs épars éclatent.

Je vois Rossetti qui court tête baissée, les mains en avant, comme s'il prenait son élan pour plonger dans la terre.

« Une balle juste ici, m'informe un soldat qui me rejoint. Il est tombé d'un coup. »

Tandis que nous nous regroupons sous l'énorme rocher couronné de barbelés autrichiens, des pierres tombent en cascade au-dessus de nos têtes, en roulant et en rebondissant le long de la pente : un joli préambule.

Un soldat s'approche de moi avec des yeux égarés ; il ouvre sa veste sur sa poitrine :

« Maman ! Maman ! »

À l'endroit du cœur, rougit une imperceptible griffure.

« N'aie pas peur, andouille ! Qu'est-ce que ta mère a à voir avec ça, maintenant ? Tu n'as qu'à t'installer ici ; on n'a pas le temps pour les blessés. Et puis c'est sans doute une éraflure de rien du tout. »

Le soldat demeure immobile quelques instants en cherchant un endroit à l'abri : d'un seul coup, il s'affaisse sur ses genoux pliés, d'un geste naturel, sans un mot ; on dirait qu'il va s'asseoir par terre. Il se referme sur lui-même comme un jouet à ressort et se fige, foudroyé.

« Celui-là, il va nous servir de fourrier et aller nous trouver à nous tous un logement au paradis », lance un oiseau de mauvais augure.

Nous contournons l'énorme rocher et remontons au pas de course, pliés en deux, prêts à nous lancer sur la pente, en face de la tranchée ennemie : des coups de feu éclatent. Deux ou trois grenades déchaînent un ouragan de part en part.

Sous les pas des hommes qui montent, en file indienne, s'ouvrent de soudains sillons : des corps y sont happés, comme des silhouettes de carton dans les baraques de tir.

Piccinini, qui galope devant moi, tourne son visage en direction de la tranchée ennemie, et marmonne :

« Ça commence à pleuvoir ! »

Il a disparu sous mes yeux, emporté par le vent d'une explosion ; j'ai entendu seulement un « Ah ! » rauque, et ce râle est resté comme un signe vivant à l'endroit de son corps dissous.

Nous sommes terrés le long de ce talus jonché de loques : nos morts d'hier. Chacun de nous s'est trouvé un trou, une pierre, un pli de terrain qui le dissimule autant que possible.

À une dizaine de pas sont installés les rouleaux de barbelés. À travers les fils de fer enchevêtrés, on entrevoit la tranchée dévastée.

Nous commençons à lancer nos grenades, en restant couchés sur un flanc : nos bras battent l'air comme les pales d'un moulin.

Duccoli refuse de rester à sa place. Il parcourt la ligne d'un bout à l'autre comme un chien de garde, en encourageant ses soldats.

« Allez, bon sang ! Tu ne vois pas que moi je suis blessé pour de bon ? » l'entends-je crier à un soldat qui s'est plaqué au sol et qui ne veut plus bouger ; il lève une main pleine de sang, qui ressemble à un chiffon rouge.

« Restez couché vous aussi, sergent ! lui crié-je, en voyant que les grenades l'ont pris pour cible.

– Eh ! Ils ne m'auront pas ! » répond-t-il en riant.

J'ai vu cette silhouette dressée se transformer par enchantement en tronc décapité. Elle resta un instant immobile avant de s'écrouler. La tête, en roulant, a fini dans les pieds d'un fantassin qui s'est incliné prudemment, l'a saisie par les cheveux et l'a jetée plus loin comme un vieux déchet.

On m'a donné l'ordre de me retirer, parce que l'assaut sur le Vodil a lui aussi été un échec. Nous sommes rentrés les uns après les autres, en descendant par la forêt et en rejoignant ensuite le commandement de bataillon. J'ai raconté au colonel la mort de Duccoli et j'ai proposé de le citer pour une médaille qu'il a payée de sa vie.

« Eh ! On a le temps ! » m'a-t-il répondu.

Je sais d'avance que s'il a une médaille à demander, il la demandera pour son propre compte, pour n'importe quel motif.

Je sors du commandement le cœur triste, avec la douleur d'avoir perdu, l'un après l'autre, tous mes compagnons d'armes.

Gallo est mort au poste de secours, éventré par une projection d'éclats. Je suis allé le voir mourir, couché sur sa civière, enveloppé de chiffons rougis. Il m'a dit quelques mots au travers d'un râle terrible qui faisait bouillonner sa salive sur sa bouche tordue, infiniment loin de moi désormais. Cassata a pris une balle dans un œil ;

elle a traversé la tête et est ressortie par le cou. Il mourra probablement lui aussi.

Giubo, Brocchetti, Ventura, Onorato, tous ont quitté le régiment ; ils ont été placés, blessés, dans divers hôpitaux à l'arrière. Il ne reste plus que Dossena ; insouciant comme il est, il ne va pas durer très longtemps lui non plus.

Dans mon peloton, désormais, il n'y a plus aucun de mes vieux compagnons.

Un jour ou l'autre, ce tourbillon qui a tout balayé autour de moi sans presque me toucher m'emportera à mon tour : il y a tant de cénotaphes qui attendent, gueule béante, dans le petit cimetière de Selišče[1].

À l'extérieur du poste de commandement sont alignés des paquets, enveloppés de toile de tente nouée aux quatre coins. Ce sont les cadavres que nous sommes allés ramasser la nuit dernière à côté de la Lunette ; je vois, au travers des ouvertures, un amoncellement de jambes, de bras, de chairs déchiquetées, et au-dessus de cet amas, un cœur rouge fermé comme un poing. Un essaim de mouches verdâtres s'y forme, semblable à un nuage de machines minuscules. Quand je me penche, j'en aperçois quelques-unes qui sortent de la bouche entrouverte d'une tête coupée.

Je monte jusqu'à ma tranchée de barrage. Les soldats avalent leur rata, assis par terre, tout en conversant. L'un d'eux rappelle le carnage provoqué par les gaz asphyxiants à San Martino[2]. Il y était.

« Cette fois-ci, j'ai vraiment eu l'impression d'être à San Martino, quand ils ont attaqué avec les gaz. Quelle boucherie, oh ! Dix mille morts, rien qu'avec les gaz ! Ils nous sont tombés dessus tout doucement, comme une brume. Sur le moment, on n'a même pas cru devoir bouger. D'un seul coup, on a commencé à sentir nos jambes se dérober. Puis quelqu'un s'est mis à tourner de l'œil, à baver, à crier qu'il mourait : deux minutes après, il était passé dans l'autre monde. Après, ça a été le tour d'un autre, et d'un autre encore.

---

1. Village situé sur les pentes du Monte Nero.
2. Une attaque aux gaz de vaste ampleur fut menée par l'armée austro-hongroise le 29 juin 1916 contre les positions de San Martino sur le Karst.

On voyait mourir nos camarades et, progressivement, on sentait les mêmes symptômes, on comprenait qu'on allait finir comme eux, qu'on était cuit. Moi, j'avais gardé mon masque pour m'en bander les pieds, et je m'en suis tiré tant bien que mal.

– Allez, laisse tomber. C'est pareil ici. Vous avez vu Dorin ?

– Lui, il méritait vraiment une médaille !

– Eh, on ne les donne pas facilement aux fantassins, les médailles !

– Quand un soldat a un petit ruban bleu, on doit lui tirer son chapeau, je vous dis, la valeur du ruban dépend du grade de celui qui le porte.

– Mais Pompei, lui, il est fou !

– C'est bien vrai. Lui, il aime prendre des risques tout autant qu'il aime se saouler. Il y en a un paquet de ceux-là, qui font la guerre aux Autrichiens comme ils la feraient aux Esquimaux ou iraient escalader une montagne, juste pour le plaisir de se faire peur.

– Comme Mucci.

– Celui de Santa Maria ?

– Qu'est-ce qu'il a fait celui-là à Santa Maria ?

– Eh, c'est une histoire ancienne, maintenant.

– Mais moi je l'ai jamais entendue.

– Un jour, Mucci, le barbier, a entendu un Autrichien, un de ceux qui parlent italien, crier depuis la tranchée "Italiens, bande de lâches". Lui, Mucci, qui est sicilien, la moutarde lui est aussitôt monté au nez. Et il a répondu je ne sais pas quoi. Bref, à force de s'insulter, ils ont fini par se provoquer en duel et à sortir chacun de leur tranchée, sûrs que tous les autres se tiendraient bien tranquilles le temps du spectacle. Ben, mon vieux, ils se sont mis à se battre, que ça en valait vraiment la peine. Mais l'Autrichien était le plus fort, et Mucci était sur le point d'être battu quand on l'a vu sortir de sa sacoche son couteau de barbier ; il s'est mis à donner des coups de rasoir à l'aveugle, comme un fou. Bref il lui a tranché net la tête, comme je te dis, et il est rentré en courant, avec cette bille qui pendait au bout de son bras.

– Et personne n'a tiré sur lui ?

– Si, bien sûr, mais impossible de l'attraper ! Ils sont pas prêts d'avoir sa peau à celui-là !

– Quel cran !

– Tu parles ! Mucci il est comme ce mulet qu'on a vu l'autre jour à Selišče. Un obus avait roulé sans exploser juste sous le ventre de la bête. Elle a envoyé deux coups de sabot en l'air et puis elle a continué à brouter l'herbe autour du trou du projectile. Alors, il faudrait lui en donner une à elle aussi de médaille, vous croyez pas ?

– Le vrai cran, les Autrichiens savent le reconnaître eux aussi. Tu te souviens sur le San Michele ? Ils nous ont renvoyé dans la tranchée le portefeuille de notre lieutenant mort sur les barbelés en vrai héros, en s'excusant, dans un billet, d'en avoir extrait une photographie pour l'exposer dans leur cercle à Vienne, en signe d'hommage.

– Et le maréchal de la 12e ? Il était là à attendre le signal de l'assaut quand une bombe a éclaté à deux pas de lui, en lui coupant net les deux jambes. Eh bien, dès qu'il est tombé, étalé dans la flaque de son propre sang, il s'est mis à écrire à sa mère une dernière carte en franchise. Il s'est traîné ensuite sur ses moignons à l'intérieur de la tranchée pour donner l'ordre d'attaque à ses hommes. Lorsqu'ils sont rentrés, ils l'ont trouvé là, raide mort. Et on ne lui a pas fait la moindre cérémonie, à ce malheureux. »

Dans un autre petit cercle de soldats, on lit une circulaire communiquée par les commandements, où sont rapportées les appréciations d'un cadet autrichien prisonnier.

« Écoutez ça, la belle nouveauté ! Une fois percée la première ligne, il faut en profiter et continuer la progression, nous dit le grand spécialiste autrichien. Et il dit aussi de ne pas réitérer les idioties faites ici sur le Mzrli, quand une fois le sommet pris, on s'est arrêté pour attendre que les Autrichiens reviennent nous le prendre.

– Ou bien comme aux Monticelli : nous étions en haut et nous avons battu en retraite parce que c'était un poste trop avancé. Ensuite, quand ils se sont aperçus que les Autrichiens étaient partis, ils nous ont fait répéter dix fois l'assaut, pour rien, en faisant massacrer des bataillons entiers.

– À Gorizia, alors que les Autrichiens venaient de partir, on nous a arrêtés aux portes de la ville et il a fallu attendre que les Autrichiens préparent leurs tranchées sur le San Marco. Si on avait pu au moins aller jusque là-haut ! Après, d'en bas, tu ne peux plus rien faire !

– Et sur le Karst ?

– Partout pareil.

– Quand on réussit à percer, il nous manque des renforts, ou bien il faut s'arrêter pour attendre les autres.

– Mais les commandements ont-ils vraiment besoin des conseils d'un cadet pour comprendre des choses aussi évidentes ? Ils pouvaient venir nous les demander ! »

Un soldat chantonne tout seul, tout en enfonçant son pouce dans le fourneau de sa pipe.

> *Connaissez-vous la tranchée ?*
> *On peut y faire trempette :*
> *c'est une station balnéaire*
> *mal adaptée à la saison.*

Tout près, il y a un autre petit groupe qui déblatère.

« Traître monde, moi, j'suis plus capable d'avaler quoi que ce soit.

– Donne-moi ta part !

– Je dois être malade, je sens que je suis malade.

– Pourquoi tu vas pas au poste de soins ?

– Oh, je sais déjà comment ça se passe... On fait la route pour rien : un peu d'huile de ricin et ils te renvoient d'où tu viens comme un colis envoyé à une mauvaise adresse.

– Le docteur, il y tient vraiment à cette cochonnerie. Quand j'y suis allé avec un éclat dans la caboche, il m'a d'abord enlevé le morceau de métal, puis il m'a fourré dans le gosier un verre d'huile de ricin.

– C'est sûr qu'avec un bon Barbera, t'aurais guéri plus vite !

– Ils ont pas de Barbera au poste de soins, autrement tout le monde descendrait.

– C'est qu'il faut être en forme avec ce capitaine-médecin !

– Moi j'y suis allé avec des douleurs aux poumons et une fièvre à quarante : il m'a dit qu'une bonne cure de boue, dans la tranchée, me ferait beaucoup de bien.

– Tous ceux qui n'ont jamais mis les pieds dans la tranchée, c'est ceux-là qui nous empoisonnent l'existence.

– Ceux qui sont trop impressionnés, ils se font toujours avoir. Il y avait avec moi un gars de mon pays qui ne cessait de bougonner : "Je suis malade, je veux être traité comme un malade." Et puis cet imbécile, quand le docteur lui a demandé ce qu'il avait, il a commencé à dire qu'il avait mal ici et que ça lui faisait mal là. Les bougres, s'ils n'ont pas mal à plusieurs endroits à la fois, ils ont l'impression de ne pas être malades. Le docteur lui a dit : "Et c'est tout ?" Lui, il a sorti une autre maladie. Et l'autre continuait à demander : "Et c'est tout ?" Il s'est mis à énumérer l'une après l'autre toutes les maladies qu'il connaissait, alors qu'avec seulement la moitié d'entre elles, on l'aurait enterré sur-le-champ. Au bout du compte, avec tous ces ennuis sur le dos, ils ont renvoyé mon gars dans la tranchée à coups de pied dans le derrière.

– Le poste de soins, c'est vraiment comme les films comiques du cinématographe, renchérit Sangiorgi, qui est du métier. Parfois, on a même droit au gag final ; l'autre soir, par exemple, je suis tombé sur un soldat du 4ᵉ bataillon, blessé à la tête. Il avait sur l'épaule un morceau de matière cérébrale. Une demi-portion de cervelle, je vous dis ! Il tremblait le pauvre diable et il regardait ce bout de gélatine posé sur son veston sans pouvoir réagir : il ne disait plus un mot. Le docteur le palpe, le retourne, lui non plus n'arrivait pas bien à comprendre. Il l'interroge et, d'un seul coup, voilà qu'il éclate de rire. Ce morceau de friture, ce n'était pas le sien ! Tu te rends compte ! Mais celui du gars qui était près de lui et dont on avait fait sauter la caboche avec le même obus ! »

Là-bas, à côté de nous, l'homme à la pipe ne veut pas s'arrêter de chanter :

> *Connaissez-vous le major ?*
> *Il commande le bataillon.*
> *Mais dès qu'on tire au canon,*
> *le major a disparu.*

L'autre groupe, le cercle des intellectuels, continue à discuter de choses sérieuses.

« Comment c'est possible ? La journée on a ordre de travailler ; la nuit on est de quart. Quand dort-on ?

– Mais ceux qui donnent ces ordres, ils trouvent le moyen de dormir à notre place.

– Moi je dois toujours m'arranger pour dormir deux ou trois heures, dès qu'on rend le quart, mais j'ai un tel retard de sommeil, que lorsque j'irai en permission, je dormirai vingt-quatre heures sur vingt-quatre.

– Comme ça, ta femme se plaindra d'être elle aussi une victime de guerre.

– S'ils nous laissaient au moins dormir, quand on est au repos ! Mais on nous met de corvée jour et nuit.

– Moi, plus d'une fois, je l'ai sautée la corvée, et je suis allé m'enterrer dans une tranchée de seconde ligne, qui sont de vrais appartements de location.

– Pourquoi est-ce qu'ils nous installent pas là-bas, au lieu de nous obliger à rester ici, dans ces fossés à moitié écroulés, sans barbelés, juste sous le nez des Autrichiens, qui n'ont plus qu'à descendre ?... S'ils le faisaient pour de bon, ils nous enterreraient tout de suite.

– Tu n'as pas lu la circulaire ? Le soldat italien ne doit pas céder une seule once de terrain.

– Nous, ces tranchées, nous ne savons ni comment elles sont faites ni de quel côté elles vont. Qu'on nous les fasse voir au moins une fois !

– Ils le font exprès : comme ça, s'il y a une attaque autrichienne, personne ne sait où aller se fourrer. À force de ne pas céder une once de terrain, on finira par reculer jusqu'à Udine.

– Moi je crois que si c'était eux qui attaquaient, ces tranchées ils les trouveraient complètement vides. Heureusement qu'ils ne sortent jamais.

– Il suffirait de quelques cailloux pour les faire reculer !

– Et on pourrait jouer aux cartes toute la nuit, comme eux. »

L'homme à la pipe chante encore sa complainte :

> *Colonel on tient la position.*
> *Général que fait-on ?*
> *Vous voulez un beau fiasco ?*
> *Général, on vous fait le boulot.*

Quand j'arrive à l'hôpital, un lieutenant médecin me dit, en feignant de plaisanter :

« La patrie a besoin de nous. C'est pour ça que nous restons à l'arrière. Vous, non. Vous êtes de la chair à canon. »

J'ai cassé une assiette qui m'a échappé des mains et on m'a flanqué aux arrêts.

Quelques jours plus tard, je vois s'approcher de mon lit un soldat infirmier, élégant comme un sigisbée et la mine plus réjouie que les figures des ballons que l'on utilise pour la réclame. Il me dit d'un ton d'arrogante condescendance, laissant deviner toute la puissance de la protection du colonel médecin à qui il doit son poste d'embusqué :

« Levez-vous ! Je dois contrôler votre fièvre. »

Moi je voulais m'en occuper moi-même, mais celui-ci insistait pour « contrôler ».

J'ai dû l'attraper par le col. J'ai laissé échapper une injure au moment même où le colonel, attiré par le chahut, pénétrait dans la pièce précédé de son solennel embonpoint.

« Vous avez injurié ce soldat !

– Oui, mon colonel, j'ai injurié ce soldat.

– C'est la façon dont vous traitez les soldats ?

– Nos soldats nous respectent ; et s'ils devaient nous répondre comme celui-ci, ils seraient punis à coups de pied dans le derrière, vous pouvez me croire. »

Le colonel commença à balancer d'un côté et de l'autre son gros ventre offensé et il finit par me dire :

« Je vous collerai un procès ! En attendant, vous réintégrez le régiment. »

Je suis reparti trouver refuge dans mon régiment, avec ma fièvre ; mes pouilleux de soldats sont tous venus m'accueillir en bons camarades, contents de me voir déjà rétabli.

On a fait fusiller Mele, un volontaire de guerre qui s'était proposé dix fois pour aller placer des tubes sous les rouleaux de barbelés du San Michele. Il avait sa fiancée chez lui, et jamais il n'avait obtenu de permission. Alors, comme il était de service au bureau de compagnie, il s'est signé lui-même un laissez-passer pour l'hôpital et il est allé se promener dix jours à Milan.

À son retour, s'il m'avait présenté son document et que j'avais découvert l'astuce, j'aurais réglé l'affaire avec une bonne paire de claques.

Mais il est tombé entre les griffes d'un officier de carrière et il a été fusillé comme déserteur, alors que les autres déserteurs, ceux qui désertent en se faisant embusquer, prospèrent.

Maintenant, c'est au tour d'un soldat d'un autre régiment de notre unité.

Il avait participé aux actions les plus rudes, mais un soir que son détachement montait dans les tranchées, à une période de calme plat, il resta aux baraquements. Il ne se sentait pas bien ; il avait demandé à se rendre à l'infirmerie, mais le capitaine-médecin venait de finir son service et n'avait pas voulu l'ausculter.

Il resta donc au fond de son abri avec son mal et sa colère, et quand il regagna, deux jours plus tard, sa compagnie dans les tranchées, il était trop tard.

« C'est un soldat de la classe 1877, un père de cinq enfants, qui vient de Côme : un des meilleurs soldats de la compagnie », me dit un lieutenant.

Le tribunal l'a condamné à mort pour lâcheté. Ces messieurs qui jugent et qui condamnent pour lâcheté au combat, entre un bon repas et un café autour d'une conversation stratégique, dans la quiétude de l'arrière, tout en se gardant bien de prendre le commandement d'un détachement actif, se sont montrés inflexibles face à ce vétéran, usé par des années de tranchée.

Nous l'attendons, tous en rang.

La troupe qui s'agglutine derrière les barrières reste muette : seuls quelques rares soldats parlent à voix basse ici et là, comme s'il était interdit de parler.

Le piquet est prêt. Dans le vaste espace vide, il n'y a qu'une chaise, contre un arbre, au fond.

Le voilà. Tous allongent le cou.

Il arrive menotté, pâle, la tête baissée comme un coupable.

Un officier lui lit la sentence d'une voix mal assurée et lui demande ses dernières volontés. Le condamné à mort appelle d'un geste un ami qui aussitôt saute à son cou en pleurant ; ils restent un long moment ainsi, embrassés, en silence.

Puis le condamné se détache et se dirige vers la chaise. Un soldat s'approche pour lui bander les yeux, il fait signe que non et se redresse, debout, tout seul, le dos tourné.

Le piquet s'avance doucement, en essayant de ne pas faire de bruit, comme pour une embuscade : à l'ordre de charger, on entend le crépitement dru du déclic des culasses.

« Camarades, prenez soin de mes enfants ! »

Tout le monde a entendu ce dernier cri, ferme, apaisé, avec la solennité d'une voix venue de l'au-delà, dans le silence irréel.

Un signal : les coups de feu déchirent l'air.

La silhouette dressée a sursauté comme si elle venait d'être soudainement réveillée par la salve, elle s'est abattue sur le côté, d'un bloc.

Personne n'a bougé. Des sanglots ont résonné au milieu de cette immense masse d'hommes.

Mon vieux Poli est de retour, tout recroquevillé à l'intérieur de son énorme burnous composé de coupons de toile cirée de différentes teintes, tenus ensemble par de savants nœuds de ficelle.

Il vient de rentrer de l'hôpital, abattu par la perspective de devoir se replonger dans ce guêpier, sans espoir d'en sortir jamais.

Je me souviens qu'il était parti en serrant contre lui, comme un enfant qui s'est fait mal, ce paquet de gaze rougie qui dépassait de sa manche déchirée, et qu'il ne cessait de répéter entre ses dents :

« Moi, dans la tranchée, j'y reviens plus. »

Quand on quitte le bataillon, il semble inévitable qu'entre temps quelque événement catastrophique ébranle le monde.

Mais, inexorablement, la liberté prend fin et la guerre continue.

Alors, mon vieux Poli a dû jeter ses rêves aux oubliettes et revenir ici cahin-caha, drapé de noir comme pour un enterrement de troisième classe. Il était devenu tellement intraitable que personne ne voulait se risquer à l'approcher.

Je le vois arriver au beau milieu de mon réduit, trempé, dans cet accoutrement.

« Mon lieutenant, la tranchée s'effondre : l'eau fait tout tomber. S'il n'arrête pas de pleuvoir, il nous faudra bientôt des bateaux à voile pour circuler. »

Depuis quinze jours, s'abat sur nous une pluie lente, opaque, infinie, qui délite tous les trous de notre métropole de terriers et répand partout une tristesse océanique. La plaine de l'Isonzo brille de petits marécages jaunâtres et grouillants comme s'ils étaient remplis d'innombrables insectes. Toute chose que nous touchons, nos hardes, nos mains, nos visages, sont enduits de boue.

« On ne peut plus rester ici. L'abri de la mitrailleuse a commencé à s'effondrer lui aussi. On ne peut rien faire. »

Sa respiration fatiguée traverse ses moustaches tombantes, perlées de gouttes de pluie, comme un phoque qui sort de l'eau : une flaque d'eau s'est formée à ses pieds et tout son énorme corps semble sur le point de se liquéfier.

Je rédige une communication de quelques mots pour le commandement : les caractères se dilatent avec un drôle d'air ahuri sur le bout de papier chiffonné et humide.

« On y va ? » dis-je à Poli qui demeure immobile le nez en l'air, pour observer le trou qu'un obus lancé depuis le sommet du Mzrli a pratiqué dans une poutre, comme si c'était là un spectacle fort divertissant.

« On y va. »

Je marche derrière cet homme tout empaqueté, qui patauge dans les flaques en se dandinant comme une poche d'air ballotée par le vent.

L'horizon tout entier est zébré par le pointillé épileptique de la pluie. On dirait qu'un marionnettiste fantastique, assis sur les nuages, joue avec l'écheveau de ses fils. Dans la plaine tailladée par la lame de l'Isonzo, une multitude de petits bâtons maigrelets sautillent entre les murets ébréchés des anciennes tranchées, jusqu'au parapet de gravas et de débris métalliques qui marque notre ligne actuelle.

Nous nous introduisons dans un boyau couvert, encombré pêle-mêle de corps et d'objets. Plus loin, l'entonnoir est éventré et un intense picotement nous transperce les yeux.

« Ici, c'est une bombe à l'ail qui est tombée cette nuit », me prévient Poli, en pleurant comme un jeune veau. Sa voix semble s'attendrir, et se confondre avec ses larmes.

Nous débouchons dans la tranchée ; l'eau coule sur le fond incliné, dans un ruissellement continu. En plusieurs endroits des sacs du remblai sont tombés et s'entassent les uns sur les autres, semblables à des ventres de noyés. Des hommes courbés s'affairent pour remettre en état et consolider ce monde qui s'écroule. Nous sautons sur les pierres qui émergent, à la façon des grenouilles.

« Ouh ! Quelle sale bête ! » maugrée Poli, qui s'arrête un instant, en équilibre sur deux étais instables.

Juché sur un sac, comme une statuette de bronze vert, un énorme crapaud nous fixe de ses deux têtes d'épingle enchâssées dans une enveloppe de peau qui respire : il a l'air prêt à nous agresser.

« En avant !

– Celui-ci il va me sauter au visage ! » décrète Poli, en soule-vant sa baïonnette ; il prend son élan et lui assène un coup vibrant. Le crapaud explose comme un beignet, en faisant gicler une crème blanchâtre.

« Va au diable ! »

Souillé par les éclaboussures, Poli recule brusquement, avec des gestes de funambule, et perd l'équilibre. Je ne comprends pas bien tout ce qu'il jure, tandis que je le tire à grand peine hors de l'eau.

« J'avais bien besoin d'un bain », reconnaît-il ensuite en se secouant énergiquement et en essorant sa barbe babylonienne qui dégouline. « Il ne me manque que des serviettes ! »

Dans un réduit, plus loin, quatre hommes emmitouflés sont en train de somnoler.

« Ohé ! Les tire-au-flanc !

– On a fait notre part. C'est aux autres maintenant, fait une voix paresseuse qui achoppe à chaque syllabe.

– C'est le seul endroit que vous avez trouvé pour vous embus-quer ! Attention au plafond ! »

Puis il examine, d'un air méfiant, l'état de la charpente, consti-tuée de poutres de fer et de sacs de terre, liés par cette charpie de boue suintant comme de la lave sur la paroi.

« Hum, hum ! » conclut-il, peu convaincu. Et il repart.

Dix pas plus loin, tout le parapet s'est écroulé : de la brèche sortent quelques tiges de fils rouillés. Au-dessus, au bout de la rampe encombrée de cadavres immergés, se devine le relief de la tranchée ennemie.

Les soldats travaillent à consolider chaque brèche. Ils entassent les sacs les uns sur les autres, en essayant de rester cachés derrière les abris : dans le silence, on n'entend que le crépitement immense de la pluie scandé par ces clapots de lavandières.

« Doucement, les gars !

– Ils nous laissent travailler aujourd'hui. Il n'y a sans doute personne là-haut.

– Vous attendez qu'ils en descendent un pour le savoir !

– Quand il pleut, ils restent derrière leurs meurtrières, eux !

– Tu parles ! Ils ont des grottes chauffées et ils s'en fichent.

– Doucement ! Bons à rien !

– Sergent, il n'y a personne, je te dis. Tu veux voir ?

– Oh, qu'est-ce que tu fais ? »

Cet excité de Bombardini se redresse et fait quelques pas à découvert, olympien, les mains au fond de ses poches ; aussitôt un coup de feu fait claquer le son de son fouet à travers la pluie. Bombardini fait une pirouette et rebondit plusieurs mètres en arrière, en enfonçant ses gros godillots dans la boue. Poli le repousse derrière les abris et lui décoche une gifle en pleine figure.

« Ça te ferait du bien de te prendre une balle dans la caboche, espèce d'idiot !

– Mais c'est pas sur moi qu'ils tiraient ! Ils ont dû déboucher une bouteille de mousseux !

– Pourtant, tu n'es pas resté très longtemps, hein ! Retournes-y pour voir ! »

Bombardini décline la proposition et se remet à récupérer les sacs tombés dans l'eau, en silence. Poli est vraiment en rogne et il n'est pas prêt de se calmer.

« Et quand vous vous faites prendre, c'est au secours maman, à l'aide mon lieutenant, mon caporal ! Et vous allez réveiller tous les saints du calendrier. C'est à nous, après, de vous ramener dans la vallée, imbéciles. »

Tiens, ça doit être une grenade. Poli aussi est de mon avis, car il a interrompu son laïus. Nous restons un instant à l'écoute.

« Couchez-vous, les gars ! »

Nous nous plaquons dans la boue, les uns sur les autres. Quelque chose voltige au-dessus de nos têtes, avec une respiration humaine : on dirait un ennemi incorporel qui vient s'écraser en essayant de ne pas faire de bruit.

Un bruit de chute ; un jet d'eau qui jaillit et qui retombe aussitôt, juste au-dessous du remblai : elle n'a pas explosé.

« Tant mieux ! soupire enfin une voix.

– Si elle avait décidé d'exploser, celle-là, on était tous bons pour la retraite.

– Ça c'est un coucou, mes amis, de ceux qui vous retournent l'estomac rien qu'à les entendre : quatre-vingt-dix kilos, fin de stock, prix sacrifié.

– Mais c'était pas un coucou, rétorque Bombardini, c'était la caisse de mousseux. C'est maintenant qu'arrivent les bouteilles pour le sergent. »

Poli reprend son antienne ; dès qu'on le provoque, il voit rouge.

« Je vous l'avais dit, moi ! Montrez-vous, gros rustres, et après c'est nous qui payons. Maintenant qu'ils ont commencé à chanter, vous allez l'entendre leur musique !... »

À présent, seule une autre grenade pourrait l'empêcher de parler.

« Mon lieutenant ! »

Maggiore arrive vers nous tout agité : sûrement des ennuis en vue.

« Un message du commandement pour vous ! »

Je lis, en essayant de me protéger de la pluie sous la gabardine relevée de Poli. Le billet s'achève de façon épique : « Si l'abri devait s'écrouler, la mitrailleuse devra être installée sur ses ruines. »

On en a tellement de mitrailleuses, qu'on peut bien en mettre une à découvert pour que les Autrichiens s'amusent à la faire sauter comme une sauterelle !

« Voilà la deuxième ! À terre ! »

On a entendu la détonation initiale, opaque, lointaine. La voilà ! Un gémissement... Toujours plus proche... Dieu du ciel !

Tout d'abord, plaqués au sol comme nous le sommes, nous ne sommes pas convaincus qu'elle ait explosé.

Elle est tombée ici, sans exploser elle non plus, juste au-dessus du réduit des quatre soldats, qui s'est écrasé comme une boîte vide sous un coup de poing. Tout autour les parapets sont écroulés ; il ne reste plus qu'un tas de ruines, d'où se dressent des poutres brisées et un éparpillement de sacs éventrés.

On n'a pas entendu un cri ; on n'entend rien.

Entassés derrière cette unique ruine encore debout, nous attendons qu'une voix sorte du tombeau.

« Reste ici ! Il n'y a plus rien à faire. Tu veux y laisser la peau toi aussi ? »

Quelqu'un a essayé de sortir à quatre pattes, mais des coups de feu l'ont repoussé en arrière.

« Restez ici. On va se faire descendre pour rien. »

Il est impossible que quelqu'un ait survécu sous cet amas de ruines ; et nous savons que, si nous remuons ces débris, nous ferons exploser le projectile. Nous restons pourtant à l'écoute, le cœur en ébullition : si une voix sortait de ce tombeau, nul doute que quelqu'un se ferait descendre, pour rien.

Nous avons perdu le souvenir de l'autre vie, à force de pérégriner sans trêve d'une tranchée à l'autre. Combien de temps a passé ? Nous ne savons pas ; les jours ne se distinguent plus. Tout notre univers est circonscrit à ce seuil suspendu face à la mort, sur lequel nous passons et repassons depuis un temps que nous ne savons plus mesurer.

De tous ces mois, il ne reste dans mon cerveau qu'un spectacle de démolition sur fond de gravas.

L'hiver comprime nos cœurs liquéfiés et les transforme en gel. Sur cette neige molle barbouillée de notre propre souillure, nous ne sommes plus qu'un peuple nomade qui attend d'être disloqué par un coup de feu, ou une quinte de toux...

Nous attendons froidement, tristement, n'importe quelle forme de libération, en hommes misérables que nous sommes.

L'oasis

On m'a sorti des tranchées de Gorizia pour m'expédier ici, où je devrai instruire les recrues.

Après dix-sept mois d'éloignement, je reviens à Milan.

Je suis arrivé avec mon uniforme élimé et mon barda de vêtements déchirés. À la gare, il n'y avait personne. Je savais que personne ne pourrait être là ; j'en ai été attristé pourtant comme si quelque chose m'avait déçu.

J'ai flâné dans la ville, avec mon paquet sous le bras. J'avais l'impression de voir les choses pour la première fois. J'étais comme égaré.

Je ne comprenais pas non plus pourquoi j'étais si surpris de croiser dans les rues autant de gens indifférents, de constater que tout continuait sur le même rythme qu'avant, que les théâtres annonçaient des spectacles, que les cafés étaient noirs de monde.

Ici, la guerre n'existe pas : la guerre est là-haut, elle est pour nous, dans un autre monde. Ici, qu'en savent-ils ?

Et s'ils n'en savent rien, comment pourrait-elle leur causer le moindre tracas ?

On m'a regardé parce que j'étais mal habillé ; quelqu'un m'a demandé :

« Vous êtes de l'infanterie ? » avec le ton de celui qui pense : « Mais quel va-nu-pieds ! »

J'ai rencontré dans la rue une vieille connaissance, Bonacossa, un genre de rebelle qui – je m'en souviens – en attendant la déclaration de guerre, faisait de grands sermons dans les bureaux, en tapant fort du poing sur la table ; il hurlait que la guerre devait être faite, qu'elle était sacro-sainte, il voulait célébrer la valeur nationale, la sainte Patrie, le prestige du passé.

Je l'ai revu, bardé comme un légionnaire romain, avec de sensationnelles jambières jaunes. J'ai longuement regardé, sur son col, l'insigne noir des services sédentaires.

En portant la main à sa casquette, il m'a gratifié d'un sourire mielleux. J'ai fourré les deux mains dans les poches.

Sous la galerie Victor-Emmanuel II, vêtu de son uniforme amidonné, j'ai aussi rencontré le capitaine A. Il est venu vers moi et m'a tendu la main. Mais j'étais occupé à saluer quelqu'un qui passait et je ne lui ai pas tendu la mienne.

Il m'a demandé quelques nouvelles du front : j'ai cherché deux ou trois monosyllabes, en regardant les deux médailles d'argent qui étoilaient sa poitrine.

En voyant passer un sous-lieutenant décoré de trois médailles de bronze, il me fit une confidence.

« Cet officier me dégoûte.

– Pourquoi ? ai-je demandé.

– Parce que, m'a-t-il répondu en mordillant ses mots de ses dents pointues de mulot, il n'a jamais rempli les conditions pour mériter une médaille d'argent. »

Je suis allé rendre visite à une famille qui n'a personne sur le front.

Tous ont été très surpris, et très cordiaux. Poignées de main, quel plaisir, asseyez-vous donc, thé, petits gâteaux.

Puis ils se mirent à me détailler par le menu la vie de privations à laquelle la guerre les avait contraints, mais qu'ils acceptaient pour le service de la Patrie.

Ils ne firent aucune question sur moi et mes soldats, ni les événements là-haut.

Seule une des demoiselles, soucieuse de trouver quelque équivalent en adéquation avec ses souffrances citadines, voulut bien me dire, tout à coup :

« Comme vous devez être malheureux vous autres, dans la tranchée, quand il pleut !

– Oui, en effet. »

L'autre demoiselle intervint pour nous faire part d'un irrépressible regret :

« Quel malheur de n'être pas des hommes ! Je voudrais pouvoir aller moi aussi à la guerre ! »

Puis elle ajouta qu'elle faisait partie de je ne sais quel comité et qu'elle devait bientôt se rendre à Udine pour apporter des vêtements aux soldats. Elle demanda, un peu préoccupée :

« Dites-moi, à Udine, y a-t-il un risque d'y voir des avions ? »

À ce moment, un ami est arrivé, habillé en civil, visiblement exempt de toute obligation militaire.

Il demanda, très étonné :

« Comment est-ce possible ? Pas une seule médaille ? »

Je m'étonnais à mon tour, qu'il n'eût pas de médaille lui non plus, avec le courage dont il faisait preuve en m'adressant cette question.

Il commença à pontifier :

« Nous, la guerre, nous la connaissons bien mieux que vous : parce que, d'ici, on peut observer sa progression générale, tandis que vous, vous ne pouvez en voir que ce que vous avez sous le nez. »

Il poursuivit :

« Vous n'avez pas à vous plaindre ! Toi, par exemple, tu es bien plus chanceux que moi, parce que tu as vécu cette belle tragédie et que tu es ici, comme moi, sain et sauf. »

J'ai salué en vitesse, en promettant de revenir.

C'est vraiment passer un sale quart d'heure que de rendre visite à ces familles qui n'ont personne au front.

« Il venait d'arriver sur le San Michele, me raconte Virtuani, après avoir vérifié sur son carnet usé si l'adresse était exacte, tandis que nous nous dirigeons vers la maison inconnue. Je me souviens, la nuit, alors que nous ne cessions de grimper dans cet enfer de boue (les balles sifflaient en tempête, les blessés hurlaient dans le noir !), lui, qui marchait péniblement derrière moi, me répétait essoufflé à chaque pause : "Mon lieutenant, d'ici on r'descendra plus !"

» Je pensais la même chose, mais je ne disais rien, parce qu'on était trop occupé à grimper. Le lendemain, j'ai dû envoyer une estafette au commandement de bataillon : ce n'était pas rien, de sortir à découvert en plein jour, mais il s'agissait de faire l'économie d'un énième assaut pour mon bataillon déjà décimé par une virulente et soudaine tempête d'artillerie. Il n'y avait que lui encore debout, et à portée de main. C'est donc lui que je désignai. Il avait compris qu'il devait y laisser sa peau, mais que le risque en valait la peine. Il était devenu très pâle. Il a sauté hors du trou qui nous dissimulait à peine, plié en deux : il ne fit pas plus de deux pas.

» Il resta sur place, ses cris étaient insupportables à entendre, il hurlait, il appelait chacun de nous par son nom, il suppliait qu'on vienne le chercher, il offrait tout ce qu'il avait. Mais qui aurait pu prendre le risque de faire ces deux pas qui nous séparaient de lui, avec ces Autrichiens qui avaient compris la scène et qui n'attendaient que ça ? Il n'y avait que cet enragé de Sangiorgi pour faire une chose pareille ! Ils tirèrent sur lui tant qu'ils purent, mais il résista. Il rentra en rampant comme un serpent, en traînant le blessé qui refusait de se taire. Il ne l'avait pas raté : il crachait du sang à chaque mot. Il me dit : "Mon lieutenant, si vous finissez par avoir une permission, allez embrasser ma mère pour moi."

» Il mourut dans mes bras, avec ses yeux encore vivants qui me répétaient sa dernière prière. »

Devant l'auberge, quelques voitures s'appuient sur les timons de rosses qui méditent, le museau replié sur leurs genoux élimés.

« C'est ici », confirme Virtuani après un examen sommaire.

Nous entrons. On sent à l'intérieur un air frais et moisi, comme si du vin suintait des murs. Ici et là sont assis des cochers qui fument et jouent aux cartes en silence, en donnant par moments des coups de poing sur la table. Au fond, au milieu d'une abondante collection d'énormes bouteilles, une femme est assise, absorbée par des comptes compliqués. Elle lève vers nous un regard perplexe et répond d'un signe de la tête à la question que nous lui adressons.

« Je suis le lieutenant de son fils », dit à nouveau Virtuani.

Son regard est devenu presque hostile, et son visage épais et rubicond a maintenant une expression de dureté : nul doute qu'elle voit confusément, en cet officier, la figure d'un coupable.

Un vieux, qui remonte par une trappe sombre avec deux litres de vin dans les mains, demande d'en bas :

« Que se passe-t-il ?

– Le lieutenant de Paolo, répond la femme en l'invitant à s'approcher.
– Son lieutenant ? Allons bon ! »

Il se débarrasse rapidement des bouteilles dans un coin, vient vers nous en traînant des pieds et nous observe sans dire un mot, d'un air extrêmement intéressé. Il est en colère lui aussi.

Sur les tables alentour, les hommes ont cessé de jouer ; tous tendent l'oreille, curieux.

« Son lieutenant ! Vous l'avez vu mourir ! »

Avec son phrasé lent et triste, Virtuani raconte.

Un cocher s'est levé, il s'est approché doucement, sans se faire remarquer, pour surprendre quelque information. En peu de temps, ils sont tous autour avec un fouet dans une main et un verre dans l'autre.

« Votre fils m'a chargé, avant de mourir, de venir vous embrasser pour lui », achève Virtuani. Et il reste immobile devant la femme, en attente.

Il y a un instant de silence, durant lequel quelque chose d'étrange et de solennel flotte au-dessus de nos têtes sans se concrétiser.

Elle se lève lentement, en appuyant ses mains sur le comptoir, les yeux baissés.

Virtuani a déposé un baiser, sur ce front humide et glacé, entre les deux bandeaux de cheveux gris.

Je venais de déplier le journal, quand mes yeux, qui parcouraient distraitement la page, se sont arrêtés soudain sur un nom : avant même que celui-ci n'accède à ma conscience et que je ne retrouve les traits d'un visage, un frisson me fit sursauter :

Tino Dossena !

Dossena ! Lui aussi !

Son visage apparut dans mon souvenir, avec ses grands yeux d'enfant ourlés de fièvre, sa bouche triste ; puis mon imagination effaça ses yeux, imprima une grimace sur ses lèvres, ôta toute couleur sur ses joues probablement malades.

Tour à tour les deux masques se superposaient en un contraste pénible.

Je l'entendais parler à l'intérieur de ma tête ; je l'entendais répéter ses plaisanteries bon enfant, je revoyais ses sourcils se froncer, lorsque de temps en temps l'envahissaient de tristes pensées.

Mort lui aussi, Dossena, qui ne pensait qu'à l'avenir !

Et le destin qui avait été le sien à la fin, ne lui avait peut-être pas semblé pire que celui qu'il avait fui.

Cela se passa un soir, entre chien et loup.

Tout à coup, il s'était mis à pleuvoir à verse ; des trombes d'eau fouettaient le pavé.

La rue se vidait. Les badauds qui l'encombraient avaient été chassés et seules quelques dames retardataires s'ébrouaient encore ici et là, en poussant des cris et en soulevant audacieusement leurs jupons sur le doux mystère de leurs mollets rebondis. Plusieurs voitures stationnaient au carrefour : haridelles et postillons, imperturbables sous les coups, conservaient une identique attitude de gravité pensive.

Je m'abritai sous une porte cochère assez sombre, sans regarder autour de moi, absorbé dans mes pensées ; j'avais relevé le col de mon manteau luisant de pluie et, le regard absent, j'attendais la fin de l'averse pour me remettre en route.

Un ou deux passants pressés vinrent se réfugier là aussi, repoussés par une pluie oblique, puis ressortirent aussitôt, tête baissée, en rasant les maisons.

Un petit homme, surgi d'une porte sous l'escalier un seau à la main, vint jeter de la sciure sur mes pieds et tourna un long moment autour de moi, en maugréant.

Je n'ai pas le souvenir de ce qui me rendait aussi nerveux ce soir-là ; peut-être l'heure tardive et la crainte de rater le train qui devait me reconduire là-haut, au campement, juste à temps pour me voir délivrer mon lot quotidien de réprimandes par un colonel que les vicissitudes territoriales contrariaient beaucoup.

Je n'en ai aucun souvenir, mais il est sûr que mon énervement devait être visible et, à en juger par les tremblements de la cigarette que je tenais serrée entre mes dents, ou le piétinement de mes bottes d'inoffensif guerrier, pouvait même donner lieu à quelque illégitime supposition. Lorsque, en effet, j'entendis soudain derrière moi un petit rire étouffé.

Là, dans l'ombre, une femme de petite taille attendait, comme moi, que la pluie s'arrêtât pour poursuivre son chemin. Comme je me retournai, elle abaissa sur son sourire étincelant le bord de son chapeau de feutre.

Je regardai de nouveau dehors, mais un léger élan de curiosité m'avait traversé et venait troubler l'organisation de mon programme. Je n'étais revenu que depuis quelques jours du noir enfer de là-haut, et j'en étais ressorti avec l'âme émerveillée d'un enfant face au jour qui vient. La première femme que j'avais entrevue à la fenêtre d'une maison en ruines de l'arrière, dans la profusion de couleurs des géraniums, m'avait fait venir les larmes aux yeux, comme une apparition. Maintenant encore, en présence d'une figure féminine, j'éprouvais cette timidité et ce trouble, ce sentiment d'attraction et de répulsion, qui nous brûle dans l'adolescence comme une fusée qui se consume sans exploser.

Un pan de mon manteau, emporté par un coup de vent, vola vers elle, comme une aile que je ne pouvais que suivre.

Je dis un mot d'excuse. Elle répondit d'un sourire.

C'était une toute jeune fille ; ses yeux d'ivoire et d'onyx, sa bouche bienveillante – des ellipses noires et rouges – étaient singulièrement vivants sur son visage de porcelaine, entouré d'un petit chapeau de feutre qui ressemblait à une bonbonnière. Ses jupons cachaient à peine ses genoux.

Je l'observai longuement, surpris de la voir révéler devant moi, à chaque instant davantage, sa grâce parfaite et épanouie. Ma gêne referma la parenthèse qui s'était ouverte et la surprise m'empêcha de parler.

La pluie persistait dehors avec le fracas d'un torrent, fouettant les flaques d'eau qui bouillonnaient comme sous une grêle d'épingles. Mais maintenant, j'en étais bien moins contrarié, et ma tension et mon embarras se transformaient en une attente délicieuse. Il était extrêmement ardu de trouver une question, même banale. Un tram arriva, à grands coups de klaxon. Elle s'avança incertaine. À cet instant, la pluie, perfide, diminua d'intensité. Au moment où le véhicule ralentissait devant l'arrêt, elle s'élança au-dehors, tête baissée ; ses jupons moussaient sur ses jambes souples, légèrement voilées de soie.

J'eus l'impression qu'un événement programmé, imminent, excitant, était en train de s'évanouir à cause d'un petit contretemps, que je n'avais pas su prévenir, et qu'un soupirail ouvert sur un entier horizon se refermait sans explication : un rayon de soleil s'éteignait.

Le véhicule était plein à ras bord : d'autres passants, qui débouchaient d'une porte voisine, se précipitèrent pour monter à bord, en s'interpellant entre eux.

Après une brève hésitation, elle revint en quelques foulées légères et s'arrêta près de moi, en secouant les gouttelettes qui s'étaient formées sur ses vêtements.

Je parvins enfin à énoncer ce propos très subtil :

« Il pleut !

– C'est vrai ! m'accorda-t-elle, d'un ton pénétré.

– Quel dommage !

– Ce n'est pas si grave.

– Je voulais dire : quel dommage de ne pas avoir de parapluie.

– En ce moment, il vous serait d'une plus grande utilité que le sabre.

– Et cela me permettrait de pouvoir oser vous faire une proposition.

– Inconvenant.

– Détestable.

– Gardez-vous-en ! Cela vaut mieux ainsi.

– Au contraire, nous sommes dans le champ des possibles.

– Restons-y ! »

Elle avait une voix étrangement mélodieuse, des gestes brefs de gamine, une coquetterie diaphane qui semblait briller naturellement dans ses paroles comme du sable dans des eaux fluides.

« Il se fait tard ! protesta-t-elle tout à coup, en découvrant son poignet orné d'une minuscule montre blanche.

– Vous êtes pressée ?

– Je dois me rendre à un cours.

– Puis-je me permettre de vous demander à quel endroit ?

– Cela vous intéresse-t-il ?

– Au plus haut point.

– Dans une école d'art dramatique.

– Je n'ai pas très bien compris l'adresse.

– Ça, je ne peux le dire.

– Je vous forcerai à le dire, de toute façon.

– Essayez donc. »

Je fis un signe à une voiture qui passait. Le cocher se dirigea vers nous et s'arrêta, en abaissant le petit drapeau de son taximètre.

« Que faites-vous ?

– Je vous accompagne à l'école d'art dramatique.

– Mais je ne vous l'avais pas demandé.

– Un oubli auquel je me permets de remédier.

– Je ne capitulerai pas.

– Allez ! Même le cocher a baissé son drapeau ! »

Elle sautilla jusqu'au fiacre ; je montai à l'intérieur. Le cocher se baissa sur son siège, en déversant une cascade d'eau du bord de son haut-de-forme défraîchi. Il demanda sur le ton de l'invective :

« Où va-t-on ?

– 50, cours Garibaldi, dit-elle.

– Merci », fis-je, à voix basse.

La voiture avança, dans un bruit de roues. La pluie cinglante qui fouetta alors les carreaux nous isola du monde.

Une fois arrivés, je risquai :

« Je vous attends.

– Oh, non ! On vient me chercher, dans une heure.

– Zut alors !

– Ne vous en prenez pas à moi.

– Alors... à demain ! »

Aussitôt, elle répondit oui. Elle salua rapidement et me laissa là, indécis, dans le hall à peine éclairé par une petite lampe charitable, voilée de poussière.

Je pensai tout d'abord à l'attendre, mais chassant de mon esprit cette intention inutile, la masse de mon colonel se rappela bientôt à moi, avec ses moustaches et sa mine sévère de flibustier.

Je me dirigeai vers la gare à pas lents, rasant les murs et bousculant les passants que je ne voyais pas. L'écho de sa voix était resté dans mon cœur, comme le chant de la mer qui se perpétue dans les coquillages profonds.

Nous nous sommes revus le soir suivant. Nous avons marché au hasard, elle tout entière gazouillis de rires et de mots, moi taciturne, tête basse.

J'avais perçu jusqu'alors une dissonance flagrante entre l'amertume de mon esprit et la vie insouciante, entre la tempête lointaine et le ronronnement de la vie consumée, entre les vérités découvertes et les fictions d'usage. Mais elle, avec sa voix, semblait capable de faire naître, comme par magie, mille fleurs colorées au fond de mon esprit, où il n'était resté que le triste plaisir de comprendre, aride et grotesque comme un arbre en hiver.

Elle finit par réussir à me faire parler : de moi, de mon passé. Je cherchais à tâtons parmi mes souvenirs avec des mots maladroits, en essayant de leur donner un ton enjoué dont je me sentais incapable. Derrière ces mots, passaient et repassaient la mélancolie de tant d'après-midis immobiles, l'angoisse de certains soirs sinistres, les cadences d'innombrables chants de marche.

Je fis une allusion à mon prochain départ, sans insister ; je craignais que cette pensée ne renforçât le silence entre nous deux.

Dans la pause, elle me fixa de ses yeux aussi brillants que des perles noires serties dans un visage de porcelaine. Puis elle parla aussitôt d'autre chose, avec une inflexion de tendresse.

Nous remontions une rue pleine de monde, bruyante et encombrée ; d'une caserne proche parvenaient de loin en loin les appels d'un clairon.

Elle s'arrêta, pensive, puis voulut continuer, s'éloigner de là sans attendre, en alléguant, avec des bribes de phrases, quelque prétexte confus.

Elle dit soudain :

« Laissez-moi.

– Qu'avez-vous ?

– Laissez-moi. Je vous expliquerai plus tard.

– Quand ?

– Demain. Adieu. »

Elle s'éloigna sans ajouter un mot, en jetant un coup d'œil furtif autour d'elle. Je réprimai mon envie de la suivre ; quelque chose à l'intérieur de moi repoussait aveuglément, au lieu de le rechercher, un quelconque motif de défiance, et hésitait entre l'impulsion et la raison, la cruauté et l'instinct.

Je l'attendis en vain tous les soirs qui suivirent, à l'endroit où je l'avais rencontrée, en la cherchant comme un idiot parmi la foule anonyme qui s'égrenait sous mes yeux. Il me semblait qu'une force que je ne savais pas bien décrire la ramènerait un soir jusqu'à moi, et me permettrait de la revoir, juste un instant.

J'avais l'impression de l'avoir perdue, de m'être trompé. Je ne voulais pas en savoir davantage, mais je me serais contenté de la voir passer une seule fois, juste un instant.

Ce besoin insensé me poussait à rester immobile durant de longues heures, à un coin de la rue, malgré ma réticence, dans une attente douloureuse que je renouvelais tous les soirs, sans exception.

Je venais d'un petit village éloigné, où j'avais été détaché avec la troupe, et je vagabondais jusqu'à la nuit comme un clochard. J'étais conscient de l'inutilité de ce que je faisais, je méprisais l'autorité de ce mal qui s'était enraciné dans mon cœur, mais mon sentiment ne pouvait être vaincu par la raison, parce qu'il y était tout à fait étranger.

Enfin, un ordre de service m'empêcha de retourner à Milan. Le destin l'avait probablement emportée Dieu sait où comme une volute de vent, de même que j'allais bientôt moi-même être rattrapé par la tempête qui faisait rage là-haut.

Je portais en moi le poids de ma solitude et une énorme sensation de vide. J'avais l'impression que ma condition était en tout point semblable à celle de ces bohémiens couverts de haillons qui traînent d'un village à l'autre leurs roulottes décrépites et qui s'aventurent sur toutes les routes en quête d'un rêve impossible.

Elle réapparut un jour comme un rayon de soleil au milieu de ma solitude, d'une façon inattendue.

Je discutais avec quelques amis près de l'auberge où nous avions installé notre mess. Comme tous les jours à la même heure, la diligence chargée de malles et de villageois passa devant nous à grand fracas, avec force coups et rebonds sur le pavé. Comme d'habitude, j'avais levé les yeux, presque convaincu d'entrapercevoir par une fenêtre des perruques blanches, des visages couverts de poudre et de poussière, un ou deux tricornes et des robes à falbalas.

La diligence alla s'échouer plus loin, sur la place.

Je ne la vis pas, immobile, au milieu du flot des voyageurs. Une intuition singulière me la fit deviner. Je fus soudain frappé de pâleur et j'eus la respiration coupée.

« Maria ! »

Je ne l'avais pas encore reconnue, mais je pressentais que c'était bien elle.

Elle était venue jusqu'ici, sans rien dire ; elle était ici, comme surgie d'un mirage.

Elle ne dit mot, et se mit à rire, comme s'il s'agissait d'un jeu, devant la stupeur qui était la mienne et qui me mettait au bord de l'évanouissement. Je posai une question sans me montrer trop curieux, m'accrochant aux mots pour retrouver un équilibre.

Elle m'expliqua avec simplicité, d'un trait, sans trembler, de cette voix liquide qui lissait une à une toutes mes rides : un imprévu, un éloignement occasionnel, un rien. Je me laissai prendre par ses mots comme par les charmes d'une fable.

Je l'avais retrouvée, le reste ne comptait plus.

Nous avons marché à travers des champs de coquelicots rouge sang, en longeant la vallée qui tintinnabulait de troupeaux égarés et exhalait des parfums de lavande.

Elle parlait, curieuse de tout, griffant l'air de ses petits ongles de verre, ondoyante et gaie comme une hirondelle : c'était une enfant. Elle semblait s'amuser, sans cruauté ni perfidie, de mes regards hésitants qui fouillaient ses yeux pour atteindre son âme. Elle avait le talent de savoir parler en passant rapidement d'un sujet à un autre, comme pour repousser sans cesse sa cible, elle animait n'importe quelle conversation de ses notes légères, en l'accompagnant de son sourire, toute chose s'ouvrait alors instantanément comme une corolle sensible sous un miracle de lumière. Et cela ajoutait un charme supplémentaire à son étrange petite personne, qui avait l'air de sortir intacte du passé, sans que la vie ait gravé un seul sillon sur son visage et dans son cœur.

« Il est tard ! dit-elle tout à coup. Il faut que je rentre ; faites attention, je ne dois pas rater mon train ! »

Nous fîmes demi-tour. Nous nous arrêtâmes près de mon logement.

« Vous voulez monter avec moi ? demandé-je simplement.

– Oh », fit-elle, en s'esquivant, et ses yeux rirent avec malice derrière ses doigts entrouverts, comme deux cerises noires derrière les échancrures d'une feuille.

Elle m'attendit en bas.

En me penchant par la fenêtre pour lui dire je ne sais quoi, je la surpris qui regardait un groupe d'officiers occupés à bavarder et à plaisanter devant l'entrée d'un hôtel voisin ; je me retirai sans rien dire.

« Ah ! Vous êtes déjà là ? » me dit-elle ensuite comme si elle revenait du lointain de ses pensées.

Un orgue de Barbarie faisait grésiller des airs napolitains au milieu de la rue ; le petit groupe d'officiers se tut sur notre passage et s'aligna devant la porte de l'hôtel dans un craquètement confus de clous : elle rendit le salut par un long sourire.

Je ne pus l'accompagner jusqu'à Milan. À mi-chemin, je dus descendre pour rentrer au campement avec le train qui remontait.

« Maintenant, me dit-elle d'une voix douce, maintenant je ne voudrais pas que vous me quittiez, de cette façon... »

La lune faisait tomber sur ses lèvres entrouvertes une goutte de lumière.

Je n'ai pas compris. Je ne comprenais rien du tout. J'étais un benêt descendu des tranchées avec certaines idées romantiques inaltérées, accrochées à mon esprit avec la ténacité de la boue sur la semelle de mes gros souliers cloutés.

« Ce n'est pas possible... Demain matin... Mes soldats... Le colonel... »

Je n'ai pas compris. Sa jeunesse acerbe et intacte éloignait de moi tout désir de conquête.

« À demain !

– Adieu, petite. À demain ! »

Je ne la revis plus, pendant longtemps.

Comment me suis-je retrouvé, ce jour-là, dans cette taverne crasseuse, au milieu d'une foule de petites couturières folâtres et d'embusqués repus ?

J'avais l'intuition pourtant que je la trouverais ici.

Je la vis se déhancher au rythme d'un fox-trot, dans les bras d'un vigoureux jeune homme qui l'enveloppait tout entière, en soufflant sur son visage un désir gourmand.

« Ah, c'est elle ? murmura Trevisan à mon oreille, en baissant vers moi son crâne lisse, orné de deux oreilles tendues comme les anses d'un pot.

– Tu la connais ?

– C'est l'amie d'un collègue, un officier aviateur. Maria Soprani. Elle vient à Malpensa de temps en temps et y séjourne une bonne semaine. Ils disparaissent tous les deux de la circulation, comme par magie... Barricadés chez eux... »

Je l'attendis en bas. Elle l'avait deviné ; elle sortit seule, et me dit :

« Vous êtes surpris de me trouver ici, n'est-ce pas ?

– Un peu.

– Vous avez besoin de me parler ?

– J'ai besoin de vous voir. »

Son agitation renforçait la confusion de ses paroles. Il me semblait deviner ses pensées, enchevêtrées comme des algues dans une eau trouble.

Elle regarda, au-dessus d'elle, les lampadaires qui diffusaient leurs filets de lumière dans le brouillard glacé, puis plongea son visage dans le col de sa fourrure. L'égarement enrayait sa voix comme un sanglot enfantin : face à mon courroux, elle voulut m'offrir son chagrin.

« Voulez-vous m'accompagner ? »

Elle s'attarda savamment sur chaque mot, les ponctua de ses regards. Dans l'obscurité émanait toute la grâce de son corps, comme un fruit dans une enveloppe délicate : elle était face à moi avec son sourire et sa voix, avec la joie de son corps indolent.

« Voulez-vous ?

– Ce n'est pas possible.

– Ce soir, ici, à vingt heures. »

Elle m'était désormais offerte comme une proie facile ; je vis, au travers de mes propres illusions, la femme frêle que j'aurais pu saisir d'un geste.

« Que dites-vous ?

– Peut-être. »

La tristesse inondait mon cœur.

« Je vous attendrai !

– Adieu ! »

Elle s'éloigna de son pas léger de jeune bête sauvage amadouée.

Le lendemain matin, lors du rassemblement dans la cour du campement, un étrange silence d'attente pesait sur chacun de nous.

Des masses de brouillard s'entassaient sur le sommet des montagnes, à travers les filets d'une pluie fine et inquiète, incessante. Dans tous les yeux, comme sur des écrans profonds, passaient des souvenirs de contrées sinistres, des visions de cortèges chassés par la dévastation, des images imprégnées de sang. Le colonel arriva, il pointa vers les hommes rassemblés ses moustaches réglementaires.

Avant de procéder au tirage au sort, il serina son habituel discours propitiatoire et finit, comme toujours, en nous demandant si quelqu'un était volontaire pour repartir sur le front.

Nous fûmes deux à nous extraire de la foule muette.

Je retournai aussitôt à Milan pour aller retirer ma feuille de route au dépôt.

Alors que je remontais en fiacre une rue du centre, je la vis soudain, collée à un officier alpin : elle était amaigrie, abattue, comme si elle avait reçu des coups.

Je saluai, sans savoir pourquoi.

Quelques heures plus tard, tandis que je me promenais sans but, je sentis une main toucher mon épaule.

« Tu permets ? »

C'était un officier. Il se présenta et me dit :

« Excuse-moi, j'ai vu que tu la saluais ; tu la connais ? »

C'était lui, en effet. L'officier alpin.

« Oui, je la connais. »

Il me raconta qu'il l'avait trouvée par hasard la veille, à vingt heures passées, immobile, comme si elle attendait quelque chose, à cet endroit. Il l'avait embarquée facilement, en bon Alpin qui connaît son affaire.

J'observais, tandis qu'il parlait, sa corpulence massive, ses mains fortes de prédateur, ses mâchoires saillantes, prêtes à mordre, et cette expression joviale et bestiale de montagnard satisfait.

« Une gamine... un peu gracile... »

Et il me confia à l'oreille quelques détails qui n'auraient pas déplu à Boccace.

« Maintenant elle m'attend dans une taverne. Excuse-moi, je n'ai pas l'habitude... Toi qui sais, donne-moi un conseil : que pourrais-je lui offrir ?

– Ce que tu veux. Donne-lui aussi ceci de ma part », dis-je, en riant. Et je sortais deux sous de ma poche.

Je pris la direction de la gare.

Je serais allé n'importe où, avec mes cortèges de soldats, derrière les charriots de mon régiment, nomade en quête, comme tant d'autres, d'un impossible rêve.

Au-dessus de moi, au-dessus de la petite masse d'ombre de ma silhouette, le ciel s'embrasait.

Et je n'étais vraiment qu'une petite masse d'ombre vacillante sur un fond d'incendie.

Offensive

On a mis à la tête de notre bataillon un capitaine pourvu d'une riche collection de rubans, au milieu desquels brillent les étoiles de trois médailles d'argent à la valeur militaire.

« Lui, il va nous faire courir comme des fous, murmurent les soldats quand ils le voient passer, aussi agile et vigoureux qu'un chien dangereux.

– Eh, c'est qu'ils nous ont promis de nous envoyer dans le Trentin.

– En Carnia.

– Ou au moins sur le Cadore[1].

– Là nous serons en villégiature.

– C'est toujours la même histoire. Quand ils nous flanquent dans les tranchées, ils nous promettent toujours de nous envoyer dans le Trentin, histoire de faire passer la pilule. Mais après, ils s'en moquent bien.

– Brigade, toujours prête au combat !

– Il faudrait faire comme la brigade Sassari qui en a eu assez et a fini un beau jour par se mutiner. Après ils les ont tenues leurs promesses[2] !

– Ils nous mettent au pied du mur. Si une brigade se comporte comme il faut, elle ne s'en sort plus. Ils lui donnent une ration supplémentaire de beaux discours, mais ensuite c'est toujours les mêmes qui doivent remettre ça, au-delà de toute discipline militaire.

1. Allusion au front italien occidental (Alpes carniques et Trentin).
2. Le 17 janvier 1916, la brigade Sassari s'est retournée contre ses officiers et a tiré quelques coups de feu en l'air ; elle a ainsi obtenu les permissions hivernales qu'elle demandait, sans subir aucune mesure disciplinaire.

Les brigades esquintées, elles, ils les envoient en permission dans
le Trentin. »

La brigade que je viens d'intégrer a connu toutes les offensives
du Karst et a été réduite à néant. Tout juste remise sur pieds grâce
à des compléments neufs, on la renvoie dans les tranchées. Les
commandements en font si grand cas qu'ils ne cessent de faire appel
à elle et l'usent sans répit.

Les soldats adorent rouspéter, mais demain ils seront prêts à
repartir en silence avec leur fatigue et leur exaspération accrochés à
leur énorme paquetage.

Nous sommes montés jusqu'ici, de nuit, à découvert.

Mais le front était silencieux, il y régnait un calme que je ne
connaissais pas. La guerre a changé : la puissance énorme de notre
artillerie a maintenant réduit les Autrichiens au silence. Sous la
menace des représailles, ils ne tirent même pas un coup de feu.

Nous avons contourné les anciennes positions conquises ; à
la fois menaçantes, tragiques et muettes, dans l'obscurité elles
ressemblent à des ossuaires. Le souvenir du passé qui pèse sur ces
hauteurs du Selz s'est emparé de nous et nous submerge comme un
cauchemar mystique.

En traversant la zone labourée par cent assauts et peuplée de
croix, nous avons regagné la première ligne qui a été repoussée
jusqu'ici, comme un rouleau sans fin sur une route pavée d'hommes.

Nous sommes en face de Flondar[1]. La tranchée creusée dans
la roche à vif, le long du flanc de la montagne, descend dans la
vallée de Jamiano pour remonter à nouveau le long des défenses
du flanc opposé, et disparaître en serpentant sur les hauts-plateaux
du Karst.

Nous savons que l'offensive n'est qu'une question de jours et
que nous serons de la première vague.

Un calme sinistre gravite sur le Karst tout entier. Durant le jour,
on entend seulement quelques échanges de tirs d'artillerie, rares,
ténus, perdus dans ce désert muet.

---

1. La bataille décrite eut lieu entre les 3 et 6 juin 1917, dans le secteur de
l'Hermada (Cf. Chronologie).

La troupe est enlisée dans la tranchée, immobile. Les bavardages au sujet de la nouvelle offensive ont cessé. Tous écartent avec fatalisme la pensée de l'événement, comme des fakirs, et s'oublient dans les tâches routinières : s'épouiller, consolider les abris, écrire des lettres, les dernières peut-être.

Pendant la nuit, quelques fusées, quelques coups de feu improvisés et partout un copieux martèlement, protégé par une entente tacite : d'un côté on creuse plus profondément les boyaux d'où jaillira le flot humain de la première ligne, de l'autre on renforce les défenses, fébrilement.

Nous pouvons sortir de la tranchée en toute tranquillité. Nous observons à travers le brouillard de pleine lune le fourmillement des lignes adverses, qui déversent dans le silence leur pacifique vacarme de chantier naval.

Cette nuit, j'ai entendu du tapage, tout en haut du couloir de roche. On m'a appelé. Je me suis glissé hors de ma caverne souterraine et j'ai sauté dans la tranchée voisine : le commandant de bataillon – celui aux trois médailles d'argent – inspectait la ligne.

« Du nouveau ?

– Non, rien.

– Demain, peut-être, on commencera à bombarder », me confiat-il à voix basse, sous son front plissé de rides comme la feuille d'un soufflet.

Un fusil lança dans le silence un long cri d'ennui.

« Au revoir ! laissa-t-il soudain échapper, en s'éloignant.

– Je vous suis, mon capitaine.

– Non, non, restez tranquille. On fait du bruit pour rien. »

Il remonta en toute hâte la tranchée, tête baissée entre les soldats parfaitement droits, tel un chamois pourchassé.

Le déluge a commencé ce matin.

Depuis les montagnes derrière nous se sont élevés des rugissements de bêtes en cage. Sur tout le Karst s'est répandue une clameur effroyable, répercutée en échos sourds, comme dans une énorme cavité de la terre.

Du désert face à nous commencent à remonter de longs filets de fumée, comme si par ses blessures béantes, cette terre maudite laissait filtrer son âme, par évaporation. Ces colonnes blanchâtres se sont progressivement enroulées et fondues ensemble puis elles ont enflé comme une avalanche couvrant tout le ciel de sa mousse.

De l'autre côté de la ligne autrichienne, on ne voit que ce lourd rideau tourbillonnant, qui se déploie d'un bout à l'autre de l'horizon.

L'ennemi se tait. Partout, les obus grignotent les cavités qui cisèlent la roche et qui font penser à une ville abandonnée par une dynastie de troglodytes.

Assis devant la grotte qui s'enfonce dans la montagne, j'assiste à ce spectacle titanesque.

À présent les canons commencent à tirer le long des premières lignes ; je suis des yeux le projectile, dont la trajectoire oscille en travers du ciel, hésite, puis poursuit dans l'autre sens sa courbe lente, et s'abat tel un jeune aigle aux ailes écourtées, piquant sur le sillon ennemi comme s'il s'agissait d'une proie. Instantanément, à l'endroit de sa chute, jaillit une gerbe énorme de vibrations blanches : la déchirure de l'air est comme un coup frappé sur le crâne.

On m'a envoyé à la compagnie deux tout jeunes aspirants. Ils ont rejoint hier le régiment depuis Venise, pour colmater les vides après la réaction nocturne.

Ils ont échoué dans cette bolge infernale depuis leur paisible ville, animés d'on ne sait quelles folles imaginations. Comme on devra se retrousser les manches dès demain matin, j'ai cru bon de les initier dès maintenant. Après le prêche de circonstance, je les ai lâchés dehors, le soir même, pour aller vérifier l'état des barbelés. Ils y sont allés, inquiets, mais déterminés. Si je ne les avais pas envoyés en reconnaissance, ils auraient fini directement dans la tranchée autrichienne. Des gars courageux : je croyais me moquer un peu d'eux, j'ai dû au contraire les embrasser tous les deux, comme des frères.

Tard dans la nuit, le commandant de bataillon m'a fait appeler.

Dans la tanière étroite, j'ai retrouvé les autres commandants de compagnie installés autour d'un capitaine que je ne connaissais pas. L'autre, celui aux trois médailles d'argent, s'était fait porter pâle quelques heures plus tôt, et avait filé au poste de secours.

« À cinq heures trente-cinq, l'artillerie rallongera son tir et on devra donner l'assaut.

– Entendu. »

Nous réglons méticuleusement nos montres sur l'heure officielle. On déplie sous mon nez une sorte de carte topographique.

« Voilà : on sort de la tranchée, on va jusque-là, puis on tourne à droite et on franchit cet autre passage. En face, c'est l'Hermada. On prend l'Hermada.

– Très bien. »

C'est singulier comme sur les cartes topographiques, les offensives sont toujours menées d'une seule traite et à bon terme.

« Derrière nous, il y aura sept ou huit vagues qui se succéderont.

– Entendu. »

Après un complément d'ordres concernant la distribution de grenades aux soldats, les signalements à l'artillerie, les modalités pour le ravitaillement, on nous libère enfin.

Avant de nous quitter, Geraldi et moi échangeons les adresses de nos familles en vue d'éventuels courriers, accompagnés des formules rituelles pour éloigner le mauvais sort, et nous nous embrassons longuement, en silence.

Cinq heures trente, une gorgée d'eau-de-vie.

Sur le cadran de ma montre, j'observe l'aiguille qui avance à une vitesse effrayante.

L'aube déploie une myriade de petits drapeaux colorés qui virevoltent dans le cristal bleu, comme un essaim d'ailes bourdonnantes dans le ciel limpide.

Dans cette clarté frigide, ces taches étincelantes, ce bruissement, quelque chose exulte, comme une salve de célébration.

Alcool ou sang froid ? Je ne sais pas.

Mais la pensée de la mort s'est évanouie. On ne pense plus aux tirs de la mitrailleuse, à l'explosion triomphale des obus, au dais funèbre des shrapnels, auxquels on s'apprête à exposer sa propre chair.

On ne pense pas à l'insuffisance des renforts, aux contrordres et au chaos qui immanquablement rendront le sacrifice inutile. On ne se rappelle pas le passé. Jeunesse de l'aube, jeunesse du sang !

Cinq heures trente-trois... Cinq heures trente-quatre...

Zut ! Là-bas en face, sur la cote 144, les grenadiers qui sont déjà en service, la sarabande de leurs silhouettes frénétiques se découpe contre le ciel.

« Dehors, les gars ! »

Au moment où les premiers s'élancent par les brèches ouvertes, le ciel explose soudain comme en proie au déchaînement d'une déflagration atmosphérique. Une rafale s'abat sur nous, aveuglante. Les shrapnels tombent les uns après les autres, exactement au-dessus de la tranchée et les balles s'écrasent en pluie contre la paroi postérieure, en détachant des éclats de roche.

Une pierre me cogne la lèvre : juste une goutte de sang.

On n'entend plus qu'un écho démesuré qui nous enveloppe, nous empêche de parler, qui nous fige pendant un instant dans un état de stupéfaction irréelle.

Les soldats se jettent contre le fond de la tranchée, la tête entre les mains. Le tir de barrage dresse au-dessus du parapet et jusqu'aux lignes ennemies que l'on aperçoit sur la pente en face, un épais rideau nébuleux, crevé d'éclairs qui fusent depuis la terre et depuis le ciel.

Je vois, sur notre gauche, les grenadiers qui s'échappent de leurs abris comme un essaim d'insectes.

Il faut que nous sortions nous aussi, pour assurer la continuité de la vague d'assaut.

« Dehors ! Dehors ! »

Je m'empare d'un soldat, plus inerte qu'un sac.

« Mon lieutenant, tirez-moi une balle, mais je ne peux pas sortir... »

Je le hisse jusqu'au sur le rebord de la tranchée et il s'élance, en courbant le dos, puis disparaît : un à un tous sautent par-dessus le parapet. Ils s'arrêtent un instant, puis se jettent tête baissée dans la nuée qui tourbillonne.

Au fond de la tranchée, j'aperçois une masse indistincte : c'est le détachement des pistolets-mitrailleurs qui est resté aggluciné contre le rocher et qui ne parvient pas à s'en extirper.

Je crie quelque chose, mais je comprends que rien ne réussira à les déloger de là. Il va nous manquer une liaison à droite, mais on n'a plus de temps à perdre.

Tandis que je m'agrippe à la paroi pour sortir, un obus explose dans un nuage de fumée juste devant le passage et son souffle me rejette en arrière.

Ça y est ! Je suis dehors ! Quatre ou cinq hommes me suivent en courant, tous alignés derrière moi : nous dévalons la pente qui bouillonne et qui fume comme un terrain volcanique.

J'aperçois du coin de l'œil, là-haut, découpée sur les flancs du haut-plateau, une théorie de marionnettes qui court vers Selo avec de grands gestes désarticulés. Au fond du vallon, mêlés à la vague qui enfle, des prisonniers se dirigent en masse vers nos lignes ; un obus de gros calibre s'écrase sur ce fourmillement d'hommes, y creuse un cercle rouge qui se détache du sol et reste un instant suspendu dans l'air, rutilant au milieu d'un flot de fumée noire. Aux marges du gouffre, comme des lambeaux arrachés, des hommes s'enfuient en courant.

Ivres, nous nous poussons, nous nous cognons.

« Là-bas ! Là-bas ! Un avion ! »

Une gerbe de feu tournoie dans les airs, surgissant du ciel dans un long cône de fumée. On n'a pas le temps de regarder, ni le temps de s'arrêter.

Le sifflement d'un autre obus nous force à nous plaquer derrière un rocher : une vague de terre se dresse, et retombe en formant de larges franges semblables à l'écume. Aussitôt après, un shrapnel éclate au-dessus de nos têtes, découpe net un buisson qui se débat en essayant de se déraciner du sol, puis continue de trembler sur place, décapité.

Nous nous regardons sans nous observer, ni entendre, dans le vacarme, le timbre de nos voix : nous constatons, sans y croire, que nous sommes encore entiers.

Il est impossible de voir quoi que ce soit. J'imagine mes hommes perdus, allant à tâtons dans cet énorme nuage de poussière brûlante.

« La mitrailleuse ! Plus bas ! »

On a été repéré. L'air est perforé de pointes, fines, rapides, sifflantes : les balles serrées soulèvent des plumeaux de poussière autour de nous ou viennent frapper, comme sous les coups d'un marteau, le bloc de pierre qui nous sert d'abri. La mort rode autour de nous en faisant cliqueter son squelette, satisfaite de nous avoir pris au piège, comme des mouches sous une cloche.

Un blessé m'agrippe avec la force d'un noyé et me fait basculer ; je ne l'avais même pas remarqué. Je m'écroule sur lui, mes membres s'y empêtrent comme dans un inextricable buisson de ronces.

« Pousse-toi ! Lâche-moi ! » crié-je en tentant de me dégager.

Il est sur le dos, il n'a plus de chemise. Sa poitrine est marquée d'un trait de faux rouge, comme un tatouage ; sa bouche est déchirée jusqu'à l'oreille et semble ricaner, des dents surnagent le long de cette déchirure comme les pépins d'une orange écrasée. Il en sort un hurlement long, inarticulé, uniforme.

D'une secousse, je me dégage de ces griffes qui s'accrochent à moi et je m'élance à nouveau, foulant du pied des masses élastiques, tête baissée, comme à travers un incendie.

En un bond, nous sommes sur la ligne de défense avancée : niches désertes, détruites, alignées sous des écheveaux de fer emmêlés, où s'ouvrent par endroits de larges vides.

Les éboulis de pierres recouvrent partiellement des corps renversés.

Nous venons de passer l'écran de tir de barrage ; nous nous arrêtons un instant, avec l'impression de rouvrir enfin les yeux sur le monde.

Derrière nous, émergeant au-dessus des nuages, se dessine la crête ébréchée de nos tranchées.

« Mais les autres vagues, pourquoi est-ce qu'elles suivent pas ? » lance rageusement un soldat à la capote dégoulinante et marquée de traces jaunes à cause des projections sulfureuses d'une explosion.

Sur la montagne, on voit remuer quelque chose : une masse d'hommes surgit, le flot se déverse par une brèche.

« Ils arrivent ! Là-bas, ils arrivent ! »

Un nuage dissimule ce flux humain ; lorsqu'il se dissout, il laisse entrevoir le sol jonché de corps et la tranchée maintenant déserte.

Le bombardement a bloqué les renforts sur les positions initiales et nous isole sur les positions ennemies.

« Malédiction ! Voilà qu'ils tirent sur nous maintenant ! »

Notre artillerie, pensant sans doute que l'attaque a échoué, a raccourci son tir, et maintenant ce sont nos propres obus qui tombent sur nous : ils explosent dans les barbelés alentour, et nous criblent de cailloux.

Nous envoyons des signaux avec nos mouchoirs, en vain. Impossible de battre en retraite à cause du barrage ennemi ; impossible de rester sur ces positions, frappées par le tir de plus en plus serré de notre artillerie.

En direction de Selo et au sommet de la montagne, la première vague avance par petits groupes clairsemés. Peut-être n'y a-t-il pas de résistance devant nous ? Peut-être le bombardement nous a-t-il ouvert la voie ?

« En avant ! »

Nous montons vers l'extrémité de l'arête de la montagne ; nous passons un à un à travers les barbelés grâce à un passage moins fourni en fils métalliques, et nous sommes sur la crête. De la tranchée ennemie, il ne reste qu'un long entassement de ruines ; en divers endroits, certains amoncellements forment d'étranges casemates. Il y a partout des cadavres, des blessés aussi : abandonnés au milieu de cette désolation, tels des naufragés, ils lèvent vers nous leurs bras et leurs invocations.

Devant il n'y a plus rien : un cyclone semble avoir transformé ce monde ennemi en nécropole silencieuse. Un sentiment de libération s'empare de nous.

Nous franchissons une barricade de vieilles ferrailles et poursuivons notre course : sur le bastion du Karst, les grenadiers sont loin devant nous ! Toute notre vague est passée, c'est sûr.

Mais le bombardement de notre artillerie se déchaîne sur nous : nous entendons dans notre dos le mugissement des obus à l'approche.

« Tous à terre ! » Une explosion soulève une gerbe de terre : nous restons étourdis, désorientés.

Tandis que j'essaie de me relever, j'entends du bruit dans mon dos. Des hommes se jettent sur moi.

Je vise le plus proche avec mon revolver, mais le coup ne part pas car l'arme est enrayée à cause de la terre. Un coup violent sur le poignet me fait ouvrir le poing et deux bras m'enserrent comme une spirale d'acier.

Je regarde, désemparé, l'homme que j'allais tuer et qui me fait face, j'attends que la tornade le frappe à son tour.

Mais il me tend la main – c'est un officier – et, devinant mon hésitation, dit paisiblement :

« C'est la guerre[1] ! »

Ils nous entraînent vers un de ces tas de ruines qui ressemblent à des casemates, mais qui signalent en réalité, au milieu de ce chaos, l'orifice d'une grotte dont on ne voit pas le fond. Sur le seuil, une mitrailleuse fait quelques soubresauts en crachotant des volutes de fumée.

Au moment où nous allons y pénétrer, un sergent accroupi derrière son arme lance vers moi un regard injecté de colère. Il se lève, se place debout face à moi pour m'obliger à l'éviter ; son arrogance est si évidente que, d'un geste impulsif, je le rejette sur le côté. Il vacille, en hurlant une invective barbare, puis il se jette sur moi, en brandissant quelque chose qu'il vient de sortir soudain de son ceinturon.

L'officier qui me suivait intervient, il le saisit à la gorge comme s'il s'agissait d'un jeune serpent et le jette sous la mitrailleuse ; son corps s'effondre sous la bouche de l'arme, qui a continué à battre impassiblement la cadence de sa marche frénétique.

La grotte, reliée à la surface par deux conduits opposés, est remplie de soldats et encombrée de caisses.

Dehors, l'ouragan fait rage et envoie jusqu'à nous des bourrasques soudaines et des bouffées de poussière blanche.

Deux sentinelles veillent à la sortie, agrippées à leur fusil. La véhémence des rafales les oblige de temps en temps à se courber.

Entourés de tas de grenades et de fusils, de mitrailleuses posées au sol comme des sauterelles meurtrières, les soldats attendent en fumant tranquillement ; ils tirent sur de drôles de pipes, aussi longues et goudronneuses que des tuyaux de poêle.

L'officier me demande si j'ai avec moi des papiers d'identité. Je cherche mon portefeuille, mais il me fait signe d'un geste que c'est inutile.

---

1. En français dans le texte.

Je m'assois, la tête entre les mains.

Me voici, d'un seul coup, à l'intérieur de ce monde, que j'ai tant de fois scruté par-delà une inaccessible frontière, et que je me représentais avec le même sentiment d'irréalité que le souvenir d'époques révolues.

J'ai l'impression d'être seul au milieu d'un continent inexploré, parmi des gens qui me sont étrangers, comme lorsque, enfant, je me laissais emporter par les fées à travers les nuages.

Depuis le seuil de la grotte, la sentinelle s'est retournée vers la pénombre et a donné l'alarme.

Sur un signe bref de l'officier, tous se sont lancés dehors en courant et en se bousculant, alourdis de grappes de grenades et de mitrailleuses aux squelettes terribles.

Notre artillerie a allongé ses tirs et les obus suivent une trajectoire haute à présent, en décrivant une longue courbe sonore. Je vois les hommes qui se placent en ligne là-haut et j'entends le crépitement des armes et le fracas profond des grenades qui s'abattent sur la vague qui ondoie, et vient vers nous.

Peut-être que...

Je suis attentivement le déroulement de la conversation, qui tour à tour s'anime et s'accélère puis se distend dans de longues pauses, au rythme du tonnerre de l'artillerie.

L'attaque est interrompue. Les hommes redescendent en s'engouffrant dans le conduit, puis s'éparpillent dans la grotte.

L'officier se penche sur le téléphone, fait quelques tentatives, rejette le microphone avec rage.

« *Kaput !* » dit-il en accompagnant son propos d'un geste sans équivoque.

On nous envoie vers l'arrière, au commandement de régiment, avec une escorte armée qui marque la cadence dans notre dos.

Nous apercevons, le long de la première ligne dévastée, d'autres embouchures de grottes ; nous sommes tombés dans ces pièges, qui permettent à l'ennemi de rester au beau milieu de la tempête au moment où celle-ci s'acharne en vain sur la vaste étendue de pierres, d'attendre que l'artillerie allonge son tir et que les vagues d'hommes apparaissent.

Je cherche, sur le terrain derrière nous, ces terribles lignes de défense qui emplissent les cartes de nos commandements d'un réseau touffu de gribouillis rouges, et j'essaie de deviner l'importance des troupes qui se battent contre nous.

Au-delà de ce premier barrage, il n'y a rien d'autre que la steppe tourmentée par l'artillerie, seulement écornée de loin en loin par quelques tronçons encore visibles de l'ancien boyau. À proximité du commandement de régiment, on voit un unique peloton de soldats, qui attend.

Les routes solitaires qui s'étirent vers Trieste au-delà de l'Hermada, sont des fleuves de poussière sur lesquels voguent de vieilles charrettes brinquebalantes.

Je me rappelle les tirs concentrés de l'artillerie ennemie, qui nous réduisaient en charpie au fond des trous sinistres où nous étions pris au piège. Je me rappelle nos marches, toujours vibrantes de fièvre et de vie. Et je pense avec tristesse que si d'autres bataillons nous avaient suivis, si toute la vague avait ratissé le terrain, un petit nombre d'hommes aurait suffi à boucher les grottes, où nous nous sommes fait prendre.

Tous les survivants de la première vague ont été capturés de cette façon.

Maintenant que nous avons enfin les armes nécessaires, les soldats, qui sont pourtant les mêmes qu'avant, ceux de tous les tours de tranchées et de toutes les offensives, sont des hommes usés, démoralisés, abattus par les centaines de massacres qu'ils ont vécus.

Captivité

Quand nous sommes arrivés à Sigmundsherberg, les vieux officiers prisonniers ont accouru vers nous, fraternellement.

Ils sont les survivants des mêlées les plus désespérées du Karst, quand on faisait la guerre avec les poings et avec les dents, et qu'on sortait du bourbier pour monter à l'assaut en sachant qu'on allait y laisser sa peau.

C'est une population inerte et triste, comme la foule recluse d'un hôpital : sur tous les visages, des rides et des plis expriment un incurable chagrin.

Notre arrivée a réussi à éveiller quelque lueur dans ces regards opaques.

Les questions se bousculent, et personne ne répond.

« Alors, comment ça se passe, là-bas ?

– On avance ?

– On y est cette fois, n'est-ce pas ?

– Dites, comment ça va ? »

Nous cherchons des phrases évasives ; personne ne répond.

Quelques-uns d'entre nous sont allés faire des confidences aux officiers qui ont été capturés lors de l'offensive précédente, ils sont davantage au courant.

Des petits groupes se forment entre les baraquements.

« Les soldats sont fatigués. Ils n'avancent plus.

– Je les ai tous perdus en route. Ils se terrent, ils se cachent, ils ne veulent plus rien savoir.

– C'était sûr, avec ces offensives à échéance fixe, ça devait finir comme ça.

– Avant, ils allaient se faire tuer joyeusement, par régiments entiers. Maintenant ils ne veulent plus risquer leur peau, même quand ça en vaut la peine. Ils sont à bout.

– Moi, j'ai tiré dans les jambes de deux soldats pour donner l'exemple ; cela n'a servi à rien.

– Moi j'en ai perdu dix-neuf qui ont fui l'autre nuit, quand le bombardement a commencé. Il faudrait les tenir avec une discipline féroce, comme les Autrichiens.

– Mais eux, leurs soldats, ils les relèvent, ils ont un roulement régulier et des troupes fraîches pour les attaques, alors que nous, quand on se lance dans une offensive, on a un mois de tranchée dans les os ou bien deux ans d'ancienneté sur le front. On est des hommes : on a une résistance d'homme.

– Mais les commandements, ne savent-ils pas tout cela ?

– Eh, tous les colonels tiennent à faire savoir que leur propre régiment est le meilleur au monde, alors on trouve toujours une solution.

– Et comme le premier qui se risque à dire que les soldats sont fatigués se retrouve devant un tribunal, on finit par dire ce qu'ils veulent entendre.

– Personne n'a le courage de dire la vérité.

– La vérité, en temps de guerre, elle est gangrenée !

– Espérons qu'ils ne bougeront pas.

– J'ai entendu dire qu'en octobre[1], ils lanceront une offensive de grande ampleur.

– Dieu nous garde !

– Vu les conditions de notre armée, ils vont aller tout droit jusqu'à Milan. Les canons ne suffisent pas pour les repousser.

– Et les tranchées non plus, s'il n'y a personne pour les défendre.

– C'était avant qu'il nous fallait des canons, quand les soldats étaient prêts à tout et qu'il fallait les retenir !

– Eux, on peut dire qu'ils savent mener une offensive ! En mai (quand j'ai été fait prisonnier), il leur a suffi d'un seul bataillon, et d'une seule nuit, pour reprendre presque tout le terrain que nous avions réussi à conquérir, centimètre par centimètre, pendant

1. Allusion à l'offensive de Caporetto du 24 octobre 1917.

l'offensive des jours précédents, avec une infinité de régiments et une infinité de morts. Un capitaine autrichien m'a assuré ensuite qu'ils n'avaient pas du tout l'intention d'aller aussi loin : comme ils savaient qu'il devait y avoir la relève, leur seul but était de profiter de ce moment critique pour créer un peu de remue-ménage et capturer quelques prisonniers ; mais quand ils se sont aperçus qu'ils avaient le champ libre, ils ont continué sur leur lancée, comme ils en ont l'habitude.

– Notre bulletin avait parlé à propos de l'opération de ce détachement de "contre-offensive autrichienne". »

Je pense à ce que deviendront ces faits nus, misérables et douloureux, expression exacte de ce que nous avons eu sous les yeux pendant si longtemps, quand les élucubrations officielles et les enquêtes à venir s'en seront emparées.

Cinq mois ont passé. On nous a déplacés dans le camp de Theresienstadt, triste ville perdue au fond d'un désert sans routes, peuplée de fables et de loups.

À nouveau, nous déambulons comme des bêtes errantes entre les baraquements, le cœur plein d'un désespoir muet et déchirant.

Quand cela finira-t-il ?

Nous regardons, avec une angoisse indicible, l'horizon lointain, les maisons lointaines qui s'illuminent de petites lumières le soir comme un ciel étoilé.

La faim nous tenaille le ventre. Mais ce n'est peut-être pas la faim qui nous fait souffrir le plus : c'est cette exclusion du monde, cette claustration indéterminée, cet immense besoin de vivre qui se débat en nous aveuglément, et qui nous semble vouloir ouvrir dans notre crâne un abîme de folie.

Dans un an, peut-être deux, trois ans même, nous serons encore ici, enfermés, muets, faméliques comme nous le sommes à présent...

Entre nous et le monde, il n'y a rien d'autre qu'un fin serpent de rails qui se déroulent à travers un continent infini.

Le camp est divisé en deux quartiers.

Le premier est enfoncé dans une cuvette pleine de broussailles sauvages, qui se referme sur nous et nous prive ainsi de l'étendue

de l'horizon ; au-delà de notre cage de grillage métallique passent
et repassent les silhouettes automatiques des sentinelles rehaussées
de leur fusil à baïonnette comme d'un trait de foudre. Elles vont et
viennent avec un rythme lent et égal de pas : on dirait des pendules
humains qui rythment paresseusement notre attente infinie.

Les baraquements, disposés selon un tracé géométrique, sont
divisés par des cloisons très fines en petites cellules, comme des
alvéoles.

L'autre quartier est à l'intérieur du fort, une construction médié-
vale cyclopéenne, aux murailles plantées dans de larges fossés
sombres, où s'étiolent nos âmes en filant les soies de la mélancolie
comme des chrysalides dans un cocon transparent.

Par les fenêtres quadrillées de barreaux filtre un jour verdâtre,
qui remonte des douves humides.

Les prisonniers restent toute la journée couchés sur les lits de
camp dont sont emplies les chambrées aussi exiguës que des dortoirs
d'hôpitaux, pour économiser leurs énergies rongées par la faim.

Certains sont enroulés sur eux-mêmes comme des serpents, silencieux, pour réprimer les morsures de l'estomac ; d'autres étendus
en contemplation, avec une fixité maniaque dans les yeux ; d'autres
encore occupés à remplir des rectangles de papier de mots très menus,
ou bien plongés dans des lectures qui n'avancent jamais, tant leurs
pensées sont loin et leurs regards toujours accrochés aux mêmes mots.

Les heures tombent du sommet de la tour, l'une après l'autre,
sur notre cerveau malade, aussi douloureuses que des coups de
poignard.

Dès que le son de la cloche envahit le silence, pour annoncer
tristement l'heure du repas, tout le monde se rue en bas, en direction
des locaux situés aux étages inférieurs et d'où sortent de longs filets
de fumée comme dans un début d'incendie.

Un bol d'eau chaude, avec quelques morceaux de légumes qui
flottent à la surface, un lambeau de viande, ou bien un quart d'œuf
ou un huitième de hareng et cinquante grammes d'un pain terreux :
le repas est servi.

Ici et là on se dispute pour la répartition des tranches de pain
qu'une balance primitive a déjà pesées, ou pour s'approprier les

miettes égarées. Chacun veille sur son dû comme sur un butin de chasse. On vitupère contre le commandement, on soupçonne certaines escroqueries de la part des cuisiniers, on proteste contre les décisions arbitraires du directeur de la cantine. Puis la tourbe famélique reflue vers l'extérieur, lentement. Et chacun pense qu'il devra supporter pendant un après-midi entier cette souffrance qui lui creuse les joues, avant de voir se répéter la même scène avec le repas du soir, inéluctablement.

On ne pense plus à rien d'autre : la faim nous accable, pareille au grand gel du nord qui anéantit, sous un déluge de brouillard, l'activité de notre esprit et nous replie comme des herbes sur nos ventres vides. La foule se répand dans la cour en formant des petits groupes. Il y a les contemplatifs, occupés à surveiller les mouvements des nuages qui se séparent sur l'émail du ciel comme les volutes de fumée du thé sur une énorme tasse renversée ; les rhéteurs, qui se réunissent à quelques-uns comme des conjurés pour prophétiser sur la paix, discuter de la guerre, conjecturer sur l'arrivée des colis ; les péripatéticiens, qui déambulent dans la cour avec l'héroïque constance des chevaux aveugles qui font tourner les meules, tête baissée, en silence, comme s'ils étaient en quête de quelque gisement de truffes.

Peu à peu, tous rentrent s'abriter dans les dortoirs sombres, sur les lits de camp alignés comme des cercueils dans l'allée d'un cimetière. Dans le silence qui se refait, on entend plus résonner dans la cour déserte que la cadence monotone des sentinelles qui passent et repassent sur cette lisière du monde.

Et les heures s'écoulent l'une après l'autre depuis le sommet de la tour, aussi douloureuses que des coups de poignard.

Il y a dans ce gâchis de jours inutiles, dans ce vide où s'égrène le chapelet des heures, l'effroi d'hommes éloignés de toute terre ferme, seuls sans espoir, épouvantés par leur propre fatigue.

Face à l'inconnu, qui nous tend continûment des pièges comme des vortex à la surface des eaux, on dirait parfois que notre esprit s'abandonne à la dérive comme un radeau sans rames.

Noël : un jour semblable à tous les autres jours, mais que nous percevons comme différent.

Nous sommes couchés sur nos paillasses, silencieux ; nous regardons les carrés pâles entre les barreaux. Il neige dehors.

« Noël, il neige, miracle de l'organisation », dit une voix en bâillant.

Il y a des fenêtres qui brillent au loin, des tentacules de fumée qui montent des cheminées pour s'accrocher au ciel à travers les estafilades blanches, comme nos pensées. On n'entend plus le pas des sentinelles : peut-être que la neige a aussi emmailloté la cloche de la tour, qui ne connaît pas le triste plaisir de se taire. Il émane de toute cette blancheur un peu de lumière.

Quelqu'un chantonne, enseveli sous ses couvertures : de temps en temps il se lève, replie son maigre corps d'insecte sur un côté, engloutit de longues gorgées d'un succédané de vin, lentement, comme un purgatif. Puis il replonge sous ses couvertures et se remet à chantonner. Il doit être saoul : nous, qui n'avons pas un sou en poche, nous l'envions. Quand on est sous l'effet du vin, on écarte de soi bien d'inutiles mélancolies, et on ne reste pas pendant des heures à regarder, comme en proie à des hallucinations, les fenêtres qui brillent là-bas au loin et les tentacules de fumée qui tentent en vain de s'accrocher au ciel, comme nos pensées.

Une escouade de soldats prisonniers est arrivée au camp ; ils nous ont été assignés comme ordonnances, rescapés d'une centaine d'hommes envoyés comme tant d'autres travailler en Galicie.

Ce sont des squelettes couverts de loques : leurs troncs sont des boîtes plates et carrées, sur lesquelles brandille leur crâne, comme une trappe mal ajustée.

Dès qu'ils sont arrivés, ils sont allés fouiner avidement dans les poubelles de la cuisine ; ensuite ils se sont mis à errer de long en large dans la cour, les yeux vers le sol, en se baissant de temps en temps pour arracher une herbe à la gouttière d'un lavabo ou un trognon de pomme à la boue vorace, sans cesse retournée.

Les voilà, lents et incertains sur les échasses de leurs jambes décharnées ; on dirait qu'à chaque pas, ils sont prêts de tomber sur leurs genoux, et de rentrer en eux-mêmes comme dans une coquille.

J'ai passé un moment avec un de ces rescapés qui s'acharnait à mordre un os dérobé à la cuisine. Il faisait partie d'un groupe de deux cent soixante prisonniers envoyé en Galicie dans le camp de concentration de la troupe. Il en est revenu depuis quelques jours avec cinquante survivants.

Au camp de la troupe, on laisse nos soldats mourir de faim comme s'il existait une volonté de destruction systématique : aucune aide n'arrive de la patrie, qui semble avoir renié ces combattants malchanceux, capturés lors des premières offensives héroïques sur le Karst, à cause de cette fatalité que seuls ceux qui n'ont pas vu la réalité de la guerre peuvent se refuser de comprendre.

Beaucoup ont été capturés alors qu'ils venaient d'être blessés au combat ; tous sont victimes du devoir accompli ou de la mentalité antédiluvienne de certains généraux experts en grandes manœuvres et en conférences d'état-major.

Pour les déserteurs, il existe des camps de déserteurs ; mais eux, ce sont des prisonniers de guerre, et les Autrichiens, qui savent très ce qu'ont enduré ceux qui ont connu les veilles dans les tranchées et les assauts, les considèrent avec respect.

Il semble qu'une sourde rancœur habite ces soldats : tandis que les prisonniers français, anglais, et même russes sont approvisionnés en vivres directement par leur gouvernement, les nôtres sont tout simplement abandonnés. Notre gouvernement consent à peine à ne pas interdire aux familles, qui sont parvenues à obtenir des renseignements et qui disposent de quelques moyens, d'envoyer des vivres : tous ces colis, qui transitent sans protection officielle, s'égarent souvent en cours de route et ne parviennent pas à trouver leur destinataire dans leurs pérégrinations d'un champ de bataille à un autre, d'une zone de travail à une autre.

Au camp de la troupe, voisin du nôtre, quinze mille soldats sont concentrés : il en meurt environ soixante-dix par jour, de faim. Ils s'écroulent d'épuisement, tandis qu'ils attendent, alignés, la distribution du repas, ou bien ils sont retrouvés froids, au matin, comme des cadavres raidis par le gel.

Souvent, ces morts ne sont pas dénoncés tout de suite : pour pouvoir profiter de leur portion de nourriture, les camarades les dissimulent, cachés sous leur paillasse, jusqu'à ce que le processus de décomposition rende leur présence insupportable.

De ces concentrations de prisonniers sont prélevés régulièrement des groupes de cent hommes qui, sur ordre d'officiers désignés
pour l'occasion et dispensés de rendre des comptes ou de présenter
des rapports, émigrent vers les lignes du front. On sait le destin qui
les attend, dressé comme un spectre au-dessus des cimetières sans
fin du front russe.

Et quand arrive l'ordre pour les partants de regagner leurs rangs,
il faut souvent user de la force pour les extraire des citernes et des
cloaques où, cherchant un dernier refuge désespéré, ils sont allés se
terrer jusqu'au cou dans l'immondice.

Ils vont creuser des tranchées de barrage, construire des voies
ferrées, fabriquer des squelettes improvisés avec les os disséminés
le long des routes de la guerre ; un crâne et deux tibias, un nom et
une croix de bois pour chaque tombe, à qui seul le printemps offrira
quelques fleurs et les nuages quelques condoléances.

De tous les détachements qui partent, il ne revient que quelques
escouades efflanquées : les hommes sont restés pour la plupart au
bord des rails d'une voie ferrée en construction, tués par la faim, ou
le long des routes militaires, achevés à coups de bâton.

Ce malheureux avec qui je fais un bout de conversation est
revenu de là-bas avec sa propre mort dans les entrailles : il est
dévasté par la phtisie, comme tant d'autres. Sa peau s'est tendue
sur ses os comme une poche transparente ; toute sa vie semble avoir
trouvé refuge dans le creux de ses orbites.

Il caresse, comme un songe, l'espoir de pouvoir mourir dans sa
maison lointaine. Il dit :

« On pleure les morts ; pourtant les morts n'ont pas souffert
comme nous-mêmes, qui attendons de mourir. »

Il se lève et s'en va, en mordant son os comme un chien errant :
à travers son pantalon en lambeau transparaissent à chaque pas ses
tibias desséchés.

J'ai entre les mains un journal de chez nous, apporté hier par
un officier qui vient d'être capturé : j'y lis qu'un homme de notre
gouvernement a déclaré qu'on ne voulait pas et qu'on ne devait pas
s'occuper des prisonniers de guerre.

Soit. Pendant ce temps, ici, les prisonniers de guerre sont exter-
minés, et ces terres d'exil se recouvrent de cimetières.

Côté autrichien, en ce qui concerne les prisonniers morts italiens, on avance le nombre de cent mille.

Mais son Excellence ne veut pas s'en occuper. Plus tard, quand la paix sera signée, s'il vient à quelqu'un la lubie de demander des explications, on rejettera la faute sur le compte de la barbarie innée de l'ennemi et le sujet sera vite épuisé.

On enverra tout au plus deux ou trois comités pour consacrer les cimetières et asperger de larmes et de péroraisons officielles les tombes de ces malheureux morts de faim.

Les éternelles disputes au sujet de l'arrivée des colis ont été couronnées aujourd'hui par une nouvelle sensationnelle. Le mystérieux train dont nos prévisions suivaient les pérégrinations à travers tout le continent depuis trois mois, comme un convoi fantôme, sera bientôt là.

Certains se laissent aller à un lyrisme béat, d'autres s'obstinent à insinuer une pointe de doute dans l'exultation générale. Mais l'atmosphère s'est emplie de soleil et l'habituelle sécheresse des paroles a fait place à des déluges d'éloquence.

« Maintenant que des huiles ont été capturées, il y en a bien un qui pensera à nous.

– À moins qu'on ne cherche à nous rendre aussi responsables de Caporetto : nous, nous n'avons rien à voir avec Caporetto.

– Trois cent mille prisonniers, et vous voulez qu'ils soient tous coupables ?

– Neuf sur dix d'entre eux ne sont probablement que des victimes.

– Un très grand nombre a été capturé parce qu'ils ont respecté la consigne de ne pas abandonner leur secteur. S'ils avaient filé en automobile comme ces messieurs de l'état-major et des commandements, ils seraient encore là, ces valeureux combattants.

– Par exemple le capitaine A., me confie Ortolani, qui était resté dans mon ancien régiment, et qui m'a rejoint il y a quelques jours, blessé, le capitaine A. qui commandait mon bataillon à Codroipo, quand je suis allé le rejoindre dans la maison où il s'était installé pour diriger la résistance, il n'était plus là. Il s'était carapaté sans rien nous dire, aux premiers coups de feu des avant-gardes. Maintenant on peut être sûr qu'il vitupère contre la lâcheté de ces prisonniers, qui ne se sont pas fait tuer à leur poste.

– Des coupables, il doit bien y en avoir !

– Mais ceux-là, ils trouveront bien le moyen de s'expliquer quand ils rentreront.

– Il faudra les juger. C'est juste. Mais on devrait aussi engager un procès contre ceux qui les ont réduits à l'état de loques, et qui n'ont pas compris qu'on ne pouvait rien demander de plus à ces désespérés. »

Au fond du dortoir, sur fond de carrés de ciel, pareils à des scènes peintes sur les vitraux des cathédrales, ce sont toujours les mêmes philosophes qui discutent des mêmes sujets.

« Moi je pense à ce que vont devenir, après la guerre, tous ces hommes qui vont retrouver d'un seul coup la liberté.

– On verra se créer deux camps : celui des anciens combattants et celui des anciens embusqués.

– Moi je crois plutôt que chacun suivra la voie du profit, en fonction de son propre appétit ; bien sûr il y aura deux camps : ceux qui auront quelque chose à défendre et ceux qui auront quelque chose à conquérir, comme avant. Les anciens combattants abdiqueront leurs droits acquis et ils se chamailleront entre eux, à la grande satisfaction des nababs, qui éviteront ainsi de devoir valider par des actes les boniments serinés par le passé.

– Et nos héroïques fantassins, s'ils osent relever la tête, on en fera à nouveau de la racaille bonne pour la mitraille…

– Il y aura tant de choses à changer, après !

– On ne cesse de proclamer depuis quatre ans que la guerre doit être combattue pour la liberté et pour la justice. Si ces promesses ne sont pas satisfaites, la guerre n'aura été qu'un inutile massacre, et la raison sera du côté de ceux qui la maudiront haut et fort.

– La guerre, moi, ce n'est pas pour Trente et Trieste ou pour l'Alsace et la Lorraine que je l'ai faite, mais pour une civilisation nouvelle : non pas contre l'Autriche, mais contre le militarisme, contre la guerre.

– La liberté et la justice ! Des chansonnettes pour les cœurs simples ! Ce qu'il faudrait, c'est que la paix ne soit pas conclue par les vieux courtiers de la politique, habitués aux chantages, aux conjurations, aux discours publics grandiloquents.

– Sur la guerre, mon ordonnance a des idées plus éclairées que Clémenceau.

– Maintenant ils font de beaux discours avec tous les trémolos, ensuite ils se mettront d'accord pour renier leurs promesses ; de toute façon, bientôt, personne ne se souviendra plus de rien.

– Il faut que l'Entente ne fasse pas ce que ferait l'Allemagne victorieuse. À quoi cela servirait-il ? Si la France occupait la moitié du territoire allemand, elle serait sans doute plus inquiète encore qu'avant.

– Maintenant ils parlent d'indépendance : mais à la fin, ils exigeront tel morceau en raison d'une nécessité stratégique, tel autre en garantie, et ce troisième en guise de compensation économique. Comme toujours ! Et nous serons au point de départ.

– Non, nous ne pouvons pas revenir en arrière.

– On a toujours fait la guerre et on la fera toujours. Les animaux se dévorent entre eux ; les hommes s'entretuent en grande pompe en se faisant la guerre. L'homme sera toujours ce qu'il a été : donnez-lui un panache et un insigne et il se fera tuer pour défendre son attirail décoratif.

– On a toujours fait la guerre et on la fera toujours ! Voilà ce qu'il ne faut plus dire. Ces théories de la transmission héréditaire et de l'éternel retour sont criminelles. L'idée d'une nouvelle loi est la seule qui soit digne d'une guerre d'une telle ampleur : combien, parmi ceux qui se veulent idéalistes, ne croient pas à cet idéal plus haut que tous les autres ! L'ennemi n'est pas l'Allemagne, mais la haine entre les peuples, instillée par profit politique et dispensée dans les écoles, dans les livres, dans les processions patriotiques. On ne fera plus la guerre quand, en aimant sa propre patrie, on ne haïra pas celle des autres, quand trente millions de combattants penseront qu'on doit en finir avec la guerre.

– On finit par tout oublier : voilà le mal. Beaucoup de ceux qui, dans les tranchées, ont passé tout leur temps à décrier la guerre, se remettront ensuite, une fois le danger passé, à jouer les héros sur la place publique. La guerre exalte les esprits, parce que beaucoup y donnent leur vie au nom d'une idée : mais c'est cette idée qu'il faut prendre en considération.

– Fadaises !

– Moi je sais que ceux qui ont fait la guerre dans les tranchées pensent maintenant comme moi. Les autres sont des embusqués, même sur le front, on en trouve beaucoup. »

On lit les comptes rendus des pourparlers de paix avec la Russie : quelqu'un traduit les déclarations officielles, que les journaux allemands rapportent par le menu.

« En voilà un qui déclare que tous les peuples de Russie devront choisir, au moyen d'un plébiscite, à quelle nationalité ils voudront appartenir. C'est un Russe. Il a parlé en faveur de l'auto-détermination.

– Auto-détermination, marmonne un soldat qui jusqu'à présent écoutait dans un coin, moi je ne sais pas ce que veut dire ce mot, mais celui qui a parlé de la sorte est un honnête homme. »

Une clameur s'éleva soudain de la cour, semblable aux cris d'une émeute : c'était le signal.

Nous nous précipitâmes vers les fenêtres : deux charriots aussi pansus et lourds que deux paquebots tirés hors de l'eau, faisaient leur entrée dans le camp.

Les colis !

Les plus affamés ont dévalé les escaliers dans un désordre insensé ; ils vibraient comme des instruments à cordes, tant leurs entrailles étaient tendues.

En peu de temps, l'essaim bourdonnant de prisonniers s'agglutina autour du fabuleux butin venu enfin chasser le spectre de la faim et clore la session des disputes gastronomiques.

Service d'ordre, déchargement, tri, rédaction de listes, il y en avait pour tout le monde.

Dans l'attente, ce n'étaient que visions de ripailles terribles, tractations dans tous les sens, joies anticipées, accompagnées par le manège des paquets qui circulaient en direction des bureaux et flottaient par-dessus le papillonnement des mains levées. Moi aussi, je suis allé retirer mes paquets, affamé, puis je me suis installé sur ma paillasse pour dénouer les liens, couper, ouvrir le carton avec l'avidité d'un enfant gourmand.

D'après l'inventaire définitif, voici la liste des fournitures que contenaient mes paquets : un uniforme de cérémonie, un trousseau complet de vêtements neufs, des chaussettes, des gants d'explorateurs polaires, une paire de chaussures pour faire le tour du monde.

J'ai enfilé toutes ces affaires et je suis allé parader au milieu de tous ces va-nu-pieds déjà affairés autour de leurs casseroles, aussi impassible qu'un fakir.

L'activité mentale de notre vie de reclus s'est considérablement enrichie depuis que nous faisons des recherches sur la façon de concilier entre eux les ingrédients culinaires les plus divers et que nous sommes contraints d'inventer d'invraisemblables formules gastronomiques : notre occupation principale consiste en premier lieu à réaliser ces formules.

La petite cuisine, où pendant la journée se démène une foule de guerriers armés de poêles et de casseroles, est devenue le cœur de l'activité du camp : chacun s'emploie à confectionner des breuvages et des mixtures, en utilisant tout ce qui lui tombe sous la main.

Mais à présent, dans le silence de la souffrance physique, la souffrance spirituelle consume davantage : le souffle du clairon, qui recouvre à heure fixe notre solitude de son rire, la cloche qui martèle à chaque heure le ciel tellement libre au-dessus de nous, ne nous avaient jamais semblé aussi insupportables

C'est l'attente interminable d'un événement chimérique, qui seul pourra nous rendre la vie : nous ne savons qu'attendre une aube, dont nous ignorons le moment où elle apparaîtra.

Les mois passent ainsi, lents, monotones, égaux, au *Kriegsgefangenlager*.

« Kriegsgefangenlager », c'est-à-dire camp de prisonniers de guerre.

Les philologues lombards ont recherché les origines de ce mot barbare et il en est ressorti une variante mieux adaptée au lieu : « Cristchefamdelader[1] ».

Seuls, de temps en temps, se produisent quelques rares épisodes marquants, d'un comique assez savoureux ou d'une virulente

---

1. « Cristo, che fam' de lader » signifie, en dialecte milanais : Nom de Dieu, quelle faim d'enfer !

ironie ; le seul souci qui travaille le prisonnier, la tentative d'évasion, en est la cause la plus fréquente.

L'évasion constitue le cauchemar du commandant autrichien du
camp, un grand échalas de colonel qui, vu de dos avec son képi
réglementaire, ressemble à un crayon muni d'un capuchon.

À chaque tentative d'évasion aux prémices réussies, il devient
furieux : alors il se met à parcourir le camp en long et en large
en tournant ses yeux et son bâton, avec sa démarche boiteuse qui
l'oblige à se dresser et à s'affaisser sur sa jambe tordue comme s'il
exécutait quelque caracole.

Tout autour du camp, il y a une barrière de barbelés et des sentinelles qui veillent attentivement. Il semble impossible que quelqu'un
puisse sortir en passant inaperçu, pourtant il n'est jamais tranquille.

Ce qui l'exaspère le plus c'est le fait que, parfois, au moment
même où on lui télégraphie l'annonce d'une arrestation d'officiers
évadés de notre forteresse, survenue à plusieurs centaines de kilomètres de distance, l'appel quotidien assure que tous les prisonniers
sont présents.

Le mystère est levé après une série d'inspections, d'enquêtes,
de vérifications : grâce à un passage secret pratiqué entre deux
dortoirs, à chaque appel, effectué par un officier autrichien dans
les locaux surveillés par les sentinelles, il y a quelqu'un qui, après
avoir répondu pour lui-même dans son propre dortoir, se charge
de répondre au nom des fugitifs dans le dortoir d'à côté. L'évasion
n'est pas remarquée et aucune mesure n'est déployée pour barrer la
route aux fugitifs.

Mais si le commandant finit toujours, parfois longtemps après,
par trouver une explication quant à la multiplication des prisonniers,
il ne parvient jamais à savoir la façon dont procèdent les évadés
pour franchir les multiples barrières accumulées.

Les fugitifs prennent grand soin de prolonger les affres de
l'ignorance du colonel, qui ne manque jamais d'inspecter person-
nellement, de son allure fière et austère, les barbelés. Au cours de
leur évasion, les fuyards perfides prennent le temps de reconnecter
ensembles les fils coupés, s'exposant ainsi encore davantage au
risque d'être découverts.

Tout homme qui projette de tenter de s'évader doit se soumettre à une longue et minutieuse préparation pour trouver de l'argent, s'approvisionner en vivres, obtenir des papiers, et mettre en place toutes les étapes de son aventure dans les moindres détails.

Une fois la préparation achevée et une fois fixé l'endroit par où s'échapper, un membre de l'équipée s'attèle patiemment à la tâche, à plat ventre dans l'herbe, profitant des moments où la sentinelle se trouve le plus loin, et retenant même parfois son souffle lorsque celle-ci s'approche, distraite par l'ennui de sa garde ; il coupe un à un les fils de fer barbelés et par le passage ensuite refermé par le dernier fugitif, le petit groupe regagne la liberté.

Un autre moyen consiste à corrompre les sentinelles, et avec la faim immense à laquelle sont condamnés les hommes d'extraction diverse qui composent la garde, l'expédient s'avère assez souvent efficace : trois kilos de riz exercent une irrésistible attraction et constituent le plus énergique des aiguillons contre les hésitations de la raison.

Bien sûr, on risque le peloton d'exécution, mais au moins, on calme son estomac sans attendre : il vaut mieux une poule aujourd'hui qu'un œuf demain, enseigne sûrement un sage proverbe autrichien d'actualité.

Mais les prisonniers ont aussi recours à des plans de fuite plus compliqués qui permettent, en toute sécurité, de mettre sur pied tout le matériel nécessaire à l'entreprise.

On a construit, il y a quelque temps, un tunnel qui passait sous la barrière de barbelés et débouchait en rase campagne ; un travail intense, obstiné, ininterrompu, mené selon les règles héritées de la guerre : étais, habillage, aération. Nuit et jour, des mois durant, tous les hommes associés au projet d'évasion avaient travaillé à tour de rôle, sans céder à l'impatience ni au découragement, dans cette galerie qui permettait de sortir du champ de vision des sentinelles. Et une nuit, ils filèrent tous à l'anglaise.

Plusieurs jours plus tard, le commandement parvint à établir que six officiers manquaient à l'appel. Les policiers autrichiens furent lâchés sur le terrain en quête de traces éventuelles qui témoignent de la façon dont l'évasion avait pu s'effectuer. Le commandant avait cette traque tout particulièrement à cœur, car il craignait de voir tous ses prisonniers, un peu chaque jour, disparaître par cette voie secrète.

Le colonel effectua son habituelle inspection le long des barbelés, escorté d'un officier policier et d'une meute de chiens dressés pour la chasse aux fugitifs : tous revinrent bredouilles.

Le commandant de la garde finit par mettre la main sur la grotte clandestine, qui s'ouvrait au-dessous d'un baraquement surélevé ; il se rendit sur-le-champ au commandement pour en référer.

La visite officielle fut anticipée par les prisonniers, si bien que lorsque le colonel, suivi par la procession de ses sicaires, se fut introduit dans la galerie, il fut accueilli comme il se doit par un mécanisme diabolique constitué d'un robinet d'eau introduit dans une bouche d'aération : la commission d'enquête dut battre en retraite avec diligence, en raison des précipitations atmosphériques qui s'étaient déclenchées là-dessous.

Le commandant de la garde pique des colères terribles à cause de ces passe-temps futiles : comme il ne peut jamais surprendre aucun responsable en particulier, il défoule sa rancœur réprimée un peu sur tout le monde.

À vingt-trois heures, tous les prisonniers doivent se retirer dans leur dortoir et quitter la cour où la promenade est autorisée. Les Autrichiens se chargent d'accélérer l'évacuation en menaçant les promeneurs au son d'un clairon émettant d'inquiétants gargarismes. Le chef des gardiens attend la fin de la dernière sonnerie pour se lancer dans la cour à la poursuite des retardataires. Quand il réussit à en attraper un, il ne manque jamais de se planter devant lui et de dégainer immédiatement un pistolet qui pend sur ses fesses comme un manche à balais ; il le pointe sous le nez du malheureux en hurlant un « *zu schlafen*[1] ! », qui a l'air d'une injure.

Les prisonniers complotent contre cet individu certaines ruses passives.

Un jour, on le remarqua en train de consolider une échelle en bois contre le mur d'un baraquement ; pendant son travail, il dut s'absenter un instant en abandonnant l'échelle sur place.

1. « Dormir ! »

À son retour l'échelle avait disparu. Après avoir cherché, demandé, menacé en vain, aidé de tous ses sbires, il dut se résoudre à dénoncer la disparition au commandement.

Le commandement intima à l'échelle l'ordre de réapparaître.

On effectua l'inspection de tous les locaux, sans résultat. Comme l'affaire prenait un tour vraiment suspect, on procéda par déductions logiques. Le vol ne pouvait avoir été accompli que par les détenus qui, nécessairement, avaient agi dans un but précis : une échelle ne peut servir que pour franchir des barbelés ou pour tenter de fuir ; cette considération semblait être l'évidence même. D'ailleurs, la persistance du plus profond mystère à ce sujet, et le soin avec lequel l'échelle avait dû être cachée, justifiait les hypothèses les plus hardies.

Avec des raisons aussi probantes, tous les moyens furent mobilisés pour la recherche de l'objet : les débarras les plus insignifiants furent inspectés, en vain.

Entre temps, pour faire face à la rigueur de la méthode employée, les prisonniers décidèrent de mettre en lieu sûr l'objet de tout ce remue-ménage et on donna à l'innocente échelle une digne sépulture, de nuit, dans un coin de la cour.

La nouvelle de l'enfouissement parvint, on ne sait comment, aux oreilles des Autrichiens. Les vaillants soldats de la garde offrirent bientôt un très beau spectacle : armés de pieux pointus, alignés comme pour un exercice militaire, et au pas, comme s'il s'était agi d'accorder un orchestre de poseurs de dalles, ils se mirent à parcourir la cour en tous sens en donnant des coups, en cadence et de toutes leurs forces. À force de déplacements et de manœuvres, un coup de pieu providentiel heurta le bois de l'échelle.

L'exhumation se déroula avec la cérémonie qu'il se doit et l'instrument fut escorté jusqu'au commandement par tout le corps de garde, comme une proie de guerre.

Il était né un défi tacite entre les prisonniers et l'officier policier qui avait assuré le commandement de l'entreprise devant conduire à la faillite tous les futurs projets d'évasion. De nouvelles mesures de précaution avaient été mises en vigueur : le nombre de sentinelles avait été doublé et elles avaient été informées du moindre signe qui pouvait paraître suspect.

Deux originaux, pourtant, avaient depuis longtemps élaboré un projet d'évasion et il n'y eut pas moyen de les faire renoncer à celui-ci.

Un soir, à la tombée du jour, un groupe de prisonniers se réunit près de la barrière de barbelés. Ils se disposèrent en cercle, parlant à voix basse, esquissant des gestes discrets, avec un drôle d'air suspect, et interrompant brusquement la discussion chaque fois que la sentinelle s'approchait ; la sentinelle qui faisait les cent pas remarqua le manège, réfléchit et commença à s'interroger.

Le fait était suffisamment clair : il s'agissait d'une conspiration et la proximité des barbelés indiquait que l'objet de celle-ci était une évasion.

La sentinelle raccourcit graduellement son tour d'inspection et se retrouva à la fin nez à nez avec le petit groupe suspect.

Au lieu de se diluer, le rassemblement s'intensifia. La discussion devint plus animée ; estimant que le fait dépassait sa propre compétence, le soldat décida de saisir le téléphone de liaison qui se trouvait à proximité pour dénoncer ce qui était en train de se passer et demander des renforts.

Le programme des conspirateurs se déroula comme prévu. Depuis des mois les Autrichiens, à l'écoute des très nombreuses notes diplomatiques, attendaient patiemment, avec toute la foi dont ils étaient encore capables, que leur soit accordé, d'un moment à l'autre, un traité de paix. Les soldats ne suivent pas les événements politiques dans les journaux, mais ils tirent des promesses impériales, autant que de leur misérable condition physique, la garantie inébranlable d'une fin immédiate de la guerre.

Quand les hommes de la garde arrivèrent, l'un des conjurés murmura au commandant, en frappant de la main un journal déplié, la parole fatidique : *Friede !*

Tous se mirent à parler de paix, de nouvelles hyperboliques, d'un certain événement qui venait de se produire à l'horizon.

La méfiance tomba. On commença à parlementer, on s'échangea des conseils, en fouillant non sans mal dans le répertoire des mots allemands disponibles, en faisant des gestes d'une généreuse éloquence.

Un Autrichien s'enthousiasma et finit par crier : *Friede ! Friede !* Tous, Italiens et Autrichiens, l'accompagnèrent avec une parfaite identité de points de vue : Paix !

Les gardes rentrèrent ventre à terre au poste de garde, impatients de partager la bonne nouvelle avec leurs camarades. Le soldat de quart à l'extérieur des barbelés avait perdu et son fusil et le mot d'ordre, et il était pendu aux lèvres d'un autre qui l'abreuvait de saines nouvelles.

Pendant ce temps, non loin de là, deux solitaires, couchés à plat ventre, étaient occupés à couper les fils pour ouvrir une brèche. Et le lendemain, ce n'est pas seulement la paix qui manquait à l'appel, mais aussi « deux messieurs ».

De nouvelles opportunités d'évasion furent données par l'obtention d'une brève promenade matinale pour les prisonniers.

On sort par petits groupes, entouré d'un nombre proportionnel de baïonnettes, sous la surveillance directe de l'officier policier. On erre deux ou trois heures dans la campagne triste.

La première tentative fut conçue et organisée par un bandit, Filippini, envoyé dans notre camp par mesure de sûreté pour lui faire passer la manie de l'évasion qui le tourmente irrépressiblement à cadence régulière : un spécialiste débarqué là avec un cortège d'informations, de conseils et d'expérience, à en faire passer l'envie de dormir au colonel responsable.

Mais son projet, étant donné le service d'espionnage sans cesse à l'œuvre dans le camp, arriva à la connaissance de l'officier policier qui eut l'amabilité de faire venir le suspect dans son bureau et le somma, non sans un soupçon de sarcasme, de tout lui révéler de son évasion imminente, sans omettre de fournir quelques détails de sa réalisation pratique. Il le mit au courant des difficultés qu'il rencontrerait et lui conseilla de changer de plan puisque tout avait été découvert. L'autre, un Alpin renfrogné, à la barbe aussi drue que des poils de brosse, remercia pour la conversation privée et objecta que la connaissance que le commandement avait de ses projets n'était pas un obstacle irrémédiable à la tentative.

« Croyez-moi, ajouta-t-il avant de prendre congé, en plaisantant, je pourrais essayer dès demain. »

L'officier comprit la plaisanterie et ne releva pas le défi.

Le jour suivant, l'Alpin ne faisait pas partie des membres du détachement des prisonniers prêts pour la promenade ; on remarqua à sa place un officier d'infanterie, que personne n'avait jamais vu, mais qui ressemblait beaucoup au disparu (même si – outre une certaine obésité – quelques-uns avaient bien vu que ce visage était aussi glabre que celui d'un moine lorsque, subrepticement, l'inconnu avait ajusté le revers du manteau qui le masquait jusqu'aux yeux).

Dès que le détachement fut sorti, durant un instant de confusion provoquée par l'agitation providentielle de quelques-uns qui voulaient quitter le groupe, l'on vit un des nôtres débarrasser de son manteau et de son bonnet le gars qui était devant lui, d'un geste très rapide : ce dernier, d'un geste tout aussi rapide, s'enfonça jusqu'aux oreilles un képi qu'il tenait à la main et apparut, par magie, dans un impeccable uniforme d'officier autrichien. D'un pas sur le côté, il sortit du rang et il resta immobile pour regarder le défilé des prisonniers.

Une sentinelle, qui avait aperçu quelque chose d'insolite, allongea le cou comme un dindon et regarda la scène d'un air perplexe ; mais voyant le regard noir et déconcertant de l'officier qui n'avait pas bougé, elle salua et passa son chemin.

Ce jour-là, l'Alpin farouche et barbu, qui avait eu la délicatesse de prévenir les commandements supérieurs de son évasion, ne répondit pas à l'appel.

Personne ne voulut accepter les faits. Du commandant à l'officier policier, du chef de poste à la sentinelle de quart, chacun rejetait sur l'autre toute une série d'accusation, de reproches, de punitions, tout le personnel autrichien du camp sembla extrêmement déçu, une telle évasion semblait à tous un acte d'effronterie.

Non content de s'être défoulé sur ses subordonnés, le colonel décida de s'en prendre à tous les prisonniers. Et justifiant sa mesure par le fait que les prisonniers avaient aidé le fugitif, il interdit sans attendre la promenade matinale.

La disparition de ces deux heures de liberté conditionnelle eut des effets sensibles. Aussi les prisonniers eurent l'idée de se venger de la promenade supprimée en en imposant une nouvelle à tout le commandement, aux heures les moins appropriées.

À vingt-trois heures, la cour doit être vidée et tout le monde doit se retirer dans son dortoir. Ce soir encore, cela se déroula ainsi. Dès que le clairon eut achevé de bâiller sa cantilène, le chef de poste n'eut même pas à poursuivre les retardataires, la cour était absolument déserte.

Les lampes à arc veillaient infatigablement sur toute cette solitude. Les sentinelles paraissaient tisser et retisser, sur les glacis, les toiles d'araignées des barbelés : les vestibules étaient silencieux, les dortoirs aussi muets que des fours éteints ; les lumières habituelles jaillissaient ici ou là, signalant l'insomnie de quelques lecteurs épars.

Mais à minuit un grondement de fleuve en crue commença à s'élever. Toutes les portes s'ouvrirent simultanément, une cohue d'ombres compacte et tacite se déversa dans les vestibules, s'engouffra dans les escaliers et se répandit dans toute la cour.

Devant cette apparition inattendue, les sentinelles furent saisies de stupeur. On voyait les soldats du corps de garde, réveillés en sursaut, courir jusqu'à l'encadrement lumineux de la porte et disparaître comme absorbés par la lumière.

On donna l'alarme : un grand va-et-vient de gens qui s'affairaient, qui décrochaient des téléphones, qui essayaient de réunir tous les soldats disponibles de chaque service.

Et pendant ce temps, dans la cour une multitude silencieuse marchait en rond à grands pas, comme la foule mutinée d'un asile de fous.

Tous semblaient très concentrés, fort soucieux d'assurer le succès d'une mission très importante.

La garde fut déployée solennellement devant la porte d'entrée, en attendant les ordres. Peu après, arriva un bataillon d'assaut qui encercla le fort. Enfin on vit arriver la silhouette caracolante du colonel, suivi de près par tous les officiers sur le pied de guerre.

L'apparition du colonel eut un effet magique : la multitude, muette, s'engouffra dans les escaliers, remonta par les couloirs, reprit place dans les dortoirs. Rapidement, tout reprit sa primitive quiétude.

Dans la cour, il ne resta plus que la pompe des forces armées et le cercle des officiers qui se creusaient la cervelle pour essayer de comprendre l'événement.

Le commandement autrichien a le mérite de ne jamais s'arrêter aux premières déductions logiques et de faire tout son possible pour formuler, d'après les suggestions de l'officier policier, les plus invraisemblables hypothèses.

Le phénomène devait avoir eu pour mobile une tentative de révolte : l'état-major tomba d'accord sur cette conclusion au petit jour, après les nombreuses heures de recherches qui avaient suivi le déploiement préventif des forces armées chargées de veiller sur le sommeil pacifique des insurgés.

On ordonna pour le jour suivant une enquête dans le but de mettre la main sur les armes et de dénicher tous les instruments clandestins.

L'inspection devait avoir lieu par surprise, si bien que nous en fûmes aussitôt informés. Quelqu'un s'employa donc à atténuer la déception qui attendait les enquêteurs.

Le jour suivant, de façon soudaine, un bataillon de soldats fit irruption dans le camp et se répartit en détachements séparés qui, sur ordre des officiers, se précipitèrent pour procéder à l'inspection des dortoirs.

Les paillasses furent fouillées, les tiroirs vidés, les placards renversés. La fermeté de la troupe fut mise à rude épreuve devant les réserves de vivres des prisonniers.

L'inspection se révéla infructueuse.

Mais, dans un dortoir, un caporal, absorbé par ses recherches, se trouva soudain en présence d'un objet inquiétant : une boîte en fer blanc carrée, hermétiquement close, dont le couvercle était muni d'un bouton à ressort.

Le gradé prit peur et formula quelques réserves, puis, sans prendre davantage de risques, il appela le chef de poste.

Le chef de poste intervint et en référa à l'officier.

Celui-ci fit ses premiers relevés en restant à une distance prudente : il adressa quelques questions aux prisonniers présents qui ne comprenaient pas le moindre mot d'allemand. Enfin, faisant honneur aux décorations qui ornaient sa poitrine, il se décida à appuyer d'un geste définitif sur le mystérieux bouton.

Le couvercle céda sous l'impulsion d'un ressort et jaillit hors de la boîte un symbole, certes de facture rudimentaire, mais dont on pouvait reconnaître au premier regard le caractère masculin.

On pouvait prêter à l'objet une foule de significations possibles. L'officier trouva cependant plus élégant de montrer qu'il n'en comprenait même pas une seule.

Il se trouva aussi quelques initiatives, et quelques organisateurs, pour réveiller des talents cachés. On proposa tout d'abord la création d'un théâtre. On trouva des artistes, on convainquit des camarades de changer provisoirement de sexe, on aménagea un local suffisamment sombre, on dénicha quelques pièces comiques : on parvint même à construire des décors et une scène, improvisés bien sûr.

La troupe s'organisa : aucun membre n'y manquait depuis le directeur de scène jusqu'au souffleur, ni aucune étape de son fonctionnement, depuis la répartition des rôles jusqu'aux répétitions quotidiennes.

Les choses suivirent un cours normal pendant quelque temps : des comédiens qui ne connaissaient pas leurs textes ou bien l'agrémentaient avec force bavardages, des chamailleries entre artistes irrésistiblement attirés par l'appel de la célébrité, une certaine vanité des dramaturges qui, sous la croûte verbeuse, commençaient à sentir les sollicitations du génie. Exactement comme dans un vrai théâtre.

Mais cette première tentative échoua. La faillite définitive fut provoquée par la férocité avec laquelle, un soir, dans le feu d'une scène passionnelle, le protagoniste arracha la perruque de la première actrice, qui avait le crâne aussi rasé qu'un conscrit. La consternation fut telle que, à partir de ce moment, plus personne ne voulut entendre parler de théâtre.

Quelqu'un suggéra ensuite d'organiser des concerts.

On lança un appel aux musiciens, parmi les sept cents officiers du camp.

Tous ceux qui savaient jouer d'un instrument, quel qu'il soit, de la grosse caisse à l'accordéon, furent embauchés.

En peu de temps, le camp se transforma en un hospice de gammes musicales : sous les voûtes énormes des dortoirs, chaque musicien affronta du matin jusqu'au soir, absolument indifférent aux autres, les sons les plus hardis, et jamais aucune voûte ne s'écroula sur eux pour les faire taire.

On fonda aussi un groupe de gymnastique, au grand désespoir du médecin autrichien qui, à partir de ce jour, eut beaucoup à faire avec ses pansements et ses bandelettes de papier. On constitua également une bibliothèque presque exclusivement dotée de sommes

philosophiques afin de donner l'occasion aux prisonniers de gagner
une bonne indigestion.

On parvint même, à la fin, à élaborer un projet de journal qui
enregistrât chaque événement du camp et fît passer à la grande
histoire les petites aventures des prisonniers.

On choisit les collaborateurs, prédestinés à cette fonction d'après
le signe imparable de leur chevelure abondante ; on extorqua traî-
treusement une participation financière pour sa fondation, même
aux caractères les plus flegmatiques et pacifiques ; on obtint une
autorisation pour la collaboration d'un typographe civil.

Le journal eut un titre en accord avec l'air du temps et les événements du pays : *Le Succédané*.

Dans ses colonnes s'exhibèrent diverses tendances littéraires,
ainsi que le travail complexe des caricaturistes : le sermon du directeur y rencontrait les élucubrations de l'érudit, les mélancolies de
l'officier en charge des repas et les confidences amères du trésorier.

Les dessinateurs tentèrent de saupoudrer un peu d'humour sur
notre mélancolie atone.

Des images équivoques passaient en contrebande, au nez de la
perspicace censure autrichienne : elles représentaient des officiers
en grand conciliabule avec le père éternel, ou avec le ministre du
vent et de la pluie, pour invoquer une nuit propice à l'évasion. On y
voyait aussi les immanquables prisonniers de la promenade, enca-
puchonnés jusqu'aux yeux dans les sacs de la Croix-Rouge ou bien
protégés par le commandement comme des chevaux indociles, en
raison de l'interdiction de jeter des regards trop appuyés sur les
femmes bohèmes, ou encore le plus athlétique des prisonniers vigoureusement renvoyé par le médecin autrichien, auquel il quémandait
un rapatriement pour inaptitude ; les plus indignes représentants de
la beauté latine immortalisés par le peintre du camp en Apollon ou
Vénus côtoyaient le cuisinier tueur de mouches qui recourait à tous
les expédients pour parvenir à élaborer ses repas, et deux irréduc-
tibles qui étaient parvenus à repérer un passage complice dans le
feuillage, destiné à l'observation de certaines fenêtres intéressantes.

Mais ces quelques symptômes d'activité ne résistèrent pas au
venin de l'enfermement. Le rythme de la vie tend inconsciemment
vers le renoncement et oscille comme un pendule entre ennui et

inconfort : une impuissance désespérée dresse toujours son ombre en face du moindre effort de l'esprit. Les jours ont retrouvé leur noirceur, s'écoulant au seul rythme de la cadence formidable des événements lointains.

Peu à peu, tout est redevenu comme avant : la cour, une piste de maniaques ; les dortoirs, une retraite de moines ; les glacis, un observatoire de fous.

Un seul mirage flotte sur nos pensées, sur nos mélancolies, sur nos conversations : la libération. Nous passons notre temps à échafauder mille projets sur ce retour, sur cette fable.

Beaucoup d'entre nous déploient des pratiques secrètes pour essayer d'ouvrir une brèche dans la muraille qui nous enserre. Certains essaient de faire venir la gangrène sur leurs vieilles blessures en provoquant une infection et une inflammation avec l'application de mélanges corrosifs, d'autres provoquent à dessein, avec un procédé très lent, quelque déformation inguérissable, la plupart s'acharnent à ulcérer leur estomac en mâchant des poisons ou à se miner les poumons en fumant dans des pipes usées des feuilles d'arbre imprégnées de sucre ou de soufre réduits en poudre.

Ils consument leur chair avec l'impassibilité des ascètes, sans autre horizon que l'évasion de cette prison.

Tous les mois, ils s'inscrivent pour la visite médicale : quand ils reçoivent enfin des médecins l'annonce que la gangrène ou la phtisie, se nichant dans les plaies ou dans les poumons, les ont rendus aptes au rapatriement, ils exultent.

Ils rentrent en Italie.

Et nous, nous restons ici, le cœur serré, en regardant partir ces malheureux qui repartent vers la vie en portant dans leurs entrailles leur propre mort, comme un fœtus.

Le gigantesque échafaudage qui s'est construit tout autour de nous semble s'écrouler comme sous l'effet d'un cataclysme.

La défaite balkanique a ouvert une brèche et une rafale destructrice s'abat sur cette terre aride, se propageant même sur le front italien ; les officiers tchèques nous confient que des régiments bohèmes entiers ont abandonné leurs lignes et sont en train de rentrer, et qu'en Hongrie aussi, comme ici, la proclamation de la

République est imminente. Les journaux rapportent de ronflantes invocations impériales destinées à retarder la débâcle de l'armée.

Sur le front italien l'attente perdure.

« Pourquoi n'attaque-t-on pas maintenant ? se demandent beaucoup d'entre nous.

– Pour épargner des pertes inutiles », justifie un autre.

Les officiers tchèques sont rentrés dans l'après-midi, pimpants, avec une cocarde tricolore fichée sur leur béret : le colonel a eu un dernier acte d'autorité, et les cocardes ont été dissimulées à toutes fins utiles sous la doublure, dans l'attente des événements.

L'offensive a été lancée contre notre front ; c'est la dernière, c'est certain.

Je suis sorti ce matin, avec un garde collé à mes talons, pour rendre visite à Salvetti, qui est en train de mourir à l'hôpital.

La *Paradeplatz* était pleine d'une foule ivre qui se drapait dans les couleurs de la liberté ; tandis que je marchais au milieu des acclamations frénétiques, un chœur de voix grave et lent s'éleva doucement au fond de la place. La foule se précipita dans cette direction, dans une bousculade.

C'était un bataillon qui revenait de la guerre. Une masse compacte et puissante d'uniformes patinés de poussière, une forêt de fusils que la cadence des pas soulevait et abaissait, comme sous le souffle d'un géant. Ils chantaient un chant patriotique, aussi solennel qu'un hymne liturgique, aussi antique que leur terre et leur sang.

Le grand fleuve humain finit par se placer entre les digues des villageois : une myriade d'étendards paraissait s'incliner sur leur passage, surgis des brumes de l'horizon.

À l'hôpital, la cour était emplie de civières ; en passant, j'aperçus dans un hall une longue rangée de cadavres nus, squelettiques, alignés par terre comme une exposition de vieux objets : c'étaient les morts de faim des dernières vingt-quatre heures.

Dans le dortoir de l'étage supérieur, à un endroit où un nuage de poussières lumineuses jaillissait de la fenêtre, je reconnus aussitôt la silhouette athlétique de Salvetti, immobile sur un des lits de camp alignés le long du mur : il dormait.

À côté de lui, sur le lit contigu, Simi se retourna en m'entendant arriver et il essaya de me sourire dans une grimace qui tira ses lèvres par-dessus ses dents.

« Comment ça va ?

– Personne ne le sait ! Je garde espoir.

– Et Salvetti ?

– Hum ! Je crois qu'il va mourir avant ce soir.

– Pas si fort !

– Tu ne vois pas qu'il dort ? »

Salvetti, peu après, ouvrit les yeux et me salua d'un signe.

Il était couché sur le dos, avec sa tête grumeleuse qui retombait fatiguée sur sa poitrine. Sa lutte contre la maladie lui avait creusé les joues. Sa peau s'était froissée comme une feuille pourrissante et on aurait dit que dans chacune de ses rides, le mal avait déposé un peu de son venin subtil.

« Courage !

– Bien sûr, bien sûr...

– La crise est passée.

– Oui... elle est passée. Mais j'ai cru mourir. »

Il articulait à peine ses paroles, en respirant péniblement à chaque syllabe comme un naufragé. Les globes de ses yeux sortaient de sa peau racornie.

Je me rappelais sa puissance d'Alpin, ses rêves d'amour impossible, sa soif de liberté, ses chansons montagnardes ; maintenant ses refrains lui revenaient probablement avec la tristesse des berceuses qui calment les pleurs des enfants.

Simi se redressa, en montrant son dos strié de sillons comme la carène d'un bateau, et appuyant les bâtons de ses bras sur le lit, il fit quelques pas, en titubant, pour aller jusqu'à la chaise.

Salvetti me fit signe de m'approcher.

« Simi t'a dit tout à l'heure que je n'en ai plus pour longtemps. Le pauvre, c'est lui qui va mourir : j'ai entendu le médecin ce matin... »

Il eut un geste de lassitude, retomba, souffla, comme un bœuf qui s'écroule sous un coup de massue.

Par la fenêtre parvenaient jusqu'à nous l'écho de clairons lointains, des cris de bébés et d'hirondelles, des vibrations de vie.

Je les ai abandonnés sur leur grabat dans ce long couloir four-millant d'atomes.

« Quel peur j'ai eu de mourir maintenant qu'il faut recommencer à vivre ! » m'avait dit Salvetti.

Tout à l'heure, l'infirmier qui revenait de l'hôpital a annoncé que tous les deux sont morts cette nuit, rattrapés par un identique destin.

Après seize mois passés ainsi, seize mois à affronter tour à tour crises de l'esprit et protestations de l'estomac, moments d'abatte-ment et sursauts de rébellion, ennui et colère : la liberté.

Seize mois d'agonie et de faim avec pour seul horizon une indéfinissable issue, le regard hébété parcourant chaque jour les routes lointaines qui se perdaient au fond de la plaine, dans le lointain...

On peut sortir, on peut aller au-delà de ce portail qui paraissait fermé depuis des siècles sur le seuil du monde : on peut aller où l'on veut.

Comment est la vie dehors ? On a l'impression de n'avoir jamais vécu réellement.

Nous sortons, avec ce sentiment de vertige des convalescents : il semble qu'il ne soit rien resté en nous qu'un fragment d'âme encore barbouillé de boue et de sang.

Nous allons le long des routes, nous regardons les maisons, nous nous remplissons les yeux d'images : quelle gourmandise de vivre, pour récupérer tout ce qui nous a été volé, pendant si longtemps, de notre vie !

Je la vis la première fois au cours d'un tranquille après-midi de soleil, au retour d'une cérémonie. Tous se pressaient autour d'elle avec des yeux pleins d'envie, sans retenue. Elle distribuait à tous les couleurs de ses cocardes et avait pour tous le même sourire simple qui inondait de lumière son visage, les mêmes façons gracieuses de vieille et bonne amitié.

J'observais à l'écart. Elle était grande, au milieu de cette foule famélique, et elle semblait ne pas percevoir le désir muet dont elle était la cible : l'expression de sa bouche naturellement boudeuse contrastait avec ses yeux rieurs et sa grâce diffuse.

« Elle est belle ! » murmura à mon oreille Olivari presque avec rage, sans détacher d'elle son regard. Il ne pouvait plus détacher d'elle ses yeux, pris d'une fixité magnétique, me sembla-t-il.

Elle vint vers moi, sans doute attirée par ma retenue. Elle me regarda avec attention, elle m'adressa une phrase barbare, adoucie par un geste.

En associant le ton d'interrogation à son geste, je me risquai à traduire une phrase : « Vous n'avez pas eu la cocarde ? »

Je convoquai dans mes souvenirs tous les mots dont je disposais et je répondis dans un effort héroïque :

« *Nein.* »

Elle épingla sur ma poitrine un de ses rubans, qui ne voulait pas du tout se placer comme elle le voulait. L'entreprise dura un moment. Je regardai son visage incliné, ses cheveux très blonds, ses reins cambrés, en silence.

« *So ?* » demanda-t-elle quand elle eut fini.

Un ami vint à me secours.

« *So, ja.*

– *Ja, ja* », ajouté-je précipitamment.

Nous sommes restés là un moment ensemble, puis sommes repartis ensemble. Les autres observaient avec hostilité, en parlant à voix basse, cette proie qui s'échappait. Nous suivîmes un sentier dont le tracé marquait la plaine comme l'immense dépouille d'un serpent. Dans la chaleur méridienne montait l'infini babillage des cigales ivres. Je la regardais, puis je regardais mon ami, puis le ciel, avec un sentiment de libération. Elle ne paraissait pas embarrassée par ce silence, véritablement cruel : elle venait avec nous comme si nous avions toujours été amis, avec cette simplicité qui accompagnait tous ses actes. Un sentiment mêlé de bonheur, d'oubli, d'amertume, errait sur mon silence.

Olivari connaissait quelques mots inusités, deux ou trois verbes essentiels : il tenta une question, timidement. Elle rit, et son rire argentin qui gargouillait comme une eau de source au fond de sa gorge mélodieuse se propagea jusqu'à nous, sans raison.

Elle répondit lentement en accompagnant chaque mot avec des gestes : elle répéta avec d'autres mots la réponse, faisant tout son possible pour trouver les mots les plus simples.

Son interlocuteur la suivit avec une attention douloureuse, comme s'il avait voulu saisir un sens qui lui échappait, de l'expression de son visage plutôt que de ses mots. Puis il se mit à chercher dans ses yeux la traduction, en prenant l'air d'un homme en train de méditer sur quelque mystère théologal. Elle s'impatienta de la difficulté, s'adressa à moi. Je me sentis perdu. Je n'avais d'attention, tandis qu'elle parlait, que pour le morceau de peau que sa robe découvrait sur sa poitrine et qui allait se dissimuler, trop rapidement, à la naissance des seins.

Elle s'en aperçut. Elle cessa de parler et marcha en silence dans le babillage moqueur des cigales ivres.

Nous fîmes halte devant sa maison.

« *Morgen ?* » demanda Olivari au moment de prendre congé.

Elle répondit : « *Ja* », et elle désigna la porte de sa maison, « *jetz* ».

Demain, ici, m'expliqua-t-on.

« *Morgen*, fis-je à mon tour, en lui serrant fort sa main. Elle ne la retira pas.

– *Schatz !* » dit-elle soudain, en riant. Et elle s'enfuit.

Nous rentrâmes sans parler. Je répétais pour moi-même les précieuses paroles, pour qu'elles ne m'échappent pas : *Morgen*, demain, *Jetz*, ici, *Schatz*... Tiens, mais que veut donc dire *Schatz* ?

Après cette rencontre, nous nous vîmes tous les jours. Olivari me suivait toujours. Il était devenu taciturne. Il ne parlait jamais d'elle quand nous étions seuls. Il parlait distraitement de choses et d'autres, ses pensées étaient décousues, entrecoupées de longues pauses, comme si elles rencontraient continuellement un obstacle. Ses yeux paraissaient constamment fixés sur un objet qui les éblouissait. Une ombre passait et repassait sans doute dans sa tête, et il la pourchassait sans trêve. Quand il la voyait, il semblait reprendre vie. Elle s'adressait presque toujours à moi, mais il ne paraissait pas se rendre compte de cette préférence : sa seule présence le rendait heureux. Je crois qu'il aurait pu la suivre ainsi, jusqu'au terme de sa vie, sans rien dire.

Nous faisions de longues promenades autour de la ville, tous les jours, écrasés par la douceur infinie que l'automne libérait de ses ciels violets. Nous ne disions que quelques mots, extraits d'une maigre réserve lexicale, qui tissaient entre nous une intelligence sommaire. Les mots que nous taisions, surtout, nous tourmentaient. Toute notre conversation passait par nos yeux et par nos mains.

Je commençais à aimer cette terre triste de ravins et de steppes, et la pensée du retour qui m'avait fait cruellement souffrir pendant des mois me procurait maintenant, sans que je sache pourquoi, une sorte d'effroi. Quelque chose commençait à revivre au-dedans de moi, de façon confuse et agitée, et les petites rides que l'attente avait creusées de ses ongles fins aux coins de mes yeux s'amenuisaient l'une après l'autre.

Sa présence donnait aux choses les plus pauvres un éclat vif et joyeux.

Slava ! Il me semblait que la cadence de sa langue m'autorisait à inventer ce surnom : je l'appelais *Slavicka*, et elle riait à gorge déployée en entendant ce mot, avec un mouvement de la tête légèrement rejetée en arrière.

Je ne parvenais pas à la comprendre : quelque chose en elle me semblait insaisissable. Je cherchais toujours au fond de ses yeux un regard fixe, mais les étincelles qui s'y allumaient parfois étaient presque aussitôt balayées par le souffle de son rire. Un désir impatient et effréné bouillonnait dans mes veines pour cette femme qui tour à tour, le plus naturellement du monde, se laissait séduire sans réticence et qui, aussitôt, m'échappait. Je cherchais à me dissimuler mais elle finissait toujours par surprendre mes regards qui s'attardaient un peu trop longtemps sur les courbes souples de son corps et qui se troublaient dès que je la regardais en face.

Son effervescence me donnait quelquefois l'envie de l'attraper et de la serrer fortement comme une proie : mais une fierté imbécile me retenait et dissimulait mon visage derrière un masque de froide impassibilité. Blessée par cette attente tranquille, elle jouait d'un art subtil pour l'exaspérer, et nos désirs se surveillaient l'un l'autre comme des ennemis, puis s'évitaient.

Elle affectait une tendresse assidue pour Olivari, qui se prenait au jeu sans s'en rendre compte ; j'assistais à ce manège sans m'y opposer, mais ce simulacre ne provoquait en moi qu'ennui et colère. Je me mis à ne parler qu'avec lui, et seulement de lui. Et elle cherchait sur mon visage, avec des coups d'œil furtifs, les signes absents de ma contrariété. La joute qui se prolongeait, l'impossibilité de m'exprimer, ma déception face à cette résistance qui ne désarmait pas, me rongeaient au-dedans, secrètement.

Je décidai donc un soir de m'éloigner d'elle, quoi qu'il m'en coûtât.

Je profitai de l'aide que m'offrait une jeune fille blonde et expansive qui m'attendait chaque jour à la sortie du fort, et me souriait. L'approche fut aisée et sans conditions. Les mots appris me servirent à fabriquer quelques phrases de circonstance, d'une concision toute cérémonieuse.

« Bonjour.

– Bonjour.

– Pourquoi toujours ici, seule ?

– Pour rien.

– Vous semblez attendre quelqu'un.

– Oh, non !

– On y va ? proposai-je brusquement, après m'être démené en vain avec les quelques mots à ma disposition, pour trouver une phrase courtoise.

– Oh, non, non ! » répondit-elle vivement, en rougissant. Et elle se mit à marcher à mes côtés.

Je ne vis plus Slava pendant quelques jours. Je l'évitais pour ôter de mon cœur son image, et le désir que j'éprouvais pour elle. Mitzly me suivait heureuse, souriante : lorsque je m'arrachais à mon tourment intérieur, je surprenais toujours son regard sur moi, brillant de tendresse.

Mais mes paroles, mes gestes, mes attitudes, trahissaient dans leur façon forcée l'inutilité du simulacre. L'autre femme s'immisçait toujours dans mes pensées ; mes paroles semblaient trébucher immanquablement sur le nom de l'autre femme. Mitzly avait un respect timide pour mes silences : elle se taisait elle aussi ; elle feignait de ne s'attrister que lorsque le crépuscule inondait de mélancolie la plaine lointaine.

Un soir, je cédai à la tentation et je dirigeai mes pas vers la place centrale, où je savais que je rencontrerai Slava. Mitzly marchait à mes côtés en essayant de me faire comprendre par des mots indéchiffrables je ne sais quel message.

Je cherchais fébrilement devant moi, dans l'avenue encombrée de masses de feuillage inerte, pareilles à des nuages d'ombre figée, au-dessus de la foule bavarde et monotone ; on entendait, entremêlés, des chansons et des rires, des échos de mots rêches et des expressions sauvagement napolitaines, on apercevait aussi de fugitifs regards incendiaires et des dents géométriquement alignées.

D'un seul coup, j'ai perçu sa présence, ce fut une sensation soudaine ; Olivari marchait à côté d'elle, il était aux anges. Je détournai les yeux.

Elle m'aperçut quand elle fut près de moi. Elle s'arrêta et dit :

« Carlo ! », d'une voix si forte cependant, qu'on aurait dit un cri.

Je jetai vers elle un regard froid, méchant. Je poursuivis mon chemin. Mais à l'intérieur de moi, cette voix chaude et triste avait réveillé une multitude d'échos confus.

Mitzly m'avait regardé avec un léger effroi au fond de ses yeux naïfs. Puis elle avait baissé son visage presque pour le cacher et elle avait continué à me suivre ; elle ne parlait plus.

« Il faut nous dépêcher », exhortai-je.

Elle accéléra le pas et me suivait tête baissée, sans parler.

Je la saluai rapidement et je revins vers le centre de la place. Je trouvai Slava avant même d'y arriver, seule. Elle paraissait m'attendre.

« Carlo ! »

Elle me serra la main, très fort. Elle me demanda :

« Pourquoi ? »

Je cherchai une réponse.

Je pensai : oui, au fait, pourquoi ?

Nous marchions sans dire un mot, sans pensées ni souvenirs ; on eût dit que toute notre colère s'était dispersée d'un seul coup, comme une bulle de savon qui éclate. Elle devint soudain hilare, joyeuse ; elle semblait soudain libérée d'un chagrin.

La place était devenue très sombre ; la foule refluait en procession d'ombres bavardes, sous les arbres qui supportaient à peine leurs lourdes guirlandes de feuilles.

Je marchai en silence, envahi par un sentiment de sérénité et de stupeur.

Je me demandai : pourquoi ? Et je regrettai les jours perdus.

Soudain, sur la place, un chœur grave et lent de voix commença à monter. Tout le monde se rassembla dans cette direction.

C'étaient à nouveau des soldats ; ils chantaient.

La foule fut prise par le chant comme par le souffle d'une tempête : une clameur de voix s'éleva.

« *Slava ! Slava !* »

Je regardai Slava sans comprendre.

Elle criait ce mot elle aussi et elle tremblait tout entière.

« *Slava*, me dit-elle, cela veut aussi dire "bravo" !

– *Slava, Slava !*, criai-je à mon tour très fort, en me serrant contre elle. *Slava !* »

Le jour du départ approchait. Beaucoup avaient déjà fui, par petits groupes, sans moyens, ne supportant plus d'attendre, s'aventurant sur ces terres secouées d'émeutes populaires. Le reste du camp attendait un ordre imminent.

Partir ! Ne plus revenir ! Elle avait légèrement pâli à cette annonce. Sa bouche avait contenu un accès de larmes, ses yeux étaient devenus lointains, absents, comme perdus à une distance infinie.

« Quand ?

– Après-demain, probablement. »

Le départ inéluctable étouffait tous les mots sous le poids du chagrin. Elle avait l'air de vouloir monter un plan. Puis elle m'expliqua, en faisant tous les efforts pour se faire comprendre, que le lendemain nous devrions partir pour Prague ensemble, que son frère, que je connaissais, l'accompagnerait, que là-bas, chez des parents, je pourrais attendre le passage du reste de mon détachement. Nous nous mîmes d'accord.

La promesse de ce voyage la rendit joyeuse. La place était sombre, presque déserte : comme j'essayai de la saisir tout à coup, elle esquiva mon geste et se mit à courir en riant avec une grâce infantile.

« Slava ! Slava ! » appelai-je, en courant derrière elle. Un groupe d'amis, qui partaient, s'arrêta pour me saluer : Olivari était avec eux. Il me lança une œillade blême et menaçante, et continua seul, sans un mot. Je le suivis du regard, tout en répondant distraitement aux questions et aux invitations que l'on m'adressait, en scrutant l'obscurité d'un regard inquiet.

J'entendis soudain un petit cri. Slava revint peu après, haletante, un peu perdue, en se mordant les lèvres qui lui faisaient mal. Je surpris sur sa bouche la trace presque sanglante d'un baiser violent. Elle se tut.

J'eus, sur le coup, l'impulsion d'un homme simple et brutal, mais ce sentiment fut si rapide que je n'eus pas le temps de faire un seul geste.

Dans un second temps, je cherchai et j'évaluai la raison de ce silence qui m'avait semblé coupable. Mon agitation se calma. Enfin, comme il me semblait que tous, vu leur embarras, avaient compris, je voulus réagir non plus par instinct, mais dans le respect des bonnes mœurs et du bon sens.

Mais je m'aperçus que cela aurait paru déplacé à présent, et je me tus.

Mes amis me saluèrent distraitement comme on le fait dans les circonstances tristes : ils nous laissèrent seuls. Je dis, après un long silence :

« Adieu.

– Pourquoi ?

– Je pars, moi aussi.

– Quand ?

– Avec eux, cette nuit. »

Elle ne répondit pas. J'hésitai. Puis, irrité par ce silence inattendu qui rendait ma décision irrévocable, je tournai brusquement les talons et je m'éloignai en marchant rapidement, d'un pas résolu.

Je voulais laisser dans ce pays de loups mes guenilles et mes rêves romantiques. Partir ! Partir, tout de suite ! Et oublier tout, tout de suite !

Ma colère n'avait aucune action sur mon chagrin, qui était un poids mort au fond de mon esprit. Je courrais presque, sans doute avais-je peur que quelque obstacle m'obligeât à réfléchir, à prendre le temps. J'allais sortir de la citadelle, à proximité du camp.

Une ombre surgit en courant par une ruelle latérale, elle se jeta sur moi, avec fougue.

« Carlo ! »

Elle m'enlaça le cou, haletante : j'eus l'impression d'avoir autour du corps les mille tentacules froids et visqueux d'un polype.

« Non, non, non ! »

Je restai muet, en essayant de contenir le ressentiment qui débordait de mon cœur, débordant par mille fissures.

(Quelqu'un passa près de nous : Mitzly. Je ne vis que ses yeux fixes, des yeux douloureux qui regardaient avec une force indescriptible.)

Slava essayait de m'expliquer, très agitée : je saisissais quelques mots connus, que j'avais du mal à lier ensemble. Il s'était tout à coup emparé d'elle, il l'avait embrassée de force, il avait fui comme un voleur.

Elle m'attira à elle : je la suivis sans résistance. Je pensais : « Maintenant c'est pire. Demain je devrai la quitter de toute façon, il ne restera rien d'autre que du chagrin. De cette façon, c'est pire, c'est sûr. » Et je la suivis.

J'étais presque effrayé par le regret qui se déchaînerait ensuite, alimenté par le désir insatisfait et par un éloignement sans remède. Je fus pris par le besoin de parfaire le souvenir qui me resterait d'elle.

« Où allons-nous ?

– Sur les berges du fleuve.

– Oh, non ! »

Les arbres, sur les berges du fleuve, étaient couverts d'épigraphes érotiques et commémoratives.

« Non, pas là-bas ! »

Nous nous lançâmes dans une discussion laborieuse ; elle cherchait à se dérober, à s'éloigner de ces lieux. Sa réticence était surtout motivée par le souvenir des inscriptions gravées. Mes intentions étaient plus que jamais éloignées des siennes lorsque nous atteignîmes les rives du fleuve nocturne.

Une haie, qui oscillait et faisait avec le vent mille jeux d'équilibre, courait le long du talus qui descendait à pic. La lune lançait des clins d'œil ambigus entre les nuées fatiguées. La masse trouble des eaux avait des reflets de boue et semblait immobile.

Nous nous arrêtâmes devant un sentier qui obliquait vers le fleuve et ouvrait dans le buisson un passage. Elle me suivit sans un mot.

J'étais en proie à une agitation puérile. Mon souffle était devenu court. Je dis que je m'étais tordu le pied et nous nous assîmes.

À la surface de l'eau qui semblait immobile, on entendait de loin en loin un bruit de feuille froissée. Nul souffle dans la nuit. Une poussière de lune donnait aux ciels lointains la couleur d'un paysage sidéral.

Seul, au-dessus de nous, un buisson agitait sa cime inquiète, et de petites ombres curieuses s'étiraient et se rétractaient aussitôt.

Tout à coup elle se renversa en arrière et s'installa sur le dos. Je ne saisis aucun détail précis, je ne fis aucune analyse de l'instant. Je couvrais de baisers cette créature vivante, chaude, abandonnée.

Soudain, des coups de feu rageurs traversèrent le silence.

Elle fut aussitôt sur ses pieds, échappant à mes bras, et s'enfuit. Je restai un instant à en chercher la cause ; je scrutai la rive opposée. Rien. Peut-être une des sentinelles que la liberté avaient rendues sauvages et qui parcouraient, ivres, ces terres frontalières. Peut-être... mais je repoussais cette supposition absurde.

Je la rejoignis au loin, je tentai de la retenir, inutilement. Elle avait encore dans les yeux une fixité maniaque. Mais la peur l'avait bouleversée et mon obstination se heurtait à une réticence aveugle.

Je la suivis résigné. Je pensais : « Demain. »

Le lendemain, à Prague, nous ne fûmes jamais seuls. J'avais l'impression qu'elle m'appartenait, je la regardai plein de désir et une agitation impatiente me tourmentait. J'attendais qu'une occasion se présentât avec une tension proche de la douleur physique ; et le temps passait égal, monotone, inexorable. Son frère Vladimir m'entourait de soins affectueux, sans répit. Elle semblait supporter sans peine cette contrainte. Son inertie me rendait presque furieux. Peut-être pensait-elle que je ne partirais pas avec tous les autres, dans l'après-midi.

Elle pensait sans doute me retenir de cette manière. Et le temps passait.

Je fus reçu, à midi, par de proches parents. Tous se pressaient autour de moi, avec une curiosité festive et exubérante. Tous me demandaient quelque chose, et moi de répondre alternativement, oui et non, inlassablement, sans comprendre.

Nous prîmes place à table. Un officier qu'on avait placé à côté de moi, à la voix forte et aussi bavard qu'un gramophone, finit par cesser de m'importuner, grâce au ciel, et se mit à fixer Slava des yeux, irrésistiblement. Elle faisait rouler un flux de mots continu que je ne comprenais pas.

Faisant fi de l'attention des convives, je lui demandai tout à coup, à voix basse, désespéré :

« Quand ? »

Elle me regarda avec tristesse.

« Où ? » Elle baissa la tête et dit : « *Nigdy !* »

Vladimir sortit sa montre.

« Quatre heures ! Dans une demi-heure, tu dois partir. Comme c'est triste ! » Et il se leva.

Tout d'abord, je ne compris pas. Je n'avais pris aucune décision ; il était déjà quatre heures.

Je me levai comme un automate avec le vertige du vide que je sentais s'imposer autour de moi ; mais j'étais sûr que quelque chose me retiendrait.

J'en étais sûr. J'attendais cet événement imminent qui m'empêcherait de partir. Je me retournai vers Slava, qui semblait étrangère, hors du temps.

« Ne venez-vous pas vous aussi pour m'accompagner ?

– Non », répondit-elle. Et je ne vis pas, sous son aigreur, sa douleur.

Je saluai tout le monde, froidement ; Slava aussi, froidement. J'avais l'impression que des flots de larmes pressaient mes paupières et refluaient au-dedans, intarissables.

Au coin de la rue, je me retournai. Elle se tenait sur le balcon, droite, immobile, le regard fixe.

Elle agita une main et ce fut son dernier signe.

Je demandai à Vladimir, avant de partir :

« *Nigdy !* Que veut dire "*nigdy*" ?

– "*Nicht mehr*", répondit-il, plus jamais. »

J'emportai avec moi la tristesse de cette ultime parole, une tristesse acerbe qui transperçait mon cœur comme une flèche, comme un coup de feu.

Prague, Vienne, Graz.

Des ciels emplis de drapeaux, la fraternité retrouvée des ennemis d'hier, des adieux sans regrets.

Nous fuyons à travers les steppes qui s'étirent jusqu'à l'horizon, à travers les vallées ouvertes comme des gouffres sur le seuil du monde, nous longeons des murailles saupoudrées de céruse, pareilles aux paysages d'hiver des oléographies.

Puis, dans la nuit criblée de paillettes de neige, la première sentinelle italienne, solitaire : petit soldat armé, tellement solennel, tellement grand face à nous, usés par la fatigue.

Trieste !

Près de notre train qui attend un ordre pour repartir, il y a un convoi chargé d'hommes de troupe ; à travers les fenêtres, nous observons cet entassement de membres décharnés sur les litières sales et humides.

Un sergent, qui a sorti sa tête par un carreau de verre brisé, dit :

« Nous sommes arrivés hier soir. Nous avons demandé du pain. Le général qui commande la place nous a fait répondre que pour nous, pour l'instant, il n'avait que du plomb. »

J'observe ce pauvre homme qui me parle grossièrement ; il porte encore, sur sa veste élimée, le petit ruban décousu d'une médaille à la valeur.

« Nous avons dû rester ici une nuit entière sans secours, avec ce froid, affamés, épuisés : vingt d'entre nous sont morts cette nuit. Ça aussi a été communiqué au général, qui a répondu que c'était bien fait pour des traîtres à leur patrie. »

Je songe alors que les Autrichiens, eux, aussi affamés que nous, ont partagé leur pauvre pain terreux avec ceux qui sont morts cette nuit.

Voici la première ville de paix : Padoue.

Nous nous embrassons, avec le cœur qui bat la chamade, tandis que le train pénètre en grondant dans la gare déserte.

« Nous sommes en Italie ! Italie ! Vive l'Italie ! »

Par les fenêtres, j'aperçois les baïonnettes des soldats qui nous empêchent de descendre du train.

Table des matières

Ce volume,
le quatorzième
de la collection « Mémoires de guerre »,
publié aux Éditions Les Belles Lettres,
a été achevé d'imprimer
en août 2015
sur les presses
de la Manufacture Imprimeur
52200 Langres.

Dépôt légal : septembre 2015
N° d'édition : 8132 - N° d'impression : 150677
Imprimé en France